幼儿园课程研究
与实践方案丛书

林清照 霍力岩/丛书主编

自主深度探究·
合作多元探究

——"三人行"课程下的儿童学习与发展

刘 凌 霍力岩/主编

北京师范大学出版集团
BEIJING NORMAL UNIVERSITY PUBLISHING GROUP
北京师范大学出版社

图书在版编目（CIP）数据

自主深度探究·合作多元探究："三人行"课程下的儿童学习与发展/刘凌，霍力岩主编. —北京：北京师范大学出版社，2018.3（2024.9重印）
（幼儿园课程研究与实践方案丛书/林瑛熙，霍力岩主编）
ISBN 978−7−303−22695−5

Ⅰ．①自… Ⅱ．①刘… ②霍… Ⅲ．①学前教育−课程−教学研究 Ⅳ．①G612

中国版本图书馆CIP数据核字（2017）第213528号

图 书 意 见 反 馈	gaozhifk@bnupg.com 010-58805079
营 销 中 心 电 话	010-58802181 58805532

出版发行：北京师范大学出版社　www.bnupg.com
　　　　　北京市西城区新街口外大街12−3号
　　　　　邮政编码：100088
印　　刷：唐山玺诚印务有限公司
经　　销：全国新华书店
开　　本：787 mm×1092 mm　1/16
印　　张：22
字　　数：442千字
版　　次：2018年3月第1版
印　　次：2024年9月第6次印刷
定　　价：68.00元

策划编辑：罗佩珍	责任编辑：董洪伟　孟　浩
美术编辑：焦　丽	装帧设计：邓　聪
责任校对：陈　民	责任印制：陈　涛　赵　龙

幼儿园课程是实现幼儿园教育理念和目标的途径或桥梁，没有高品质的课程，就没有优质的幼儿教育。幼儿园进行课程研究和实践的过程，是办园理念提升的过程，是办园特色形成的过程，是文化积淀的过程，是多层面、多因素协同推动教育品质的过程。

基于对高品质幼儿教育的不懈追求，"实验幼教"（深圳市实验幼教集团有限公司）作为深圳市22所市属公办幼儿园的管理者，一直将创办"全国一流幼儿园"作为自身不懈追求的目标，始终坚持公益导向，积极探索内涵式发展模式。近年来，我们顺应深圳多元化文化背景，赋予幼儿园更多课程决策权，支持各园自主、因地制宜开展课程研究与实践工作。在此过程中，我们根据幼儿园课程特点和需求，引入国内外高校专家资源，组织各类课程培训、课程诊断建构活动和课程论证会，帮助幼儿园掌握更为行之有效的课程实施方法，不断增强课程规划与实施的科学性和合理性，进而提升教育质量和教育内涵。

"实验幼教"所属幼儿园是深圳市最早成立的一批公办幼儿园和首批优质特色示范幼儿园，拥有近三十年成熟办园经验和优质教科研成果，多年来一直在深圳学前教育行业中发挥骨干示范作用。近十年来，在国内外专家团队介入指导、"实验幼教"倾力支持下，各园秉持对学前教育事业的热爱，肩负起促进儿童发展的责任感，吸纳并融合中西方教育思想，不断学习、反复实践，调整优化课程实施方法与路径，开展多种形式的课程研究与实践活动。这是一个漫长而又艰辛的过程，期间园长和教师们遇到过困难、产生过疑惑，但他们凭借创新的勇气和坚守的耐力，在完善和发展过程中收获了一系列具有操作价值的课程建设经验，创造性地构建出一批既立足中国本土文化，又符合世界主流学前教育理念，而且能有效促进儿童发展的幼儿园课程模式，创设出了一个个精彩、多元的教育实践现场，在深圳市、广东省乃至全国的学前教育学术交流活动中获得一致赞誉。

由此，我们在梳理总结深圳市属公办幼儿园课程研究与实践经验的基础上，充分吸收专家团队的专业反馈建议，精心筹划本套幼儿园课程研究与实践方案丛书，用幼儿园课程一线实践者的话语，为大家了解"实验幼教"幼儿园课程提供一个全方位的开放性平台。可以说，本套丛书是对"实验幼教"已有优秀课程成果的筛选与展示、提炼与再创造。丛书所选择的幼儿园课程研究与实践方案，皆以我国《幼儿园教育指导纲要（试行）》和《3—6岁儿童学习与发展指南》为指导，以帮助我国学前儿童主动学习、合作学习为主要价值取向，展示了通过不同方法和路径达成教育目标、且有益有效于儿童发展的课程范式。各园课程方案具有清晰的课程理念和目标，设计了操作性较强的课程内容和组织实施形式，希望能为广大幼教同行开展课程实践提供启迪与参考。

我们要特别感谢北京师范大学教育学部霍力岩教授及其研究团队对"实验幼教"的关注与专业支持。霍教授用自己贴近世界前沿水平的教育主张和教育思想指引着"实验幼教"的课程探索之路。她深入幼儿园课程现场考察与调研，主持课程诊断与指导活动，确保各园课程发展的科学性、适宜性和有效性。在本套丛书的筹备阶段，霍教授用她独到的教育智慧和视角把脉丛书框架，跟进指导编写全程，使"实验幼教"课程研究成果终得以面世。这是高校专家团队、"实验幼教"和深圳市属公办幼儿园"三位一体"伙伴合作，走出以前学前教育大力崇尚借鉴国外课程的窠臼、共同打造具有中国实践特色本土化幼儿园课程模式的探索与尝试。

同时，我们衷心感谢北京师范大学出版社的领导和编辑为丛书的出版发行工作所做的努力。

最后需要说明的是，幼儿园课程并没有既定模式，也没有最完美的课程方案，本套丛书呈现的仅是幼儿园开展课程研究与实践工作时总结的较完整和系统的案例，其中必有不尽完善之处，望能借此抛砖引玉，为广大幼儿园依据自身特点研发园本课程带来一点经验和启发，欢迎广大读者提出批评与建议。

深圳市实验幼教集团有限公司

2017年10月

自从2012年"三人行"课程理念提出后，刘凌园长就带领深圳实验幼儿园全体教师开始了对园本课程实践途径的探索。在五年的实践探索中，他们提炼出了"三人行"课程实践与管理的精髓。课程的初衷是促进儿童的学习与发展。随着现代教育观念的不断更新，我们发现，未来儿童需要的或许并不是掌握多少知识与技能，爱学习、会学习、有好奇心，也就是发展自主、合作、探究的宝贵品质才是关键。所以我们认为，如果教育最终是为了孩子，那么就应该把打开学习这把锁的钥匙交给孩子，让他们自己去探索打开的方法。因此，如何发现儿童的力量成为"三人行"课程实践的核心问题。深圳实验幼儿园用他们的智慧积累了以下宝贵经验，也就是这本书的重要内容。

一、追随儿童的兴趣创设环境

都说环境是儿童学习与发展的第三位老师，我们认为环境与材料是儿童主动学习的工具与媒介，也是我们发现儿童力量的媒介。

当我们没办法追随每一个儿童的兴趣时，我们可以根据环境材料与儿童的互动情况来判断儿童的兴趣特点。通过替换和调整环境材料实现满足儿童兴趣的目的。

二、评价，激发儿童自主成长的力量

谈到如何评价儿童的学习与成长时，刘凌园长以及深圳实验幼儿园的全体教师表达了自己的评价观。他们不希望把评价作为教师评判儿童学习与发展水平的工具，他们认为评价本身就应该促进儿童的学习与发展，评价应该变得更有趣一些。评价不应该只是成人来评价儿童，或许也应该让儿童自己来评价自己。因此，他们改革了课程评价的方式，动员全体教师认真研习学习故事，选出改革实验班……经过多年的尝试，他们发现了评价方式所带来的改变，一方面改变了教师的教育观与儿童观，另一方面激发了儿童自主成长的力量。本书第五章的"一个9.4元的苹果"，令我非常感动。我从中感受到了儿童成长的力量，也感受到了教师成长的力量。

三、探究，让儿童的深度学习成为可能

我们认为儿童有广度的学习，也就是开拓儿童的眼界特别重要。因此，教师总是会想办法为儿童提供很多广泛参与各类活动、丰富学习经验的机会。比如，深圳实验幼儿园的混班区域共同游戏活动，这类活动为儿童的自主学习提供了更多的空间以及资源选择机会；还有一些幼儿园组织开展户外混龄游戏活动，都是为了增加儿童学习的广度。然而这样的活动安排很难保障儿童的持续性探索，也就是说很容易牺牲儿童学习的深度。

"三人行"课程在实践探索中关注了这一问题，它利用综合探究活动形式很好地解决了这一问题，也就是本书第四章的重点内容。"综合"意味着学习的广度，而"探究"保障了学习的深度，也就是本书所要传达的核心理念：儿童学习需要自主深度探究与合作多元探究。

这本书并没有全面地展现"三人行"课程的方方面面，而是紧紧围绕儿童的学习进行撰写。本书一方面是向广大读者强调幼儿园课程的原点是儿童；另一方面展示了"三人行"课程的特点，它不同于其他课程，它更加聚焦于课程的实践方法，是一套"行"的课程，是更加走近课程实践者的课程。

我推荐各位读者阅读此书，不是因为它有多么深奥的理论，而是因为它的视角。它展现了幼儿园实践者自己创建的课程体系风貌。它可以为理解幼儿园课程的内核以及处理当下在课程实践中遇到的矛盾与争议提供参考与借鉴。方法与策略是实践者最需要的课程资源。期待大家通过阅读这本书收获自己心目中问题的答案。

霍力岩

北京师范大学教育学部教授　博士生导师

一、"三人行"是什么

提到"三人行"课程，也许读者不禁会问，"三人行"课程到底是什么呢？简单地说，"三人行"课程可以理解为"三人同行，为孩子种下一生幸福的种子"。我们也可以这样理解："三人行"课程是深圳实验幼儿园基于多年的教育实践与理论思考，携手家庭、社区、社会，一同为儿童打造的一套致力于"为孩子种下一生幸福的种子"的课程模式。它是以建立和谐关系为基础，以建构直接经验为原则，通过综合探究活动，儿童、教师、家长共生共长的课程模式，回归教育的原点，从儿童的快乐与幸福出发。

说到"三人行"，很多人脑海中就会浮现出我国古代的教育家孔子的教诲："三人行，必有我师焉。"这句话常常被用来说明应该多向别人学习，这样的话语体现了我们对待学前课程秉持着可持续发展的开放心态以及与时俱进的胸怀。"三人行"这一理念本身也有着丰富的内涵，"三"字代表多数。《老子》认为"道生一，一生二，二生三，三生万物"，这是中国传统文化对多的认知。在"三人行"课程中，我们认为"三"代表了合作与共同发展，是儿童之间的合作和儿童自身的发展，也是幼儿与成人的合作以及共同发展。在"三人行"理念中，"人"占据了非常重要的地位。这实质上是对"以人为本"的思考与实现，强调课程的发展应着眼于人的发展，关注人的积极性、主动性，在人与人之间也要建立起平等尊重的关系。儿童也是独立的个体，我们应该关注幼儿在幼儿园课程建设中的主体地位，营造平等、尊重的文化环境。"行"强调的是行动。《礼记·中庸》认为学习应该"笃行之"，行动是有着重要意义的。儿童的思维是以具体形象思维为主，通过身体力行，儿童才能获得直接的经验。可以看出"三人行"理念是基于对儿童的认识以及富有中国特色文化的一种解读。

二、"三人行"提出的背景

"三人行"是在世界经济全球化不断发展，社会文化不断融合的背景下提出的。在文化不断多元化发展的今天，更多国外的教育理念和模式也被引入中国，如意大利的蒙台梭利教育法、美国的发展适宜性教育、意大利的瑞吉欧教育，以及来自新西兰的早期幼儿教育体系等，近年来对我们进一步开展学前教育课程改革产生了重大的影响。国外幼儿园的幼儿教育体系也是经历了多年摸索与探索的。然而，这些来自国外的教育理念以及课程体系作为"舶来品"，是不是真的能够符合中国国情以及能够在中国的幼儿园当中生根发芽呢？比如，美国的发展适宜性教育崇尚自由，新西兰课程融合了新西兰毛利族的文化等。我们能看到教育、课程作为文化的载体，是能够承载本民族的文明的。这意味着我们不能完全照搬西方的课程体系，而是应该有选择地吸收、接纳、融合甚至创新。教育是文化的载体，在建设中国特色的学前课程体系中，我们需要建设和发展既接轨世界又立足中国本土的课程体系。

三、"三人行"课程建设

"三人行"课程就是这样一套具有中华民族特色、充分吸收国外先进理念和课程特色的话语体系。在不断的研究和实践中，我们也在不断深化对"三人行"理念的认识和理解。深圳实验幼儿园有一支愿意为幼教事业献身、爱岗敬业的优秀教师队伍，有一个愿意陪孩子一起成长、富有大爱精神的家长团队，更有一种追寻梦想、大胆尝试的深圳精神……这些都是实践"三人行"课程源源不断的动力。

在建设"三人行"课程过程中，深圳实验幼儿园以"种下孩子一生幸福的种子"为教育愿景，通过对课程的探索和实践，努力为幼儿打造一座有幸福记忆的乐园。在这样的理念指导下，"三人行"课程建设也围绕着儿童当下的幸福以及获得幸福的能力展开，致力于培养自信、大方、有礼、合作、贡献、感恩的儿童。在课程的建设过程中，深圳实验幼儿园不断思考课程的核心定位，提炼践行"三人行"理念的途径和方法，不断学习国外先进的教学模式，结合实际进行应用实践，并在实践的过程中不断调整。"三人行"课程强调在自主探究和合作探究中学习，那么有没有这样一种方式或者方法能够有机地结合这样两种学习方式呢？我们学习并引入了方案教学法，并积极地展开了研究和实践，希望能将这样的实践形式与"三人行"课程理念结合，为我所用。在深圳市实验幼教集团有限公司的大力支持下，实验幼儿园的全体师生开展了《方案教学在园本化课程实践中的应用研究》的课题。2016年此研究获得了立项批示，成为深圳市教育科学研究院"十三五"资助项目。

在园本课程建设过程中，我们有收获和成长，当然也有困惑和迷茫。也正是因为这些困惑，促使我们更加深入地去研究和探索。深圳实验幼儿园建园近三十年，一直坚定地行走在探索园本课程发展的道路上。从"完整课程"到"三人行"课程，实验幼儿园的实践者们不断地探索与儿童平等对话的方式，面向全体儿童并提倡实施尊重差异的适宜性教育。在践行"三人行"课程理念的过程中，教师对"三人行"的理解也越来越深入和透彻，更加关注儿童学习与发展的方式，成为真正的支持者和合作者。

在"三人行"理念探索的初期，我们曾经出版过《凌距离　三人行——追循儿童的幸福成长》一书，其中详细介绍了"三人行"理念，以及深圳实验幼儿园在理念指引下的一些实践，同时也为实验幼儿园的探索和实践指出了方向，即在践行"三人行"理念的过程中提炼方法，传播和分享优质经验。经过了四五年的探索，深圳实验幼儿园在不断梳理园本课程的过程中始终明确定位，在实践中不断地梳理和总结方法。

园本课程建设与发展的核心任务是促进儿童的学习与发展。在梳理"三人行"课程实践的过程中，我们最为重视的也是儿童的成长。《自主深度探究·合作多元探究——"三人行"课程下的儿童学习与发展》一书就是在践行"三人行"课程中凝练的指向儿童学习与发展的成果，也是我们在课程探索中的核心成果。在"三人行"理念下，实验幼儿园有着这样的儿童观："每个孩子都是一颗幸福的种子，每颗种子都是一个多彩的世界。"也就是说在"三人行"课程中，儿童是主动的、有能力的学习者。同时，儿童是个性化的、与众不同的学习者。

那么这样的学习者，他可以如何学习呢？《3—6岁儿童学习与发展指南》提到，实施指南的重要原则之一是要满足儿童直接感知、实际操作和亲身体验获取经验的需要。因此，3~6岁儿童的学习方式是操作性的、探究性的。通过长期的总结与实践，我们认为在"三人行"课程实践中，儿童学习的两种主要方式分别是自主深度探究和合作多元探究。在本书中，我们也希望以这两种学习方式作为线索向读者呈现指向儿童学习与发展的相关课程建设经验。

基于这样的定位，我们将全书分为了理论篇和实践篇。理论篇主要呈现的是实验幼儿园在实践过程中对"三人行"理念的再认识与思考，实践篇主要总结和梳理了实验幼儿园在践行"三人行"理念过程中支持幼儿自主深度探究与合作多元探究的行动，以及指向儿童的评价。

本书的核心是关于儿童的学习，因此我们依据线索对全书的框架进行了如下的思考与设计。

第一章介绍了"三人行"课程理念对实验幼儿园课程建设的指导："三人要行""三人才行""三人同行"与"三人在行"，以及在这一理念指导下，深圳实验幼儿园的课程体系：课程的目标、内容、实践和评价。

第二章介绍了"三人行"课程中儿童的自主学习、合作学习与探究学习三种重要的学习品质以及儿童两种核心的学习方式：自主深度探究与合作多元探究。

第三章主要从儿童学习的探究路径出发，从时、空、人三个维度分析了课程实施的途径。"时"指的是儿童成长的时间序列，即有序的一日活动；"空"指的是儿童成长中的环境资源，包括物质环境和精神环境；"人"指的是儿童成长中成人的支持。通过这三方面的内容，"三人行"理念下的课程实施支持着儿童的自主深度探究与合作多元探究。

第四章介绍了儿童探究的核心形式——综合探究活动。这也是我们在践行"三人行"理念过程中支持儿童学习与发展的最核心的研究成果。本章阐释了综合探究活动的价值、综合探究活动的组织策略以及评价综合探究活动的指标与工具。同时本章还为读者呈现了许多具体的活动案例。

第五章介绍了对儿童学习与发展的评价。本章具体阐释了对儿童发展评价的价值取向以及在这样的取向下采取的评价标准、工具和策略。

致　谢

在本书即将出版之际，我们心中满怀收获的喜悦、不安和忐忑以及深深的感激之情。"三人行"课程的探索与实践得到了上级部门、专家、学者和同行们的关怀、支持和帮助。

感谢深圳市实验幼教集团有限公司领导们的关心与厚爱。期间，吕颖主任、韩智部长以及张敏老师多次来到深圳实验幼儿园与老师们进行研讨交流，为我园园本课程的建设与梳理工作提供了具体的指导与帮助。

感谢北京师范大学霍力岩教授的团队，不厌其烦地与我们共同商讨书籍的框架和核心内容，为我们在困惑和迷茫时点明方向。

感谢所有为幼儿园课程实践与探索提出宝贵建议的专家、学者。

还要感谢实验幼儿园的各位家长，他们以家长委员会、家长社团的形式与幼儿园合作，支持幼儿园教育教学以及各项工作的开展，为"三人行"课程的实践提供了强有力的保障。另外，部分家长甚至直接承担书稿的撰写任务，提供案例，贡献智慧。

更要感谢我们的孩子们。孩子们巨大的学习动力与热情也为我们提供了宝贵的写作灵感与资源。在本书的撰写过程中，我们一直被孩子的童真、善良，以及强大的学习潜能感动着、激励着。

特别要感谢曾经以及正在深圳实验幼儿园工作的老师们。在书稿的撰写过程中，邓腊梅园长带领着郑春娟、白小溪两位教研骨干不断地思考书稿的框架结构，寻找典型案例。孙维球、曾桂芬、赖方方、秦贝宁、文晓明、唐丽华、许荣、蒋东坡、李俞、刘春、余蕾、李云艳、陈兰芳、郑欣、沈敏、刘金、席敏、曾丽娟、仇亚萍、罗辉霞、林奕贝、肖燕、邹春艳、杨欢、王峥、豆翠莹、吕敬芳等多位老师曾加入书稿前期的"共写工程"，为书稿前期的撰写查找资料、贡献智慧、提供案例。杨欢、吴莹、雷惠洁、曾苏梅、姜楠、黄超、胡叶歆、黎敏锋、李玲、虎慧丽、卓小琴、胡荣娇、吴松蕾、袁赟、郭佳宜、王小敏、付影、黄曼丽、洪敏芳、唐欢、李真敏、孟阳、杨秀红、吕玉琴、柯茜、林小斐、温映红、尹捍红、蔡晓珊、丁琴、黄燕琼等多位老师自愿加入改革先锋队，大胆尝试组织开展综合探究活动，为书稿典型案例的呈现提供了重要素材。欧者、黄颖涛、钮路丝等多位老师为书稿提供大量的照片等资料。写作后期，张小妮老师加入书稿的校审工作，师菁雯老师加入书稿的文字编辑工作，从而进一步提升了书稿的缜密性与可读性。更为可贵的是，在书稿的撰写过程中，他们也不曾懈怠日常教育教学工作，利用自己的业余时间，提炼经验、贡献智慧，为本书的顺利出版贡献了巨大力量。

最后要感谢杨梅园长带领的管理团队。她带领杨黎园长和董玉玲园长，协调教育教学、行政事务等各项工作。他们不仅为书稿的内容与框架提供了宝贵建议，还带领后勤团队宋彩琴、李俞、邓新梅、林琪等多位老师为书稿的撰写提供了后勤保障服务。感谢百花、侨香、行·学苑三部的班级老师在王小敏、沈敏、曾丽娟、唐欢、席敏、吕玉琴、罗辉霞、李云艳、白月胜、吴松蕾、李玲、余蕾、豆翠莹、郑欣、刘金、叶知近、王峥、尹捍红、沈洁、全昌丽、杨欢、刘春、仇亚萍、姜楠、唐丽华等多位班主任的带领下，将自己在园本课程改革中的实践经验贡献出来，使之成为本书的基础素材。

我们相信，有了来自各方的关心、支持和帮助，"三人行"课程理念，这套立足本土又与国际接轨的话语体系一定能够更加深入人心。在"三人行"理念下，儿童自主深度探究、合作多元探究的学习方式能够不断支持儿童在探索过程中拥有自信、大方、有礼、感恩、贡献和合作的特质。这既是"三人行"理念下园本课程目标的实现，也是"为孩子种下一生幸福的种子"的可持续发展教育观和办园宗旨的体现。

刘　凌

2017年10月

目　录

理论篇

第一章 "三人行"之课程的意蕴

与许多课程不同的是，深圳实验幼儿园的园本课程不是以培养方向来命名的，而是把课程实施的方法"三人行"作为课程名称的，这也体现出本课程过程导向的意图。"三人行"课程强调的是在逐渐延展的时、空、人三维度构成的社会实验场中，幼儿、教师、家长通过内容丰富、形式多样的互动来实现教育和发展的任务，如图1-1所示。

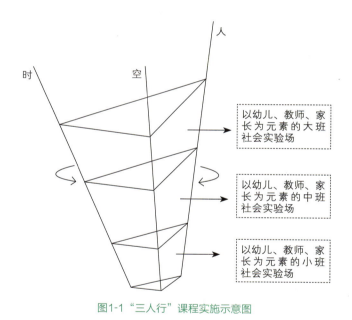

图1-1 "三人行"课程实施示意图

第一节 课程理念

"三人行"一词出自《论语·述而》，"子曰：三人行，必有我师焉"。它常被用来说明应该多向别人学习，体现了我们对待学前课程应秉持可持续发展的开放心态和与时俱进的虚心胸怀。同时"三人行"这一概念又具有丰富的内涵，它体现了课程实施的主体即"三人同行"、课程实施的方法即"三人要行"和"三人才行"以及课程实施的过程"三人在行"。

一、课程的灵魂——"三人要行"

（一）"行动"是学前儿童学习与发展的基本路径

"三人行"的"行"强调的是儿童主动的行动、探究和学习，儿童的思维是以直接行动思维为主，只有通过身体力行，儿童才能获得最直接的经历与经验，从而获得对事物的认知。儿童的学习是听过就忘记，看过就记住，做过就理解。钟启泉强调知识不是游离于认识主体之外的纯粹客观的东西，学习过程也不是打开"知识百宝箱"向学生移植信息那么简单机械。学习乃是学生建构他们自身对于客体的理解，即知识是由学习者主动建构的。倘若没有学生积极地参与他们自身的知识表达，学习就不存在。从知识社会学的观点看，知识是由认知主体与外在世界进行社会互动，即个体与社会文化价值互动的结果。[1]

幼儿不是被动的信息接收者，他们通过智力活动去建构知识。[2]幼儿的活动产生于自身的兴趣和意向。幼儿自己选择材料，并运用所有的感官主动探究，通过转换和组合各种材料发现事物间的关系。因此，为幼儿创设直接感知、亲身体验、动手操作的机会，是帮助幼儿获得知识的最佳途径。我国幼儿教育界亟须进一步树立起让幼儿主动学习的观念并致力于将它转变成切切实实的教育行为，落实到每日的教育活动中。正如联合国教科文组织国际教育发展会的《学会生存——教育世界的今天和明天》指出，教育现代化的因果链是科技的高速发展—学会生存—学习化社会、终身学习—自我教育—学会学习。

作为一种与接受学习相对的学习方法，无论是东方还是西方，"在行动中学习"的思想渊源都可以追溯到很久之前。孔子主张"先行其言而后从之"；《礼记·中庸》认为，学习应该"博学之，审问之，慎思之，明辨之，笃行之"，将行作为学习过程中的重要环节。墨子主张人的知识来源于自己的感官所能感觉到的实际。《墨子·明鬼下》记载："是与天下之所以察知有与无之道者，必以众之耳目之实知有与亡为仪者也。"荀子认为人的思想、知识主要有两个来源：一是"见之"，二是"闻之"，强调"不闻不若闻之，闻之不若见之，见之不若知之，知之不若行之，学至于行而止矣"。南宋末年，颜元强调"实行"和"习动贵行"，正如其在《颜习斋先生言行录》中提到"读书无他道，只需在'行'字着力"，强调在实际行动中来巩固知识。近代教育家陶行知提出生活教育的观点，他认为教的方法根据学的方法，学的方法根据做的方法。怎样做

---

1 钟启泉：《概念重建与我国课程创新——与〈认真对待"轻视知识"的教育思潮〉作者商榷》，载《北京大学教育评论》，2005（1）。

2 Hohmann M. & Weikart D. P., *Educating Young Children: Active Learning Practices for Preschool and Child Care Programs*, Ypsilanti, High/Scope Press, 1995, pp.24-25.

便怎样学，怎样做便怎样教，教与学都是以"做"为中心，"做"是在劳力上劳心。陈鹤琴认为，"做"是教学的基本原则，一切的学习，不论是肌肉的、感觉的或经验的，都要靠"做"的。但这种"做"不是儿童无意识地"做"，而是在教师指导下的"做"，是与理论相结合的"做"；"儿童的世界，是儿童自己去探讨，去发现的。他自己所求来的知识，才是真知识，他自己所发现的世界，才是他的真世界"[1]。他重视"做"在儿童教育过程中的作用，提出了"做中学，做中教，做中求进步"[2]的方法。与陈鹤琴并称"南陈北张"的另一位幼儿教育学家张雪门推行幼儿园行为课程，对于什么是行为课程，他说："生活就是教育，五六岁的孩子们在幼稚园生活的实践，就是行为课程。"[3]他强调幼儿从生活中的行为中获得经验，主张"知而即行，行以求知"，"从行动中所得的知识，才是真正的知识；从行动中所发生的困难，才是真正的问题；从行动中所获得的胜利，才是真实的制驭环境的能力"。他认为课程就是活动，儿童要在行动中获得知能。[4]

　　西方"从做中学"的教育思想可以追溯到柏拉图的"儿童游戏场"，他强调通过给儿童讲故事、做游戏等活动方式进行道德教育。到了16世纪，捷克教育家夸美纽斯在《大教学论》中提出直观性教学原则，他强调"知识的开端永远来自感官，科学的真实性依靠感官的证明多于其他的一切，感官是记忆的可靠仆人，通过感官得到的知识可以永远的记住"[5]。所以他主张"在可能的范围以内，一切事物都应该尽量地放到感官跟前"[6]。18世纪法国自然教育家卢梭提出"教育应该是行动多于口训"，主张学生从实践中学习。这种教育思潮发展到19世纪，许多教育家开始了相关的教育实践。瑞士教育家裴斯泰洛齐先后创办了"新庄""儿童之家"等教育机构，让每个儿童在劳动和生活中获得实际知识，他相信智慧和真理是从实际经验中发展而来的。[7]德国教育家福禄贝尔提出教育应遵循儿童的天性，应以儿童的自我行动为基础，促进儿童在活动中自然地成长，并且他还设计了一套"恩物"，作为儿童游戏中的主要用具。20世纪初，欧洲新教育运动兴起，意大利的蒙台梭利、比利时的德可乐利、德国的利茨、英国的尼尔和罗素等人相继建立新学校，采用游戏、园艺、手工和体操等活动形式，发展儿童的能力和个性，其中蒙台梭利成就尤为卓著。她重视儿童的自发活动，精心设计了一整套器材、教具，对儿童的各种感官进行训练。在欧洲新教育运动发展的同时，美国出现

1 北京市教育科学研究所：《陈鹤琴教育文集》下卷，685页，北京，北京出版社，1985。
2 北京市教育科学研究所：《陈鹤琴教育文集》下卷，654页，北京，北京出版社，1985。
3 张雪门：《增订幼稚园行为课程》，1页，台北，台湾书店，1966。
4 何晓夏：《简明中国学前教育史》，252页，北京，北京师范大学出版社，1990。
5 戴本博：《外国教育史》中卷，39页，北京，人民教育出版社，1990。
6 ［捷克］夸美纽斯：《大教学论》，傅任敢译，56页，北京，人民教育出版社，1984。
7 ［瑞士］裴斯泰洛齐：《裴斯泰洛齐教育论著选》，夏之莲译，327页，北京，人民教育出版社，1992。

了进步主义教育运动，其中杜威（Dewey）和克伯屈（Kilpatrick）的影响最大。杜威的经验学习理论强调教学必须从学生的经验出发，重视学生的主动性，由学生自主建构和内化的学习结果比教师灌输的更有效且更有意义。他认为，经验学习必须基于学生现有或即有的经验，因此他提出了举世闻名的"从做中学"，提倡通过实践取向的教学深化学生的生活经验。他在《明日之学校》中提出，"从做中学要比从听中学更是一种较好的方法"[1]。他强调最好的教学方法应让儿童在自由自主的活动中接触事实，获得智慧和道德的发展。克伯屈发展了杜威的"做中学"思想，创立了"设计教学法"，以单元活动为基本形式组织学生进行学习活动。美国心理学家布鲁纳主张运用"发现学习法"来进行教学，强调儿童的学习应该是主动发现的过程，而不是被动地接受知识，让儿童先动手进行探究活动，利用直觉思维进行动作表征，接着凭借头脑中已形成的表征来进行运用。儿童探究、发现在前，教师的启发、诱导在后，最大限度地发挥儿童思维的主动性，提高学习效率。瑞士心理学家皮亚杰的发生认识论主张，认识的起点和基础是主客体相互作用双向建构的。他认为儿童是主动的，他们正是在先天遗传结构和图式的基础上，经过不断的同化、顺应和平衡而获得经验，不断形成新的认知结构，从而获得智力的发展。

许多国外优秀的课程模式也提倡幼儿在行动中学习，主张行动是幼儿学习和发展的基本途径。例如，蒙台梭利课程模式主张幼儿在"工作"中以及与"有准备的环境"的互动中实现发展，教师在适当时机向幼儿展示各种"工作材料"；高宽教育方案的一日活动三环节："计划—做—回顾"是课程组织与实施的关键，体现了"幼儿在课程活动中的主体性"，教师通过营造一个主动学习的环境，让幼儿通过一日活动实现发展；光谱方案的教学法主要是创建一个真实的环境，然后教师引导幼儿在学习活动区中进行自主探究的活动，在活动中实现强项和弱项的共同发展；瑞吉欧的课程与教学主要是以"探究工作"或"综合探究活动"的方式展开的。幼儿在教师的帮助、引导下，围绕某个他们感兴趣的生活中的主题或认识中的问题进行研究、探讨，在共同的研究探讨中主动发现知识、理解意义、建构知识[2]；发展适宜性实践主张幼儿是积极的学习者，他们利用直接的身体和社会经验，也利用经过文化改造的知识来建构自己对于周围世界的理解。因此，幼儿教育工作者不论采取何种课程模式都必须对幼儿是发展的主体有足够的认识，根据幼儿身心发展的特点，为幼儿提供材料、创设环境，并促进幼儿与外部客体的交互作用，使幼儿能积极地、主动地作用于客观世界，从而促进他们主体性的发展。

---

1 [美] 约翰·杜威：《学校与社会·明日之学校》，赵祥麟等译，286页，北京，人民教育出版社，2004。
2 冯晓霞：《幼儿园课程》，196页，北京，北京师范大学出版社，2000。

在"行动"中学习不仅是学前教育历代以来的价值诉求，更是学前教育在今日形势下的发展要求。近年来违背幼儿身心发展特点和教育规律的"小学化"倾向正成为一种愈演愈烈的痼疾，危害到幼儿的"快乐生活和健康成长"。《幼儿园工作规程》明确指出，"注重幼儿的直接感知、实际操作和亲身体验，保证幼儿愉快的、有益的自由活动"。《3—6岁儿童学习与发展指南》也强调幼儿的学习是以直接经验为基础，在游戏和日常生活中进行的。我们应重视游戏和生活的独特价值，创设丰富的教育环境，合理安排一日生活，最大限度地支持和满足幼儿通过直接感知、实际操作和亲身体验获取经验的需要，严禁"拔苗助长"式的超前教育和强化训练。所以，坚持"三人行"的"行"是学前教育的必由之路，"行知合一"是学前教育的必经之道。

（二）自主探究是学前儿童行动学习的主要途径

如果"行"是儿童学习和发展的基本路径，那么如何"行"说的就是儿童是如何学习和发展的。建构主义一方面强调个体知识是个人经由主体经验来建构外在世界的知识的，知识只是个体对其经验的理解与意义化；另一方面，强调社会文化是人类心智发展建构的主要动力，强调社会文化的内化与语言符号的影响对建构能力的重要性，知识乃是经由个体与社会的互动以及个人通过适应与发展而逐渐建构起来的。[1]

"知识是个体对其经验的理解与意义化"强调了幼儿在自主探究中"主动建构"的过程。所谓建构是学习者通过新、旧知识经验之间的反复的、双向的相互作用，来形成和调整自己的经验结构。学习不仅是新的知识的获得，同时还意味着既有知识经验的改造。在这个过程中，幼儿根据自己的兴趣、已有的知识经验选择活动的内容，通过观察、假设、实验、推论和解释等过程，用自己的感官去感受世界，主动与环境互动，按照自己的活动方式，通过活动和操作解决问题，从而建构起对世界的认识。教师必须发挥幼儿的主动性，真正把幼儿当作主动参与知识获得过程的主体，不仅关注幼儿的世界，更要关注幼儿感兴趣的世界，让幼儿充分展现其对世界的好奇心和探究的欲望，让幼儿在活动中表现出积极性、主动性和创造性。

早期建构主义学者布鲁纳认为，让学生自主地通过建构知识结构来学习新知识，可以提高学生学习的灵活性，促进知识记忆的持久性，同时增强学习动机。学生通过自己的智力活动达到对知识的深层理解。奥苏伯尔认为有意义的学习是理解的学习，是可以同化的学习，也是引起真正的发展的学习。因此，探究性学习应该让幼儿多种感官参与，在保证幼儿安全的前提下，让幼儿在探究活动中不仅能听、看、嗅、尝，

---

1 钟启泉：《概念重建与我国课程创新——与〈认真对待"轻视知识"的教育思潮〉作者商榷》，载《北京大学教育评论》，2005（1）。

而且能动手操作，动脑思考，进行高水平的思维活动，从而加深幼儿对知识的理解，促进幼儿进行深入的探究。

幼儿的探究性学习也是解决问题的过程。教师应为幼儿创设适宜的环境，提供足够的时间，让幼儿充分探究，独立思考，大胆尝试，自主找到解决问题的方法。当幼儿思维受阻时，教师不应急于为幼儿提供解决问题的具体方法，而要鼓励幼儿继续探索。只有在幼儿确实不能解决问题时，教师才提供适当的"支架"。当幼儿能自主活动后，就应撤去"支架"，使探究性学习真正成为幼儿主动参与建构的过程，真正发挥幼儿的主动性。

（三）合作探究是学前儿童行动学习的重要方法

儿童主动参与知识建构的过程，离不开其生活和学习所在的社会文化。"在社会建构主义学者看来，人是在社会文化情境中接受其影响，通过直接地跟他人交互作用，来建构自己的见解和知识的。社会文化是人类心智发展建构的主要动力"，强调的是"公共建构"（communal construction）的概念。社会建构论认为学习是学生在团体、社区等集体中通过文化和语言互动合作过程产生的。[1]学习被看作一种社会合作活动，而不是被教师教。这种思想来源于维果茨基（Vygotsky），他认为儿童不仅自主建构知识并且深受他们所在的社会和文化环境的影响。[2]

联合国教科文组织的报告《教育——财富蕴藏其中》指出，学会合作是面向21世纪四大教育支柱之一。社会互动合作能够促进学习，这是建构主义，尤其是社会建构主义的重要观点。美国学者斯莱文（R.Slavin）说过："成功有赖于每个学习者在集体中参与学习的程度。"维果斯基认为知识是在社会互动中建构起来的，然后变成非常个别化的经验，这是一种"协作式的具体化"，即学习者通过集体的相互作用，使信息连接起来而不是单个存在，然后形成自己的理解。互动式课堂为学生提供了多种与外界沟通的方式，通过合作、协商、分享和反思，学生以多种视角理解知识，建构自己的内部知识框架。

皮亚杰认为，在同伴情境中儿童才有机会考虑冲突的观点以及解释、谈判、讨论多种观点，决定是接受还是拒绝同伴的意见，这类同伴交往的经验能给儿童带来积极的适应性的发展结果，如理解他人的思想、情绪和意向的能力。在合作探究学习中，幼儿会面对同伴不同的观察方式、观点、解决问题的方法、问题的答案等，这与幼儿

---

1 钟启泉：《知识建构与教学创新——社会建构主义知识论及其启示》，载《全球教育展望》，2006（8）。
2 Holmes B., Tangney B., et al., "Communal Constructivism: Students Constructing Learning for as well as with Others," *Society for Information Technology & Teacher Education International Conference*, 2001（3），pp.3114-3119.

原有的经验会产生认知冲突，而这种认知冲突是观点的交流、智慧的碰撞，是一种切磋，也是一种合作。在冲突中，幼儿既可以反思自己的观点，又可以学习理解和接受别人的观点，协调自己与他人的认识。幼儿与同伴、教师之间的交流、争议、意见综合等有助于激发幼儿的深入思考和批判性反思，帮助他们建构新的、更深层次的理解，从而推动探究的深入发展。

杜威认为"problematic"（问题的）是促进儿童学习、组织建构知识的主要因素；儿童在与他人的对话、交流过程中，使他们的想法、解决问题的思路明确化和外显化，他们可以更好地对自己的理解和思维过程进行监控。在合作探究学习中，教师应该引导幼儿进行对话和交流，并作为一个参与者，以一种倾听的态度、一种开放的态度，以及留意那些意料之外答案的态度，让幼儿通过对话和交流，更加明确自己的观点和思路，并提供证据进行解释，从而提高探究性学习的质量。

在合作学习中，幼儿分享彼此的经验，转变不正确的看法，促进知识的共同建构；通过与他人的认知冲突和整合，进行深入思考和批判性反思，建构对知识的新的、更深层次的理解；通过对话和交流使他们的想法、解决问题的思路更加明确化和外显化，更好地对自己的理解和思维过程进行反思、监控，从而提高在行动中学习的质量。

二、课程的重点——"三人才行"

正所谓"三人成众"，"三"表示众多。"众"的甲骨文字形是"𗀎"，表示许多人在烈日下劳作，相互配合协调，共同采取行动，从而形成合作的力量。实验幼儿园尤其重视合作的力量，强调幼儿与教师之间的合作、幼儿之间的合作、教师与教师之间的合作、教师与家长之间的合作。

"合作"一词源于拉丁文，其原意是指成员之间的共同行动或协作行动。《现代汉语词典》对其解释是，为了共同的目的一起工作或共同完成某项任务[1]。"三人行"代表着一种合作的精神，在哲学社会学发展史中，合作是其思维方式之一。2001年9月5—8日，联合国教科文组织第46届国际教育大会在日内瓦召开，将"学会共处"确定为主要议题。

日本教育家佐藤学主张："学校应当作为文化体验——在日常生活中不能经验到的文化洗礼——的神圣场所加以重建；学校应当通过这种'象征性经验'，构筑文化与社会的新关系，成为领悟、改造深深制约着入场生活的文化的据点。所谓'文化洗礼'

1 中国社会科学院语言研究所词典编辑室：《现代汉语词典》，532页，北京，商务印书馆，2012。

就是教师、学生、家长进入'相互学习的关系'，通过这种'象征性经验'为终身参与校外广泛的知性共同体的创造做好准备。"[1]他还主张"基于'共同体'原理的改革，把学校构想为社区文化与教育的中心，作为儿童相互学习的共同体、教师们作为专家来共同培育的共同体、社区人士相互交流遗址文化的共同体"[2]。作为这种"学习共同体"的学校的蓝图，在课堂教学中，以实现"活动性、合作性、表现性的学习"为课题；在教师集体中，以彼此观摩教学、建构作为专家一起成长的"同事性"为课题；在家长中，以协助教师、参与教学、实践"参与学习"作为课题。[3]巴赫金指出："生活就其本质说是对话的。生活意味着参与对话：提问、聆听、应答、赞同等。"[4]巴赫金强调人与人之间是一种主体间性的对话交往关系，对话需要对话者之间的平等性。师生之间，生生之间，师师之间以及家园之间都应该敞开心扉对话，以平等者的姿态互相交流，从而形成真正意义上的"复调"与"狂欢"。

（一）师生合作：教师是引导者、合作者和支持者

苏格拉底的"助产术"是师生之间的平等对话、有效合作的典范；孔子也主张师生平等，教学相长，一方面诲人不倦，另一方面善于向受教者学习，提出"起予者商也"；被誉为拉丁美洲"杜威"的弗莱德认为传统教学是灌输式的"非人性化"的教学，在教学中不应该将学生当作客体，他主张解放学生，让学生与教师进行平等、民主的交流和对话；教育家苏霍姆林斯基认为师生之间是一种互相有好感、互相尊重的和谐的关系，这将有助于教育教学任务的完成；心理学家罗杰斯认为良好的教学气氛是保证有效地进行教学的主要条件，在良好的人际关系中进行教学，师生间彼此真诚地接纳对方从而达到心理相容，那么学生在学习中就会热情高涨，主体作用就能发挥出来，教学目的就能实现；后现代主义主张，真正的对话蕴含着一种伙伴关系和合作关系，应当倾听一切人的声音，哪怕是最卑微的小人物的声音；符号互动理论强调通过人际交往及合作达成人生的符号意义，人际的信息传递和交流合作是人生命意义实现的方式，人不可能孤立地生存；建构主义理论认为学习不是由教师把知识简单地传递给学生，而是由学生自己建构知识的过程。

因此，教师绝不是指挥者或裁决者，更不是机械的传授者或灌输者，教师和幼儿应是平等的合作关系，教师是积极的师幼互动的组织者，是良好的师幼互动环境的创设者。教师只有真诚地倾听幼儿的声音，尊重幼儿的主体地位，才能做到与幼儿平等

1 ［日］佐藤学：《课程与教师》，钟启泉译，82~83页，北京，教育科学出版社，2003。

2 ［日］佐藤学：《学习的快乐：走向对话》，钟启泉译，102页，北京，教育科学出版社，2004。

3 钟启泉：《苏醒吧，薄弱初中——日本佐藤学教授访谈》，载《全球教育展望》，2005（4）。

4 ［苏联］巴赫金：《巴赫金全集》第5卷，白春仁等译，387页，石家庄，河北教育出版社，1998。

的交流和沟通，建立良好的师幼关系，让幼儿在集体活动中形成安全感和信赖感。

幼儿园课程的实施是教师与幼儿平等民主的参与式交流使幼儿获得积极体验的过程。通过师幼之间的协商和对话，教师在了解幼儿个体需要的基础上对幼儿进行个性化的指导，从而提升课程实施的质量。

（二）生生合作：同伴在相互合作中互教受益

我国古代《学记》有言"独学而无友，则孤陋而寡闻"，陶行知的"小先生制"等，都蕴含有同伴之间相互合作学习的思想。公元1世纪，古罗马演说家昆体良认为，学生可以从互教中受益；捷克教育家夸美纽斯也认为，学生不仅可以从教师的教学中获取知识，而且还可以通过别的学生的教学来获取知识。18世纪英国的兰卡斯特（J. Lancaster）和贝尔（A. Bell）倡导"导生制"；19世纪美国帕克（C. F. Parker）强调对合作学习的运用；20世纪杜威提倡运用合作学习小组；之后，诸如梅依（M. May）、莫瑞诺（J. L. Moreno）、道奇（M. Deutsch）等人的思想均有学生小组合作学习的内容。

现代以来，合作教育受到了教育理论和实践各界的高度重视。皮亚杰学派的研究者强调在学校中开展合作学习的重要性，儿童在学习任务之间的相互作用可以使他们的认知水平迅速提高，儿童可以通过讨论学习内容，解决认知冲突，阐明、补充充分的推理，从而最终达到对知识的理解。美国中小学盛行PBI方法（Problem - Based Instruction，以问题为基础的教学）、组合阅读法、小组成绩分享法等。

儿童同伴间的合作能促进儿童认知能力的发展，培养儿童正确的自我认识、人际交往与沟通能力，以及理解他人的意识与规则意识。幼儿园的教师应为幼儿创造与同伴游戏和学习的机会，让幼儿在实践中学会合作。例如，合作游戏是幼儿所喜爱的教学活动，角色游戏、结构游戏、小组表演等都需要幼儿通过合作才能真正从游戏中体会到乐趣。教师也可以根据本班幼儿的年龄特点、兴趣爱好开展不同形式、不同内容的合作性游戏活动。幼儿在玩中自然体验规则与游戏的关系，懂得只有和同伴友好共处、相互合作才能取胜的道理，并在相互说明、讨论、协商、争执、调解等过程中使人际交往能力得到很好的锻炼。

（三）师师合作：教师在交流合作中提升专业内涵

社会建构主义强调学习就是知识的社会协商。美国学者李特尔(Little)通过研究发现，在教师时常谈论彼此的教学、观察彼此的教学、一起设计和准备课程的学校中，学生一般会具有较高的学业成绩，教师也会表现出较好的专业成长特性。因此，教师通过与同事的合作与互动，从他人那里获取有价值的信息来提升自己的专业内涵，这是新时期教师专业发展的重要理念和途径。[1]

就教师个体而言，在教师的合作学习共同体中，不同的教师在思维方式、知识结构、认知风格等方面存在着差异，教师之间在对话和交流中可以取长补短，共同进步。就学前课程而言，在课程结构方面，综合课程的实施和校本课程的开发给教师带来了巨大的挑战；在课程标准方面，没有具体的可操作的课程标准使教师束手无策；在课程评价方面，多元化的评价体系让教师没有统一的评价标准可以遵循。对于这些"困惑"，幼儿园应为教师营造平等、民主和开放的环境，为课程实施提供物力和智力上的支持，教师经常相互交流，观察彼此教学，并反思自身的教学行为，在交流和合作中共同建构所需的教学知识，提高课程实施的能力，在课程实施中成长。幼儿园还应通过组织教师形成课程改革小组的形式，构建一种合作的教师文化，促成幼儿园内部教师之间围绕着专业问题进行有效的交流，确保教师在新课程中成长。"环境造就人"，对于幼儿园来说，教师个体的发展并不是最终的理想与目标，而形成教师集体的专业力量，追求群体的共同发展才是最终的目标。

（四）家园合作：家长是幼儿教育的参与者和支持者

1997年，美国幼儿教育协会颁布了新的《0—8岁儿童适宜性发展教育方案》，将"教师同儿童家庭建立合作互惠的关系"作为贯彻实施适宜性发展教育的一项基本原则。我国教育部2001年颁布的《幼儿园教育指导纲要(试行)》指出，家庭是幼儿园重要的合作伙伴。应本着尊重、平等、合作的原则，争取家长的理解、支持和主动参与，并积极支持、帮助家长提高教育能力。2012年，我国教育部颁布的《3—6岁儿童学习与发展指南》指出，指导幼儿园和家庭实施科学的保育与教育，促进幼儿身心全面和谐发展。

美国学者隆巴那认为，广义上的家长参与学校教育指家长从事的一切直接或间接影响其孩子(学生)的教育活动；南妮等人认为，家校合作的内涵应该包括以下几个方面：父母在学校担任志愿者、父母与学校教师和其他人员交流、家庭配合儿童学习、父母参加学校活动、父母成为家长委员会成员以及父母参加家长教师会议等。[2]家校合作构建学习共同体的过程，是一个家校双方相互受益的过程，是教师和家长相互共同提高的过程。

幼儿园的课程设置需要满足家长的需求，课程的目标、内容、实施以及评价都需要家长的认可与支持。幼儿教师的专业发展需要向家长学习，了解幼儿与家长的实际

---

1 陈永发：《合作取向的教师专业成长》，载《人文及社会学科教学通讯》，2001（4）。
2 林杰：《家校合作构建学习共同体的策略研究》，硕士学位论文，西南大学，2009。

需要，挖掘有利于幼儿发展的家长资源。幼儿园可以定期举行家长会，向家长介绍幼儿园的办园理念和发展前景、园本课程的理念和课程的设置，密切与家长合作，让家长参与到课程开发的具体活动中来。

三、课程的取向——"三人同行"

（一）"三人成众"："不让一个儿童掉队"

"三"这个数字在人类的童年时期，就是代表多的大数，或者一定数量物体的总数。康德指出，"每一类中所有范畴之数常同为三数之一事，实堪注意"。[1]乌节尼尔（H.Usener）指出，三的神秘性质起源于人类社会在计数中不超过三的那个时代。那时，三必定表示一个最后的数，一个绝对的总数，因而它在一个极长的时期中必定占有较发达社会中的"无限大"所占有的那种地位。[2]在中国，古代文明相当发达的时期，"三"担当着多数或全数的角色。《老子》有"道生一，一生二，二生三，三生万物"。这蕴含着古人对世界的认知方式和心理定式，在指称多数的时候，二犹不及，四则过之，唯有三最宜于做多数的代词。清代汪中文集《述学》有一内篇《释三九》论述了"三"的概念：三指多，虚数也。《周易》有"近利市三倍"；《诗经》有"如贾三倍""季文子三思而后行"；《论语》有"焉往而不三黜"；《孟子书》有"陈仲子食李三咽"；《史记》有管仲"三仕三见逐于君"；等等。所以说，三是虚数，代表多的意思。

"三人同行"代表着儿童一起合作学习，与维果茨基对社会性交往的重视以及"最近发展区"的思想是一致的。维果茨基认为，促进发展的教学是以合作为基本形式的，学生在与比自己水平稍高的成员交往中将潜在的发展区转化为现实的发展，并创造更大的发展可能。社会建构主义运用维果茨基思想，重视学习的社会性，强调知识存在于社会情境，重视合作学习、共同发展，以及教师应通过与学生的共同建构来传递知识，这些思想反映在课堂教学和学生学习中，就形成了所谓的合作学习模式。日本学者佐藤学认为，合作对话的学习实践能够"重建世界、重建自身与重建伙伴"[3]。在探究过程中让幼儿和他人进行对话、交流，可以使幼儿头脑中那些"由于直觉思维而自然出现的一些没有根据的观念结构在谈话中受到挑战"。"当儿童倾听和理解他人的观点并且扩展他们原有概念以找到共同的基础时，当儿童同他人合作、辩论、考虑新的可能并改正他们的观点以便进行交流或说服他人时，他们就在参与的过程中发展了自己

1［德］康德：《纯粹理性批判》，蓝公武译，99页，北京，商务印书馆，2009。
2［法］列维-布律尔：《原始思维》，丁由译，202～203页，北京，商务印书馆，1981。
3［日］佐藤学：《学习的快乐：走向对话》，钟启泉译，38页，北京，教育科学出版社，2004。

的观点。"[1] 皮亚杰认为，当目前的经验不能被大脑中已存在的图式同化时，则会出现顺应，体验认知冲突是学习必不可少的一部分。[2]

（二）"三人同行"："尊重差异"

"三人同行"并不意味着千篇一律的幼儿教育。多元智能理论认为，幼儿的智能结构整体表现出很大差异，不同智能在人的身上的不同组合给出了人与人不同的最佳理由。幼儿的智能并不是在每个领域平均分布，每个幼儿都有着相对的智能强项或弱项。幼儿存在的个别差异也反映了发展的个别需要，在一定程度上决定了课程内容的多样性、复杂性和针对性。

中国古代教育家孔子首倡因材施教，他主张教育的前提条件是了解学生间的个别差异和特点，在了解学生的基础上，有针对性地施以教育。中国古代的道家思想也反映了个性教育的重要性，它强调尊重人的个性，发扬人的个性，主张个体主观能动性的发挥，拒斥个体千人一面，提倡顺其自然地进行教育。唐代学者韩愈提出，"夫大木为宗（máng），细木为桷（jué）。欂栌（bó lú）、侏儒，椳（wēi）、闑（niè）、扂（diàn）、楔（xiè），各得其宜，施以成室者，匠氏之工也。"（解释：要知道那些大的木材做屋梁，小的木材做瓦椽，做斗栱，短椽的，做门臼、门橛、门闩、门柱的，都量材使用，各适其宜而建成房屋，这是工匠的技巧啊。）他认为人的才能和树木材质各不相同一样，教师应因人而教，学生才能各尽其才。宋代胡瑗根据学生的不同兴趣和才能进行分斋教学，学生可以在"经义"和"治事"两斋中任选一种。明代的王守仁提出了要考虑儿童整体差异与个体差异的观点，教育要因材施教，一方面要因儿童整体的年龄特征，另一方面要看到个人差异。他认为只要方法得当，人都是可以成材的。

西方教育史关于个性教育的论述也很有见地。柏拉图的个性教育强调环境、个人生活状况、政治地位、经济条件等对人的形成均有影响。亚里士多德根据他的观察看到了儿童群体差异的存在，提出了教育的年龄特征问题，他提出应根据儿童的生理发展划分年龄阶段，并依据年龄阶段制定出不同阶段的教育任务；古罗马演说家昆体良也很关注儿童的个体差异，他认为人的禀赋不同，教育的方法也应随之不同，必须遵循儿童年龄的特点，要了解并且确定儿童在不同年龄阶段的接受能力。近代以来，伴随着人文主义教育思潮以及现代西方的新教育思想，个性教育的理念日趋成熟。卢梭批判封建主义不顾儿童天性发展的经院教育，把儿童看成"小大人"，抹杀了儿童与成

---

1 ［美］阿林·普拉特·普莱瑞：《幼儿园科学探究教学：科学、数学与技术的融合》，霍力岩等译，53页，北京，教育科学出版社，2009。
2 George J. Posner, et al., "Accommodation of a Scientific Conception: Toward a Theory of Conceptual Change," *Science Education*, 1982（2），pp.211-227.

人的区别。他指出："每个人的心灵有它自己的形式，必须按它的形式去指导他；必须通过它这种形式而不能通过其他的形式去教育，才能使你对花费的苦心取得成效。"[1]第斯多惠在《德国教师教育指南》一书中谈到了对于学生个性的尊重问题。他把学生看作教学的主体，认为学生的身心发展条件是制定教学原则的主要依据。他提出适应自然，遵循学生的年龄和个性特征以及发展阶段，教授学生真正需要的知识。[2]

　　现代以来，个性教育思想在各种教育思想和教学法中日益凸显。例如，19世纪80年代末产生于英国的"新教育"思想，强调教育应尊重儿童的个性，只有通过让儿童内在的精神力量自由，才能发展儿童的个性；蒙台梭利教学法强调教师要观察儿童，了解儿童的共同需求与独特的需求，关注儿童群体的差异性，根据儿童的心理特点布置相应的设施；杜威的实用主义思想也存在着对个性的关注，杜威强调的是"个性的变化与可塑性"。他对儿童的个性也十分关注，他的"做中学"实际上强调的是主体性的发挥。20世纪60年代以来兴起的人本主义教育思潮一开始就与人本主义心理学联系紧密，在教育上主张培养整体的、自我实现和创造型的人。在课程上，人本主义者认为，"课程的功能是要为每一个学习者提供有助于个人自由发展的、有内在奖励的经验"[3]。我国现代著名的儿童教育专家陈鹤琴的个性教育思想，是基于幼儿期是个性形成的最初基础而提出的。[4]在课程与个性的关系上，陈鹤琴提到了"富有弹性的课程"，即课程适应儿童的个性可以通过两种途径：课程整体结构的多样以及课程内容的多层次。[5]

　　国外很多优秀的课程模式都体现了尊重幼儿差异的课程理念。例如，光谱教育方案提出了个别化教育，它是建立在了解每一个幼儿智力特点的基础上的，强调在可能的范围内发展不同的教学方式，使具有不同智力的幼儿都受到同样好的教育；瑞吉欧的方案教学强调对幼儿兴趣的尊重，他们的小组工作、深入研究、纪录、图像语言从不同的角度指向幼儿的差异性与主体性；发展适宜性实践强调幼儿"年龄的适宜性"和"个体的适宜性"。《3—6岁儿童学习与发展指南》指出："幼儿的发展是一个持续、渐进的过程，同时也表现出一定的阶段性特征。每个幼儿在沿着相似进程发展的过程中，各自的发展速度和到达某一水平的时间不完全相同。要充分理解和尊重幼儿发展进程中的个别差异，支持和引导他们从原有水平向更高水平发展，按照自身的速度和方式到达指南所呈现的发展'阶梯'，切忌用一把'尺子'衡量所有幼儿。"

1　[法]卢梭：《爱弥儿 论教育》上卷，李平沤译，97页，北京，商务印书馆，1978。
2　王天一等：《外国教育史》上册，339页，北京，北京师范大学出版社，1984。
3　[美]麦克尼尔：《课程导论》，施良方等译，4页，沈阳，辽宁教育出版社，1990。
4　北京市教育科学研究所：《陈鹤琴全集》第2卷，662页，南京，江苏教育出版社，1989。
5　北京市教育科学研究所：《陈鹤琴全集》第2卷，19页，南京，江苏教育出版社，1989。

需要注意的是，虽然教育的结果之一表现为差异，但差异不是个性化课程追求的最终目标，教育的最终目的是促进儿童富有智慧地发展，让儿童成为一个具有主体性智慧的人。

四、课程的深远价值——"三人在行"

"行"的意思就是在路上。存在主义哲学家海德格尔（Heidegger）认为，人生存的印记就是"在路上"，在对待曾在、现在、将在的关系上，他更重视将在。"行"还意味着"在过程中"，幼儿的发展、教师的发展、课程的发展等都在过程中，这也体现了可持续发展与科学发展的观念。"三人行"主要体现了幼儿的发展、教师的发展以及课程的发展都是可持续的不断发展。

（一）幼儿的发展在路上

当下的幼儿课程充斥着功利化和小学化的倾向，这些是有悖教育理念和幼儿发展规律的，是不利于幼儿可持续发展的。早在18世纪，法国教育家卢梭提出，儿童教育是自然教育，应该顺应自然规律；美国教育家杜威曾提到，传统教育只是拿成人所积累的知识，把一些和成长不一定相关的东西强加给儿童，教育应该了解儿童的需要，以儿童的需要为出发点；皮亚杰通过对儿童的实验和观察发现，如果教育活动超过了儿童的需要，就会阻碍儿童的正常发展；格赛尔通过孪生子爬梯实验发现，儿童的身心发展是一个自然成熟的过程，在身心成熟达到一定程度时，教育才能使其发展有所加快。

以往有关理论和研究都表明，幼儿教育要以幼儿身心发展规律为出发点，摒弃世俗化、功利化的教育误区，这样才能真正体现教育的意义，才能是真正意义上人的发展。2001年9月1日，教育部开始实施《幼儿园教育指导纲要（试行）》，规定了要尊重幼儿身心发展的规律和学习特点，明确指出幼儿园教育是我国学校教育和终身教育的奠基阶段，它要为幼儿一生的发展打好基础，强调教育活动要"既符合幼儿的现实需要，又有利于其长远发展"[1]。发展适宜性实践强调，对幼儿的发展特点、个体差异，以及幼儿所生活的社会文化背景应高度重视，这一理念的提出在教育界，特别是幼儿教育界引起了广泛关注。

"三人行"课程理念强调幼儿的发展应是可持续的、超前的，填鸭式的幼儿课程对幼儿未来的发展极为不利，幼教工作者应寻找相应的对策，来纠正幼儿教育中的不良

1 教育部基础教育司：《〈幼儿园教育指导纲要（试行）〉解读》，47~48页，南京，江苏教育出版社，2002。

倾向。实验幼儿园的课程重视幼儿的可持续发展，坚持科学保教，真正在引导幼儿走向"快乐生活、健康成长"。

（二）教师的发展在路上

实验幼儿园走的是课程发展和教师发展一体化的道路，正是有了教师的发展，才有课程的发展。

课程变革与教师专业发展是统一的。英国著名的课程论专家斯腾豪斯（L.Stenhouse）提出，"课程发展即教师发展"，"课程改革不仅仅可以改进教学，并且可以促进教师不断更新专业知识和能力结构，提高教师的教学水平"[1]。康奈利（F.M.Connelly）等人一方面阐述了教师对课程改革的重要性，教师是"课程设计者"，是课程实践事件的"自主代理人"；另一方面强调了教师参与课程改革能促进自身的不断发展。[2]在课程改革的背景下，教师的持续发展主要表现在以下两个方面。

第一，课程改革需要持续的教师发展。当前的幼儿园课程改革进入了一个新的时代，国家课程、地方课程和园本课程相容并包，在这样的课程改革框架下，教师作为活跃在教育实践第一线的人，不仅是课程的实施者，也是研究者，是课程改革的主力军。教师是课程能否发挥效能的直接因素，教师的课程理念直接影响着新课程的具体实施，牵系着课程改革的进行。新时期的幼儿园课程改革强调以幼儿为中心，强调幼儿自主性的发挥，这些对于教师而言也是极大的挑战。所以，教师必须从观念、角色和方法等各个方面做出战略性调适，丰富自身的专业知识，提高实践反思能力，优化自身专业素质结构，保持与新课程的同步成长。

第二，课程改革促进教师的发展。课程发展工作能提供一个独特的机会让教师聚在一起，互相学习，发展新知，促进彼此的专业成长。根据建构主义学习理论，幼儿教师的专业发展是在已有经验的基础上，通过与环境的相互作用而自主建构知识经验的过程。教师参与课程改革后，会面临新的教学观念、新的教学材料以及新的教学策略，教师以研究者的身份关注自己的教学实践，以批判反思的眼光进行课堂研究，有助于教师形成对教学、课程和自身的理解，促进教师的知识建构，从而促进教师的不断发展。

课程改革是一个系统工程，教师发展是其重要组成部分，幼儿教师的专业素养是制约园本课程成败的关键因素。然而，幼儿教师专业发展不是立竿见影、一劳永逸的，会随着课程改革的进行而不断变化发展，是持续的、动态的发展过程。

1 Stenhouse L., *A Introduction to Curriculum Research and Development*, London, Heinemann, 1975, p.79.
2 F. Michael Connelly & Miriam Ben-Peretz, "Teacher's Roles in the Using and Doing of Research and Curriculum Development," *Journal of Curriculum Studies*, 1980（2）, p.106.

（三）课程的发展在路上

中国学前课程的百年发展历程证明，学前课程受到政治、经济、文化等因素的影响，学前课程具有历史性、时代性、民族性。学前课程的变革不是简单的自身变革，不只依赖幼教界、教育界的学术研究和观念变革，还依赖社会大系统的整体演变。

在一个开放的、宽松的、民主的社会背景中，学前课程承担起培育民族幼小的心灵，强健整个民族根基的历史责任。中国学前课程前进的路上需要更开放、更民主、更富强的社会大系统的支持，社会大系统应当进一步尊重学前课程的特点、规律等内部规定性。中国学前课程应当发展得更快，中国学前课程的明天应当更光明。

第二节　课程体系

2012年12月至今，北京师范大学学前教育团队携手深圳实验幼儿园一同打造着这套与世界主流话语接轨，并坚守中国本土文化的"三人行"理论和实践课程体系，也就是用"三人行"课程来概括实验幼儿园课程的主线和灵魂，凸显深圳实验幼儿园的园本课程特色。"三人行"课程框架图如图1-2所示。

图1-2　"三人行"课程框架图

要了解"三人行"的课程体系是什么，首先要走进深圳实验幼儿园，感受这些课程的实践建构者们向我们传递的文化理念，他们对儿童学习与发展的认识，以及他们对幼儿教育的感悟与解读……

一、"三人行"的愿景

深圳实验幼儿园一直秉承"为孩子种下一生幸福的种子"的办学理念。追寻着"幸福"的足迹，深圳实验幼儿园"三人行"课程实践就像是家庭、幼儿园、社会一同为幼儿幸福生活圆梦的过程。因此，我们将幼儿园的课程实践过程称为"幸福行动"。"幸福"是我们共同追寻的教育愿景，"行动"是我们"三人行"课程的核心方法。"幸福行动"就是我们课程实践的代名词，它体现了"三人行"课程实践是一个动态的过程，是一个不断发展、不断以儿童学习与发展需求为核心的实践过程。

（一）幸福大家说

说到"幸福"这个词语，每个人都不会觉得陌生。亚里士多德说过："幸福是人的一切行为的终极目的，正是为了它，人们才做所有其他的事情。"这句话恰恰体现了一直以来，人们从来不曾放弃对幸福的不懈追求。可是到底什么是幸福似乎又是一个无解命题，困扰着孜孜不倦的人们。西方哲学史关于幸福的理解主要分为两大流派：一种是"快乐论"（hedonic），另一种是"实现论"（eudaimonic）。"快乐论"的创始人是古希腊哲学家伊壁鸠鲁，"快乐论"认为幸福就是快乐，身体健康、灵魂安宁就是快乐，就是幸福。弗洛伊德在对幸福的探究中也坚持了"快乐论"的幸福观，他认为"决定生活目的的只是快乐原则的满足"，人的一切活动都是被"快乐原则"所支配的，幸福产生于被压抑的需要的满足。显然，这样的快乐主义是被质疑的。当代哲学家亚当·斯密、休谟等人对幸福也有着自己的理解。他们认为，快乐不仅仅要从眼前来看，更要从长远的角度去思考，从长远来看，幸福就不仅仅是眼下的快乐了。莱布尼兹虽然站在"快乐论"的角度上思考，但是他已经更多地关注理性而不是感性的快乐。正如莱布尼兹所说："理性和意志将我们引向幸福，而感觉和欲望只是将我们引向快乐。"[1]这样的观点说明"快乐论"的本质不仅仅是感觉上的快乐，还应该有精神层面的快乐与享受。"实现论"则认为，幸福不仅仅是快乐，更是人的潜能的实现，是人的本质的实现与显现。[2]包尔生（F. Paulsen）作为"实现论"流派的代表并不排斥快乐，他

---

1 ［德］莱布尼茨：《人类理智新论》，陈修斋译，188～189页，北京，商务印书馆，1982。
2 周国平：《幸福的哲学》，28页，武汉，长江文艺出版社，2014。

认为不论是"快乐论"还是"实现论",它们都有一个共同点,就是要从长远出发,获得长久的快乐。幸福是展示生活的客观内容,而这样的内容又体现在人们的生活中。包尔生创造了"自我实现论"这个词语,证明幸福意志的目的不仅仅在于感情,更在于行动。20 世纪弗洛伊德学派的代表人物弗洛姆(E. Fromm)进一步发展了"实现论"的幸福主义,他认为快乐与幸福没有本质的区别,并将快乐分为主观的快乐和真正的快乐。主观的快乐是对物质和精神需要的满足,而真正的快乐则需要以创造的积极性为基础。这样的两种哲学观点沿着各自的脉络不断发展。

基于这样的哲学观点,人们对幸福的研究得以深入。传统心理学家把焦点放在心理缺陷和能力缺失上,而很少关注人们的积极情绪等。为了弥补传统心理学的这些弊端,美国心理学家塞利格曼及其同事创立了积极心理学,关注人类的优势和幸福。[1]随着社会的发展和进步,人们的物质生活水平得到了不断的提高,对幸福感的研究逐渐走上正轨和实证主义。积极心理学更加注重对生活中积极因素的研究,如幸福感、积极品质、积极力量等。立足于不同的哲学流派,幸福感的研究主要分为主观幸福感(subjective well-being)和心理幸福感(psychological well-being)。这是两个既有区别又有联系的概念。主观幸福感是基于"快乐论"的哲学基础发展起来的,有三个主要的维度,主要包括生活满意度、积极情感和消极情感。

心理幸福感是基于"实现论"的幸福感研究范式,卡罗尔·里夫(Carol Ryff)是心理幸福感研究的代表。她的心理幸福感量表包括六个维度:自主性、环境掌控、个人成长、积极的人际关系、生活目标和自我接纳。心理幸福感六个维度的确定,体现了自我实现在幸福中的重要意义。正如"实现论"幸福主义所说的那样,幸福除了简单的获得快乐以外,还有通过人自身的努力,实现自身潜能的体验状态。迪瑞栋克(Dierendonck)在检验了卡罗尔·里夫对心理幸福感测量的结构效度后得出,快乐主义幸福感、实现主义幸福感以及美好生活整合为一种模型才是合理的。[2]凯斯(Keyes)在一项调查中发现,心理幸福感与主观幸福感是既有关联又有区别的两个概念。[3]心理幸福感高于主观幸福感的成人更年轻、受教育程度更高、经验开放性更强。华特曼(Waterman)等人采用了实证的方法,将主观幸福感和心理幸福感加以整合,形成了实现幸福感(eudaimonic well-being),建构了主观幸福感和心理幸福感整合的标准模型。[4]

国内著名积极心理学学者苗江元通过实证研究及分析主观幸福感、心理幸福感、

---

1 [爱尔兰]艾伦·卡尔:《积极心理学》,丁丹等译,1页,北京,中国轻工业出版社,2013。
2 Dierendonck D.V., "The Constructs Validity of Ryff's Scales of Psychological Well-being and It's Extension with Spiritual Well-being," *Personality & Individual Differences*, 2004(3), pp.629-643.
3 [爱尔兰]艾伦·卡尔:《积极心理学》,丁丹等译,41页,北京,中国轻工业出版社,2013。
4 Alan S. Waterman, et al., "The Questionnaire for Eudaimonic Well-being: Psychometric Properties, Demographic Comparisons, and Evidence of Validity," *Journal of Positive Psychology*, 2010(1), pp.41-61.

社会幸福感之间的关系，在信效度分析后得出多方面的综合幸福问卷。它包括健康关注、生命活力、自我价值、人格成长、友好关系、利他行为、生活满意、正性情感和负性情感九个维度。

　　随着时代的发展，社会竞争压力日益增加，人们对幸福的追求似乎变了样。正如虞永平在《幼儿教育与幼儿幸福：对幼儿教育的一种反思》中描述的那样，由于幸福观、对个体需要以及儿童学习认识的偏差，导致"在一个美好的社会制度下，儿童至少是部分儿童与他们的幸福失之交臂了"[1]。

（二）理解儿童的幸福

　　我们常常能听到这样的说法："现在的孩子太幸福了，什么都不缺，家里面还有那么多人疼爱他。"抑或是"现在的孩子太可怜了，每天都要学习那么多的东西，从上幼儿园开始时间就被安排得满满的。"这样的两种说法都有道理，但是又都没有道理。为什么呢？这其中提到多个因素：一定的物质基础、家人的陪伴和疼爱，以及一些家长所认为的为未来打基础的必备技能，即对未来的准备。诚然，一定的物质基础的确能够影响人们对幸福的感知。必要的物质基础能够给幼儿带来愉快的感受，甚至是积极的情绪。比如，在玩玩具的时候，在阅读图书的时候，孩子能体会到这样愉快的情绪。可是难道物质匮乏就不能使人感受到幸福吗？物质不富有却能感受到幸福的大有人在。然而，在物质基础这个层面也有一些极端的例子，过剩的营养反而会造成孩子体质的下降，过多的玩具会为孩子造成选择方面的困扰。物质是幸福的充分而非必要条件。[2]有些家长说，现在的孩子从幼儿园开始就进入了忙碌的学习生活。这恰恰是社会上一些功利主义的幸福观对儿童幸福的误读。这样的幸福观偏差，造成了家长对未来所谓"成功"的过分追求，也造成了孩子与幸福的失之交臂。

　　对于3～6岁的儿童来说，幸福究竟是什么呢？每个孩子都有一个自己的小世界。正如我们幼儿园曾经举办的"288个世界"的活动，这288个世界对幸福的理解是不同的。儿童是天生的哲学家，如果我们对孩子进行随机的访问，问问他们什么是幸福，也许孩子们给出的答案五花八门，但是仔细想想，也许并不无道理。比如，史瑾通过208份调查问卷发现，儿童对于幸福的认知是通过许多具体的事件表现出来的。[3]儿童所认为的幸福主要分为三类：一是情感上的被满足，如父母、家人的陪伴。二是积极的情绪体验，如有好玩的玩具、充足的玩耍时间。三是被认可、被接纳，如有自己的好朋友、被别人喜欢等。总之，孩子眼中的幸福是朴实的。在谈到对幸福的期望时，大

1　虞永平：《学前课程与幸福童年》，17页，北京，教育科学出版社，2012。
2　虞永平：《学前课程与幸福童年》，17页，北京，教育科学出版社，2012。
3　史瑾：《儿童幸福观之比较研究》，硕士学位论文，河南大学，2008。

多数孩子给出了通过自己的努力能够获得幸福的观点。由此，对于孩子来说，幸福更多地立足于眼前的积极情绪和情感体验。

对于教师和家长来说，我们当然要关注儿童当下生活的幸福。对儿童幸福观的解读，有助于我们更好地走近孩子，了解孩子的需要和诉求。正如马拉古兹所说的"走进孩子的心灵"。孩子是有能力的学习者，他们对于幸福的理解是一种朴素心理理论，反映了他们的真实需要和追求。对幸福的感知根植于当前的生活，侧重于内心的情感体验。卢梭在《爱弥儿》中提出，儿童并不是"小大人"或者"未成人"，他们有自己的看法和生活方式。尊重儿童对幸福的理解，我们才能帮助儿童获得幸福。对于和儿童成长最为紧密的成人和教师来说，了解儿童真正的需要和兴趣，了解儿童成长的规律，为儿童的成长提供相适应的条件而非超高水平甚至是奢侈的条件，儿童才能真正地获得幸福。[1]刘次林在《幸福教育论》中提出，教育要以幸福为目的，让主体感受和客观事实能够达到辩证的统一。[2]

幸福的结构会随着时间的推移和人的成长发生变化。但是童年时期的幸福记忆却能够伴随着孩子的一生。我们重视孩子在幼儿园的童年时光，我们也希望能够创办一个让孩子快乐成长的幸福乐园。通过关于儿童对幸福理解的分析，我们可以得出，成人对幸福的看法更为理智和全面。但是这样的理智必须建立在儿童成长的规律之上。

（三）指向幸福能力的教育

"三人行"课程可以为孩子提供怎样的教育？让我们先来重温深圳实验幼儿园的教育愿景："为孩子种下一生幸福的种子"。"种子"代表了萌发，代表了生机。这说明我们想要带给孩子的幸福不仅在当下，幸福更应与孩子终身相伴，并让这颗种子有可以萌发的力量，让孩子幸福，让孩子获得幸福的能力。为了实现这样的教育理想，达到这样的教育目的，我们充分学习积极心理学的理念和方法，构建良好的环境，帮助孩子形成对幸福的正确认知，形成完善的人格。让孩子获得幸福的能力，我们首先需要承认的是，幸福是一种能力，这样的能力不是与生俱来的，是可以培育的。情感幸福的研究表明，成年人的帮助有助于孩子在童年期建立起幸福的根源。卡特（Carter)指出，幸福的根源能够通过积极的想法和良好的情绪来滋养，尤其是经过情商的使用而生根、发芽、结果。[3]

为了让孩子现在幸福，拥有幸福的记忆并获得长久幸福的能力，深圳实验幼儿园

1 虞永平：《学前课程与幸福童年》，20页，北京，教育科学出版社，2012。
2 刘次林：《幸福教育论》，78页，南京，南京师范大学出版社，1999。
3 Peter Salovey & Daisy Grewal, "The Science of Emotional Intelligence," *Current Directions in Psychological Science*, 2005（6），pp. 281-285.

从孩子的幸福观出发，结合幸福哲学和积极心理学，为孩子种下了身心健康、习惯良好、情感积极、睿智创新这四颗幸福的种子。这四颗种子是相辅相成、相互联系的。幼儿园是为孩子创造快乐幸福的乐园，并为种子的成长提供养分和沃土，让幸福的种子能够在此生根、发芽、茁壮成长。

二、"三人行"的设定

从幸福哲学中，我们体验到了深圳实验幼儿园的幸福观，他们对幸福的理解、对儿童幸福的解读。这些幸福观就是"三人行"落地的理论基础。课程实践的最终目的都是3~6岁儿童的幸福成长。那么如何实现幸福愿景，这是深圳实验幼儿园的教育实践者需要精心设计的。"三人行"课程实现幸福目标的路径就是"幸福设定"。这种设定包括课程目标的确立、课程内容的选择，以及课程实施方法的运用等。

（一）目标设定

深圳实验幼儿园致力于为孩子种下一生幸福的种子，培养身心健康、习惯良好、情感积极、睿智创新的幸福儿童。因此，"三人行"课程的目标设定为"三人同行"，儿童通过自主深度探究、合作多元探究，收获健康的身心、良好的习惯、积极的情感、睿智与创新四颗幸福的种子。四颗种子的来源主要是深圳实验幼儿园的教育实践者们对幼儿重要发展特质的一般性认识。他们认为，实验幼儿园的幼儿最重要的发展特质是自信、大方、有理、合作、贡献、感恩，拥有这些核心特质的幼儿是拥有幸福能力的幼儿，也是能够获得四颗种子的幼儿。下面将具体分析四颗种子与幸福之间的关系。

1. 健康身心与幸福

《3—6岁儿童学习与发展指南》以及《幼儿园教育指导纲要（试行）》都明确提出了对幼儿健康的要求。在童年时期，家长首要关注的是幼儿是否能够健康成长。当然，这里的健康指的不仅仅是身体的健康，更有心理的健康。虽然有的学者指出医生给出的客观评价与幸福不相关，但是人们对自己健康状况的主观评价与幸福是相关的。3~6岁儿童的主观感受来源于客观，也来源于儿童的具体感知。因此，3~6岁的儿童对幸福的感知应该是与他们的身体健康息息相关的。例如，幼儿如果经常生病在家，那么就会影响其参与丰富多彩的活动，身体的痛苦可能也会造成情绪上的不愉快。

比身体健康更为重要的是心理的健康。我国最新颁布的《幼儿园工作规程》明确强调了要重视幼儿心理的健康，足以证明在学前期幼儿心理健康的重要性。在《3—6岁儿童学习与发展指南》中，心理健康发展的目标是情绪安定愉快，并具有一定的适应能力，如对集体生活和新的人际关系的适应能力等。国际上对于心理健康的评价也有一定的标准。著名心理学家马斯洛曾对心理健康的评价提出了这样的标准：具有适度的安全感，具有适度的自我评价，具有适度的自发性和感应性，与现实环境保持良好的接触，能够保持人格的完整与和谐，善于从经验中学习，在团体中能保持良好的人际关系，有切合实际的生活目标，适度地接受个人的需要，在不违背团体的原则下能保持自己的个性。英国社会心理学家玛丽·雅霍达提出了心理健康的标准：了解自己的身份和自己的心情，自主，而且能认识到自己需要什么。[1]我国心理学者王登峰等人提出了关于心理健康的8条标准：了解自我，悦纳自我；接受他人，善与人处；正视现实，接受现实；热爱生活，乐于工作；能协调与控制情绪，心境良好；人格完整和谐；智力正常；心理行为符合年龄特征。由此可见，虽然不同的人对于心理健康有着不同的理解，但是其中提到的自我理解，自我接纳，有良好的情绪，与环境保持良好的接触，与他人保持良好的关系等都是与实现主观幸福感和心理幸福感息息相关的。特别是在心理幸福感中提到的自我接纳以及良好的人际关系的维度，心理健康状况良好的人更容易接纳自己，处理好人际关系，适应环境等，更容易感受到幸福，获得幸福。

2. 良好习惯与幸福

有句谚语这样说："行动养成习惯，习惯形成性格，性格决定命运。"这句话深刻地揭示了良好行为习惯对于人一生的重大影响。幼儿的命运从思想、行为开端，但要落实于行为习惯。养成良好的习惯是一个人独立于社会的基础，又在很大程度上决定人的工作效率和生活质量，并进而影响他一生的成功和幸福。幼儿期是培养良好习惯的重要时期，注重这一时期各种习惯的培养，是为他将来成功走向社会所奠定的第一块坚实的基石。由于人类的行为十分之八九是习惯，而这种习惯的大部分是在幼年养成的，所以幼年时代应当特别注重习惯的养成。

艾伦·卡尔（Alan Carr）的《积极心理学》关于增进幸福的策略提到了习惯这样一个概念，并具体说到了解并接受"享乐主义踏板车"的现象。这样的现象指的是在大多数的情况下，生活中发生的事件会对幸福感产生骤然的影响，但是经过一段时间，幸福感会回到幸福设定点，这是人对生活事件的一种适应状态。习惯，简单科学地来说，是人的一种行为倾向。3~6岁学前期的习惯有着一定的特殊性。首先，幼儿处于养成习惯的起步阶段，可塑性强，容易养成良好的习惯。其次，幼儿习惯的养成有一个从简单到复杂的循序渐进的过程，习惯的要求由低到高，逐步成型。最后，幼儿的习惯养成会有一个反复的过程，习惯的养成并不是一蹴而就的，可能需要经过教师和家长反复的教育和帮助。学前教育是学校教育的基础阶段，良好习惯的养成为幼

---

1 时蓉华：《现代社会心理学》，246页，上海，华东师范大学出版社，1989。

儿终身的发展奠定重要的基础。幼儿的习惯涉及多个方面，如生活习惯、学习习惯、品德习惯、劳动习惯、审美习惯等。心理幸福感的六个维度都与习惯的养成息息相关，从简单的良好习惯开始养成，使幼儿走上正向良好发展的道路，实现自我潜能的最大化。

3. 积极情感与幸福

在幼儿成长的过程中，自我意识不断发展，情绪、情感的体验也会更加丰富。在最新发布的中国学生发展核心素养中，可以看到对健全人格的追求，其重点是能调节和管理自己的情绪；有积极的心理品质，自信自爱，坚韧乐观；积极交往，有效互动，建立和维持良好的人际关系等。

迪纳（Diener）等人的研究说明了积极情绪对于人感知幸福的重要影响。[1]在主观幸福感的三个维度中，非常重要的一点就是积极情绪。现代积极心理学创始人马丁·塞利格曼（Martin E.P.Seligman）将积极的情绪分为三类：与过去有关的积极情绪、有现在有关的积极情绪和与未来有关的积极情绪。与过去有关的积极情绪包括满意、满足、充实、骄傲和安详。与未来有关的积极情绪包括乐观、希望、信心、信仰和信任。与现在有关的积极情绪可以分为两类：当下的快感和长久的欣慰。当下的快感又包括精神层面和感官层面的。长久的欣慰要求人要沉浸或者全神贯注地投入。为幼儿创办一所有幸福记忆的幼儿园，这离不开帮助幼儿创造能够促使其产生积极情绪的环境，让幼儿能够投入地去玩，去生活，去学习，享受童年生活的美好。积极的情绪不仅是幼儿当下幸福的衡量标准，更是为幼儿创造幸福记忆，并随之影响其一生的重要内容。正如马丁·塞利格曼在与未来有关的积极情绪中提到的乐观、希望、信心等，这些积极的正能量正是奠基幼儿将来幸福的重要品质。此外，更为重要的是，积极情绪还能够促进人们在人际关系和健康等领域的适应。积极情绪的扩展和建构不仅标志着人的幸福感，还能提高生产率，促进创造性思维的发展。由此，对幼儿情绪、情感方面的关注是十分必要的。

4. 睿智创新与幸福

对大千世界的认知程度也会影响幼儿对事物的理解与把握，同时也是幼儿立足社会的能力体现。因此，睿智与创新是幸福的基础。"睿智"可以理解为聪慧而明智。那么什么样的人才能够被称作睿智的人呢？睿智的人常常有这样的特点：见识卓越，富有远见，有钻研的精神和深度学习的能力。除此之外，随着社会和科学技术的不断进步，创新成为知识的核心。创新素质、批判素质是我们对未来人才要求的最重要的素

---

1 E. Diener, et al., "Subjective Well-being:Three Decades of Progress," *Psychological Bulletin*, 1999（2），pp.276-302.

质。在幼儿时期，他们的好奇心重，求知欲强，又富于想象，是培养创造性思维的良好时机。在提倡创新精神和创造力的今天，培养幼儿的创造性思维以及敢于创新的精神也是十分必要的。创造力除了科学技术方面的创意发明之外，还有艺术方面的感受美、表现美和创造美。为幼儿创造条件和机会，让他们能够用自己的方式去表现和创造也是十分必要的。

（二）内容设定

依据《幼儿园教育指导纲要（试行）》与《3—6岁儿童学习与发展指南》的精神，为落实"三人行"课程目标，我们将"三人行"课程内容划分为四大领域：安全与健康、社会与情感、语言与思维、审美与创造。

1. 安全与健康

安全与健康的课程内容主要是为了实现健康的身体发展和养成良好的生活习惯等方面的课程目标而设定的，具体包括自我保护、健康生活、动作发展三方面的子领域内容。

（1）自我保护

对于3~6岁儿童来说，健康的保障是安全，实现身心健康的目标首先需要身心的安全发展。3~6岁儿童不同于0~3岁儿童，其身心的安全发展不再是被动接受，而是主动创建。儿童从3岁开始就可以通过安全意识等的形成来保护自己远离伤害。因此，自我保护就成为"三人行"课程的重要子领域内容之一。这方面的内容在课程实践中有很多体现，如消防演习、安全周的小小电视台活动、参观安全教育基地等。

（2）健康生活

身体健康的发展、良好生活习惯的养成这些目标的实现需要饮食营养、卫生习惯等健康生活内容来实现。因此，健康生活是"三人行"课程重要的子领域内容。这部分内容在课程实践中有很多体现。比如，组织与健康生活相关的探究探索活动，餐前小主持介绍与健康生活有关的内容，让幼儿担当生活管理员，在一日生活中渗透相关教育内容等。

（3）动作发展

身体健康发展还需要一项重要内容来达成，那就是运动，主要包括大肌肉动作能力的获得与运用。长期以来，我们都会很自然地将运动与健康联系到一起。运动不仅仅是动作能力发展的练习内容，更是免疫力提高、体能增强，也就是身体素质提升的重要内容。因此，这部分内容是身体健康发展必不可少的子领域内容。这一内容在实践活动中主要体现为户外自主器械游戏活动、户外体育主题游戏活动、户外操节锻炼活动等。

2. 社会与情感

社会与情感主要是为实现健康的心理发展、良好的文明习惯、积极的情感表达而设定的课程内容，具体包括自我认识、社会适应、社会交往三方面的子领域内容。

（1）自我认识

自我认识是心理健康发展的重要内容，也是积极情感表达的重要内容。形成积极自我的认识，如自信、自尊，有利于增强幼儿的安全感与归属感，即健康心理的基础；积极的自我认识最终保障了积极情感表达的形成。因此，这部分内容是"三人行"课程内容的重要子领域内容。这些内容在实践活动中的具体体现主要有帮助幼儿尝试进行自我评价，并引导幼儿形成积极正向的自我评价；选择合适的绘本，并组织幼儿进行扮演活动，支持幼儿形成积极自我认识。

（2）社会适应

社会适应的教育内容既可以指向幼儿心理的健康发展，也可以指向幼儿的文明礼仪习惯的养成。依据《3—6岁儿童学习与发展指南》，社会适应这一子领域的目标包括：第一，喜欢并适应群体生活。它可以作为幼儿社会交往能力发展的保障性内容。第二，遵守基本的行为规范。它可以作为文明礼仪习惯养成的支持性内容。第三，具有初步的归属感。它可以作为幼儿心理健康发展的支持性内容。

（3）社会交往

社会交往包括社会体验、社会认识以及同伴交往等方面的内容，而社会体验是儿童社会性发展所需要的重要内容。幼儿形成积极的情感表达并不是无的放矢的行为，而是基于他对社会的深刻体验与认识的。比如，对我们国家的积极情感，就需要幼儿了解和体验我们祖国的大好河山，以及我们祖国美好的民俗文化等。在体验的过程中，社会认知伴随着社会情感一同形成并发展。

3. 语言与思维

语言与思维是为实现睿智创新、良好的学习习惯等课程目标而设定的课程内容，具体包括语言应用、数学认知与科学探索三方面的子领域内容。

（1）语言应用

语言能力的发展自婴儿期就成为人类发展的重要内容，而进入3~6岁阶段变得尤为关键。因为这一阶段是由口头语言向书面语言发展的关键期。在这个时期，幼儿不仅需要倾听和理解更加丰富的语言内容，需要清晰地用语言表达自己的各种想法，还需要阅读图片语言甚至符号或文字语言，而且需要关注或模仿成人世界的语言文字。因此，语言应用的课程内容是丰富且重要的。

（2）数学认知

说起数学，我们都知道它是抽象思维发展的重要工具，它是对外部世界概括与归纳推理的一种语言符号。幼儿期虽然不是抽象思维发展的重要阶段，但是关于数学的探索与感知能够为今后的思维发展奠定基础。

（3）科学探索

幼儿天生是科学家，自从呱呱坠地起，他们就已经开始了对自然世界的科学探索。这一年龄段是幼儿形成科学探索能力的重要感知积累阶段。因此，这部分内容是"三人行"课程尤为重要的内容。在"三人行"课程实践中，教师会与家庭一起为幼儿提供丰富的探索环境与材料资源，支持幼儿的科学探索活动。

4．审美与创造

审美与创造也是为了实现睿智创新这一课程目标而设定的内容。这一内容不仅可以支持幼儿迈向睿智创新的发展之路，还可以发展幼儿的精细动作能力、语言或非语言的表征能力等，也为健康身心、积极情感等目标的实现提供了支持。具体包括艺术欣赏、艺术表现、创新创美三方面的子领域内容。

（1）艺术欣赏

艺术欣赏不仅是通往睿智的内容，更是通往积极情感的内容。在艺术欣赏中，我们感受美、熏陶美，形成审美的标准，并从中发展爱美的积极情感。

（2）艺术表现

艺术表现是幼儿用自己的方式表达自己的认知、感受与情感的过程。这一内容可以支持幼儿睿智创新的发展目标，可以支持幼儿心理健康的发展目标，也可以支持幼儿积极情感等发展目标。

（3）创新创美

创新创美主要是幼儿创造性表达美的过程，可以支持幼儿睿智创新这一目标的达成。

以上内容将作为深圳实验幼儿园课程实践活动内容选择的主要依据。

（三）方法设定

"三人行"是一种方法，是儿童行、成人行的有效方法。儿童怎么行？"三人行"课程认为是自主行、合作行、探究行。成人怎么行？为了支持儿童有效行，成人需要在了解儿童行为的基础上，选择多元路径，支持儿童的学习与发展。从某种意义上来说，"三人行"课程的实践过程就是在教师和家长支持下的，幼儿自主深度探究与合作多元探究的学习过程。

1．幼儿行的方法

"三人行"课程认为，幼儿有效行的方法为自主行、合作行、探究行，其重点是自主深度探究行与合作多元探究行。

2．教师行的方法

"三人行"课程认为，教师有效行的方法为观察、分析、决策、实施这一循环过程。教师通过观察幼儿的行为表现，分析解读幼儿的发展状态，设计适宜幼儿个体差异的教育活动方案，并在实施中继续观察幼儿的行为反应，循环往复不断支持幼儿成为最好的自己。

　　3．家长行的方法

　　"三人行"课程认为，家长有效行的方法为关注、沟通、支持、参与这一动态过程。家长通过关注幼儿的行为表现，尝试与幼儿、教师沟通，不断加深自己对幼儿的认识与理解，并在此基础上提供各种资源支持幼儿的有效学习，尝试参与幼儿的学习过程。

三、"三人行"的实践

　　"三人行"课程的实践过程，即在一日活动中，教师根据不同目标与内容需求，自主选择适合本班幼儿、教师与家长特点的实践形式，如综合探究活动、多元体验活动等来支持幼儿的自主、合作、探究性学习。

（一）一日生活浸润行

　　一日生活是"三人行"课程的实践基础，不管是何种教育目标都需要一日生活的实施去达成，不管是何种教育内容都需要在一日生活中去实践。有些"行"是需要教师精心设计的，有些"行"是需要教师的智慧随机生成的，还有些"行"是幼儿自由体验的，更有些"行"需要春雨的无声浸润，慢慢渗透。因此，"三人行"课程提出"一日生活浸润行"。

（二）自主游戏选择行

　　自主游戏活动是幼儿主导的一类低结构学习活动形式。在"三人行"课程实践中，这类活动主要表现为室内自主游戏活动（如混班区域活动）、户外自主游戏活动（如户外社会交往活动）等形式。其中，室内自主游戏活动是幼儿在室内空间范围内，自主选择、操作开展的游戏与学习活动。它的代表形式主要是区域活动（area activities），也称为活动区活动、区角活动等，是教师依据幼儿的兴趣、需要、发展水平等因素，结合幼儿园的教育目标、正在进行的其他教育活动等因素，有目的、有意识地创设和规划活动区域，投放适宜的活动材料，让幼儿以个别或小组的方式，在与环境的相互作用中，自主选择、操作探索，获得个性化学习与发展的一种教育活动。[1]户外自主游戏活动是幼儿利用户外空间范围内的环境材料进行的游戏与学习活动。不管是室内自主游戏还是户外自主游戏，都为幼儿提供了自主学习与选择的机会。因此，我们称这种学习活动是幼儿的选择行的过程。

1　邵小佩：《幼儿园课程与教学》，228页，北京，北京师范大学出版社，2015。

（三）综合探究活动深度行

综合探究活动源于方案教学这种教学组织方式。美国幼教专家莉莲·卡茨（Lilian G. Katz）认为，方案就是一个或一群孩子针对某个主题所进行的深入研究。"三人行"课程通过对这种教学方式的深入研究，依据园本课程实践特点和课程组织需要提出了新的活动流程与组织策略，即教师与幼儿通过团讨、探索、分享、展示共同深入研究某一主题的过程。这一主题可以是幼儿发起的，也可以是教师发起的。综合探究活动虽然源于方案教学，但也有不同于方案教学之处。它更具有中国文化特色，从中国幼儿教师的最近发展区出发，尊重每一位教师的教育观点与能力特点。幼儿在这种学习活动中，既有自主深度的探究，又有合作多元的探究；教师的角色定位是多元的，是支持者、合作者与资源提供者；家长的角色主要是资源提供者，有时也是幼儿学习的合作者。因为综合探究活动是幼儿对学习内容的深入研究活动，所以我们说综合探究活动是幼儿的深度行。

（四）教学活动体验行

教学活动是教师通过预设活动方案，以集体或小组形式组织幼儿参与的活动组织形式。这类活动虽然是教师预设的活动，但是活动内容的选择以及活动过程的设计是基于对幼儿兴趣与能力的观察与理解的。活动组织过程要尊重幼儿的自主、合作与探究性学习需求，并根据幼儿在活动中的行为表现随机生成新的活动内容，以及在活动后基于幼儿的学习效果进行反思。然而这一过程还是以幼儿体验为主的，需要幼儿深入探究的内容，我们可以优先选择其他组织形式。

"三人行"课程是以方法为核心的课程体系。因此，"三人行"课程特色就体现在它的实践过程，即"行"，幼儿自主行、合作行。可以说"三人行"课程的实施就是幼儿通过有序的一日生活、适宜的环境资源、富有挑战的学习活动，自主探究或合作探究与自身经验相关的课程内容，逐渐实现课程目标的实践过程。

一日生活是儿童学习与发展的时间序列，环境资源是儿童学习与发展的空间布局，自主探究与合作探究是儿童学习与发展的重要方法，既有成人支持与同伴合作，又跟随儿童兴趣。富有挑战的学习活动在"三人行"课程中主要是指探究合作学习活动，是儿童学习与发展的核心路径。

四、"三人行"的指数

"三人行"课程是一种方法，是儿童行的方法与教师、家长等成人行的方法，也是

"三人行"互动的一种动态过程。因此，"三人行"课程的评价不是用静态的评价方式去评价儿童、评价课程本身。"三人行"课程的评价方式重视过程性评价，重视动态评价。

（一）评价与幸福

评价在"三人行"课程中并不是一种静态的贴标签行为，而是试图通过评价行为来促进幼儿更好地发展、更幸福地成长。比如，"三人行"课程重视幼儿的自信大方，那么在课程评价中，教师就会选择幼儿在学习与发展中自信大方的行为表现，作为共同学习的榜样等。这样一方面就强化了被评价幼儿的目标行为，另一方面也会引导其他幼儿出现目标行为。我们形象地称评价是幸福的指数，因为评价可以帮助幼儿收获更多的幸福能力，让"幸福"更加快速地来临。

（二）评价体系

"三人行"课程评价体系主要包括形成性评价和表现性评价。

形成性评价，又称为过程性评价，是指在某项学前教育计划或方案实施的过程中进行的评价。其主要目的在于计划或方案实施过程中不断获得改进计划或方案的依据，从而不断调整、修改学前教育计划或方案，以期提高计划或方案的质量。[1]

表现性评价是根据幼儿对某项学前教育计划或方案的完成情况，对其结果进行的评价，是事后的评价。其主要目的是以预先设定的教育目标为基准，对学前教育计划或方案达到目标的程度，以及最终取得的成绩和目标之间的差距进行评价。表现性评价关注的是幼儿活动的结果，基本不涉及幼儿活动的过程。[2]

总体来说，"三人行"课程主要有两种评价形式，包括六类评价内容，具体内容如表1-1所示。

表1-1　"三人行"课程评价的形式与内容

评价形式	评价内容
形成性评价	1. 幼儿观察记录 2. 家园联系平台 3. 宝宝档案
表现性评价	1. 展示活动的记录 2. 作品档案 3. DV影像

1　霍力岩：《学前教育评价》，3页，北京，北京师范大学出版社，2014。
2　霍力岩：《学前教育评价》，3页，北京，北京师范大学出版社，2014。

　　"三人行"课程评价的两种形式互为补充，形成性评价是活动进行中的评价，针对幼儿的观察记录、档案、家园联系进行评价；表现性评价针对幼儿的作品进行评价，从事前、过程和事后三个阶段进行课程评价。评价既涉及教师的评价认知，也涉及家长的评价认知，更是关注到了幼儿的活动过程，较为细致全面。

　　"三人行"课程的评价主体既有幼儿、教师，也有家长。"三人行"课程的评价内容主要包括对儿童学习与发展的动态评价，主要采用观察、分析、分享、决策、实施五个策略，评价的目的不仅在于以评价促进课程的有效实施，还在于以评价引导儿童指向课程目标的发展；还包括对课程实践活动的质量评价，主要是对探究合作学习活动的质量评价，采取过程式自评与他评相结合的评价策略。

第二章 "三人行"之儿童的学习

　　著名的瑞吉欧教育曾提及儿童有"100种语言",以此来表达他们对儿童的理解;我和我的团队也用"288个世界"来表达我们对儿童世界的认识。我们认为"每一个孩子都是一个流光溢彩的世界",我们园里曾经有288个孩子,因此,"288个世界"便成为深圳实验幼儿园所有孩子的代名词。"288个世界"不仅表示我们对儿童概念的理解,也是我们对幼儿教育的期待,那就是创设孩子们的幸福童年。

　　　　　　　　　　　——儿童有"100种语言",我们有"288个世界"[1]

第一节　滋养儿童的学习品质

　　"三人行"课程的儿童观是,每个孩子都是一颗幸福的种子,每颗种子都是一个多彩的世界。也就是说,在"三人行"课程中,儿童是主动的、有能力的学习者。要成为这样的学习者,需要怎样的品质呢?我们认为应该需要一种自主学习的品质。"三人行"课程的教育观是,关系是教育的灵魂,快乐是教育的原则。既然关系在"三人行"课程中如此重要,儿童需要怎样的品质和能力去建立与周围人和事的和谐关系呢?我们认为应该是一种合作学习的品质与能力。此外,《3—6岁儿童学习与发展指南》的重要原则之一是要满足儿童通过直接感知、实际操作和亲身体验获取经验的需要,可见3~6岁儿童的学习需要他们运用自己的感官、动作通过操作、体验和探究去认识周围的世界。那么儿童需要具备怎样的品质才能主动去丰富自己的经验世界呢?我们认为应该是一种喜欢探究、主动探究的学习品质。因此,在"三人行"课程中,我们认为3~6岁儿童主要的学习品质包括自主学习、探究学习和合作学习。

一、儿童的自主学习

　　对于3~6岁的儿童来说,什么是他们的自主,要怎么样才能实现他们真正的自主

---

1 刘凌等:《凌距离　三人行——追循儿童的幸福成长》,2页,北京,教育科学出版社,2014。

呢？通常而言，自主性主要指行为主体按自己意愿行事的动机、能力或特性。它是一个哲学、政治学、伦理学、法学等多个学科领域都涉及的一个论题，不同的论域赋予了这一论题不尽相同的内涵。[1]"行为主体"包括生物个体、群体、组织等；"按自己意愿行事"包括自由表达意志，独立做出决定，自行推进行动的进程等。因此，儿童的自主可以概括为能根据自己的意愿，独立决定在游戏、生活、交往和学习过程中的参与情况、行为目的、活动方式等。

在学前教育领域，自主性是指幼儿依靠自己的力量实现自己合理选择的目标的愿望和能力，反映的是幼儿在活动中的主体地位，是在一定条件下，幼儿对自己的活动具有支配和控制的权利和能力。自主性的发展是幼儿心理健康发展的重要组成部分。它是个体"自我"的核心成分，在幼儿社会化过程中有着极其重要的意义。同时，正如前文所提到的幼儿学习方式之一的自主建构是幼儿以自己的方式主动选择、加工并构建外界信息的过程。可见，幼儿正是通过自己的主动活动来探索和认识现实世界的。因此，我们把课程当中的"自主学习"归纳为：幼儿是学习的主体，幼儿在个体的自我建构中能够进行独立、主动、创造性的学习。自主的发展是一个主动学习、自我服务、自我完善、自我超越的过程。幼儿自主学习的发展具有相应的指标类别，并且在小、中、大班都有着不同的表现，具体如表2-1所示。

表2-1　幼儿自主学习的典型表现

分类指标	典型表现		
	小班	中班	大班
能够主动选择并专注于活动	能在教师的引导下在本班范围内选择自己的游戏区域	能自主在全年级范围内选择自己的游戏活动	能自主创设游戏环境，准备游戏材料，选择游戏内容
具有一定解决问题的能力	能在成人的支持下尝试解决遇到的问题	能够解决部分问题，解决不了的问题能主动寻求帮助	能解决大部分问题，解决不了的问题愿意主动思考
愿意遵守基本的行为规范	在提醒下能够遵守班级规则和游戏规则	感受规则的意义，能自觉遵守规则	理解规则的意义，能与同伴协商制定游戏和活动规则
主动寻找资源满足个人需求	在教师的支持下知道自己对资源的需求	知道自己对资源的需求，并能主动寻找资源	能想办法找到自己需要的资源，并尝试分配

---

1 马衍明：《自主性：一个概念的哲学考察》，载《长沙理工大学学报（社会科学版）》，2009（2）。

续表

分类指标	典型表现		
	小班	中班	大班
主动参与体能锻炼活动	在教师的激励下愿意参与体能锻炼活动	能主动参与自己喜欢的体能锻炼活动	知道体能锻炼活动的意义，并能主动参与
愿意为形成良好习惯而努力	愿意为形成良好的生活习惯而努力	愿意为形成良好的文明习惯而努力	愿意为形成良好的学习习惯而努力
能够管理自己的各种情绪	情绪比较稳定，有较强的情绪反应，能在成人的安抚下逐渐平静下来	经常保持愉快的情绪，愿意把自己的情绪告诉亲近的人	表达情绪的方式比较适度，能随着活动的需要转换情绪和注意
能够管理自己的物品	能在提示下整理自己的物品	能自主整理自己的物品	能按类别整理好自己的物品，能主动承担物品管理的任务
能够独立完成任务	在教师的支持和鼓励下能够乐于接受任务	知道接受了的任务要努力完成	能认真负责地完成自己所接受的任务
具有一定的生活自理能力	在帮助下能穿脱衣服或鞋袜	能自己穿脱衣服、鞋袜，扣纽扣	能根据冷热增减衣服，会自己系鞋带

二、儿童的探究学习

探究是人类认识世界的基本方式，人类是在对未知世界的探索中不断积累自己的经验，获得发展和进步的。"三人行"的课程理念非常强调儿童在探究过程中的学习，它倡导儿童的探究式学习是一个引发好奇—提出假设—通过直接操作等方式验证假设的过程。探究就是在这个过程中的积极思考。

幼儿的乐于探究能够为终身的可持续发展奠定基础。所以，"三人行"课程实践十分注重幼儿主动的探究性学习这一幼儿重要的学习方式。这不仅为幼儿提供了更多动手动脑学习的机会，使幼儿获得大量的直接经验，使他们形成对周围世界的真实感受和理解。更重要的是，符合幼儿身心发展特点的探究性学习活动，可以发展幼儿对学习的兴趣和积极态度，形成其对世界的好奇心和求知欲，使每个幼儿都能在自己的水平上得到发展。

对于幼儿来说，他们对世界的认知是有限的，提出的问题也是基于自己对世界的好奇和探索，并通过一些表象对事物进行解释和说明。所以，幼儿有着自己的理论和思考，而这样的理论随着幼儿年龄的增大、经验的积累是可以得到不断修正的，并最终获得对事物的正确认识。在这个过程中，探究发挥着极大的作用。所以，培养乐于探究的幼儿是非常必要的。乐于探究的幼儿具有善于提问、愿意观察和记录等品质，并且在小、中、大班都有着不同的表现，具体如表2-2所示。

表2-2   幼儿探究学习的典型表现

分类指标	具体表现		
	小班	中班	大班
敢于并善于向他人提问	经常问各种问题	经常问一些与新事物有关的问题	对自己感兴趣的问题经常刨根问底
运用多种感官体验、探索事物	喜欢好奇地摆弄物品	常常动手动脑探索物体和材料，乐在其中	经常动手动脑寻找问题的答案
掌握一定的观察与记录策略	对感兴趣的事物能仔细观察，发现其明显特征	能对事物或现象进行观察比较，发现其相同与不同，能用图画或符号进行记录	能通过观察、比较与分析发现并描述不同种类的事物，能用数字、图画、图表或其他符号记录
会借助工具、材料进行制作或实验活动	愿意参加科学活动，能发现身边的科学现象	学习使用简单的科学实验用具	运用实验工具和操作方法，解决发生在生活中的问题
对客观世界好奇，在探究中认识周围的事物和现象	喜欢接触大自然，对周围的事物和现象感兴趣，能用多种感官去探索物体	能够感知事物的变化、性质以及对人的影响	能够发现物体结构与功能之间的关系，探索发现物理现象的条件和影响因素
能根据图形、音乐或动作进行联想，并借助图画、音乐或动作表达出来	能用声音、动作模拟自然事物或生活情境，能用简单的线条、色彩表达自己想画的人或物	能用绘画、手工制作等表现自己观察或想象到的事物	能自编自演故事，并为表演选择和搭配简单的服饰、道具或布景
可以进行拆装、拼接以及实验操作活动	能够拼搭、拆装简单的建构玩具	能够使用叠高、延伸等策略搭建更复杂的建构作品	能进行一些实物拆装活动，能使用工具进行简单的实验操作活动
能比较事物的异同，并根据一定标准对事物进行分类	初步运用感官来学习分类、比较的基本方法	能够使用多种方法了解数、形的实际意义	在多种操作过程中理解数量、时间、空间的关系，会应用比较推理等方法进行探索

续表

分类指标	具体表现		
	小班	中班	大班
能够感知空间与形状的关系	能注意物体比较明显的形状特征，能理解上下、前后、里外等方位词	能感知物体形体结构特征，能发现常见几何图形的基本特征，能使用多种方位词描述位置和运动	能用常见的几何形体有创意地拼搭造型，能按语言或根据简单的意图取放物品
有一定的数概念与运算能力，可以进行统计、计数、估算等活动	能用数词描述事物或动作，能够手口一致地点数5以内的物体，并能说出总数，能按数取物	会用数字描述事物的排列顺序和位置，能够通过数数比较两组物体的多少	能通过实物操作或其他方法进行10以内的加减运算，理解加或减的实际意义，能用简单的记录表、统计图等表示简单的数量关系

三、儿童的合作学习

在"三人行"课程理念下，儿童的学习是自主建构与社会建构的统一。因此，除了"自主"的建构活动，儿童的学习方式还有合作学习。幼儿的合作学习是指两个以上的幼儿围绕一个共同目标，通过分工协作的形式，在克服一定困难、齐心协力完成任务或解决问题的过程中所发生的学习。这是幼儿联合建构新知识的过程，在此过程中幼儿能够实现认知、情感以及社会性等方面的发展。

幼儿学会合作的前提是具有一定的人际交往能力。人际交往有以下几个基本功能：交流信息；组织共同活动；形成和发展人与人之间的关系，增进人与人之间的相互了解。幼儿知识的获得固然来自自己的经验和感受，但是在交往的过程中，通过与别人的分享也无形之中扩大了幼儿的信息获取渠道。人际关系越丰富，幼儿就能在越广阔的交往空间中得到更广阔的发展。例如，人际关系良好的幼儿通常具有积极、乐观、自信的个性特征和更多的亲社会行为。由于幼儿与同伴间的关系以及与成人间的关系是幼儿世界中两种最基本的人际关系，而同伴关系作为其中的水平关系，在幼儿社会化的过程中，比与成人间的垂直关系对幼儿的影响更强烈、更广泛。因此，加强幼儿与同伴及成人之间的交往是促进幼儿发展的关键。

善于合作的幼儿，需要学习分工、交流、分享、互助等，这些组成善于合作的幼儿的指标类别，在小、中、大班都有着不同的体现，具体如表2-3所示。

表2-3   幼儿合作学习的典型表现

分类指标	典型表现		
	小班	中班	大班
配合或支持同伴的行为	在游戏中不争抢独霸玩具	能够轮流分享玩具	能想办法吸引同伴与自己一起游戏，在游戏中能够与同伴分工合作
选择自己的合作对象，并与之互动	能够提出加入同伴游戏的请求	能够使用简单技巧加入同伴游戏	能够与大部分同伴合作，并有相对固定的合作对象
尝试做一个小领导者	在教师鼓励下愿意为集体服务	能够发起吸引其他幼儿参与的游戏	能够在游戏中分配任务，并引导同伴之间的合作
有一定的交往能力	愿意和同伴一起游戏	喜欢和同伴一起游戏，有经常一起玩的小伙伴	有自己的好朋友，也喜欢结交新朋友
接受同伴的指导和帮助	与同伴发生冲突时，能够听从成人的劝解	活动时愿意接受同伴的意见和建议	知道别人的想法有时和自己不一样，能倾听和接受别人的意见，不接受时会说明理由
认真倾听他人的表达	别人对自己说话时能注意听，并做出回应	在群体中能有意识地听与自己有关的信息	在集体中能注意听教师或其他人讲话
评价自己或他人的表现	在教师的引导下知道自己行为的优势与不足	能用简单的评价语言表达对自己或他人行为的认识	能使用简单的评价方法表达对自己与他人的认识（如访谈、统计等）
懂得关心他人	身边的人生病或不开心时表示同情	能注意到别人的情绪，并有关心、体贴的表现	能关注别人的情绪和需要，并给予力所能及的帮助
喜欢并适应群体生活	对群体生活有兴趣	愿意并主动参与群体活动	在群体活动中积极、快乐
为达成团队的共同目标而努力	知道和自己一起生活的家庭成员及自己的关系，体会到自己是家庭的一员	喜欢自己所在的幼儿园和班级，积极参加集体活动	愿意为集体做事，为集体的成绩感到高兴

第二节　支持儿童的学习方式

儿童需要有深度和广度的学习活动。著名的儿童教育家莉莲·G.卡茨等人在《探索孩子心灵世界》中提到，单纯的学科教学活动或游戏化学习活动对于年幼的孩子都是不够的。[1]因为这两类活动都不能充分挑战儿童的心智。她认为，真正符合发展原理的课程应该强调儿童的心智发展目标。也就是成人需要提供更多让儿童动脑筋的活动，而不是让他们从事机械的、重复的、学科性的活动。此外，她还认为单纯地将快乐作为教育目的，忽略了人作为智者的身份。我们不能像对待宠物一样对待我们的孩子。真正的教育应该涵盖儿童整个心灵生活的成长，鼓励他们发现问题，想办法解决问题，探索关心他们周围的环境。所谓心灵不仅是指知识与技能，也包括了情感、道德以及美的敏感度。

从卡茨的理论观点中，我们认识到儿童需要探究性的学习活动，需要有深度与广度的学习活动。"三人行"课程实践十分注重主动的探究性学习方式，将这种学习方式分为两种状态：一种是自主探究，以深度学习为特点；另一种是合作探究，以多元学习为特点。下面我们将对儿童的这两种学习状态展开讨论。

一、引向深度的自主探究

（一）自主深度探究的行为印象

自主深度探究是"三人行"课程中儿童学习的重要形式之一，是儿童自主发现—持续探究—解决问题的过程。之所以称为自主深度探究，一方面是因为在这一学习过程中儿童是自主的，自主选择、自主操作，按照自己的兴趣展开学习；另一方面是因为这一学习过程的持续性与学习内容的深入性，儿童会持续探究一个主题内容，为了解决这一探究主题中遇到的问题，不断地使用各种策略、掌握系列技能以及扩展自己的知识经验。

案　例

一条特别的裙子

片段一：早上喝水时，浩洋笑眯眯地走过来告诉我，说今天他超级开心！我就问："为什么呢？"他回答我："因为我今天可以去美工区做裙子了，我等了好几天终于轮到我了！"

1［美］莉莲·G.卡茨、［美］西尔维亚·C.查德：《探索孩子心灵世界》，陶英琪、陈颖涵译，8页，台北，心理出版社，1998。

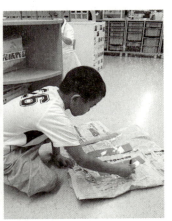

图2-1　选好材料，开始设计　　　　图2-2　试穿，看看是否搭配　　　　图2-3　用笔在裙子上增添图案

　　今天的美工区必学小组是黄色组，他是其中的一员。当我们一起分享完设计裙子的要点后，大家就开始带着自己的想法选择材料来设计属于自己的裙子。他选择的材料主要是报纸和枚红色卡纸，利用透明胶来黏合，不一会儿裙子就设计出来了。

　　他看着自己设计的裙子满足地说："这是我最开心的一天！"紧接着他把裙子套在了身上，跑去照了镜子说："我感觉还蛮搭配的，我暑假可以把它带回家吗？"我说当然可以，等我们走完了T台就可以把裙子带回家。我问他："阿丁，你的裙子没有活扣，每次穿脱会有些麻烦，我这里有些魔术贴可以贴在裙子上，让你更方便穿脱裙子，你也可以选择。"他说："好啊，我想我需要加上这个魔术贴。"

　　看着美工区孩子们剪剪贴贴忙碌的身影，但有个别孩子有点无从下手，我就

图2-4　尝试使用各种工具　　　　图2-5　观察图纸　　　　图2-6　看着图纸，若有所思

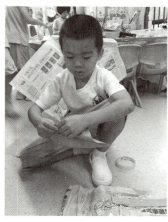
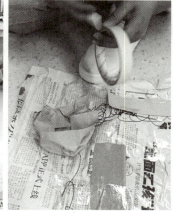

图2-7　选择其他材料，又开始设计　　　　　图2-8　用透明胶固定口袋

建议大家可以参考挂在旁边的裙装图纸。于是他就跑到窗户旁仔细盯着图纸，若有所思地说："我们一定要做这个腰包吗？我们不做这么复杂的，我可以做简单一点的吗？"我点点头说："当然可以，你可以参考图纸上的设计，然后加入自己的想法。"他说："那好吧，我要在裙子上做一个口袋。"

于是，他拿起了材料，准备做口袋了。他又是粘又是贴，不一会儿，裙子口袋就做好了。他拿起裙子套在身上，我一看：这个口袋里怎么会有好大一团彩带？这么大一团粘在这里感觉有点浪费了。我就问他："阿丁，你这个口袋怎么放这么大一团东西？"他说："因为我想试一试这个口袋能不能放东西。"原来是这样！我心里不由得惊叹：你这个主意真好！"那你把裙子穿好，我给你拍照做个纪念吧。"看着他满脸的喜悦感，我都被感染了。

片段二：今天，是我们探究合作学习的展示阶段，孩子们都可以穿上自己设计的裙子到T台秀的舞台上分享。终于轮到浩洋正式上台走秀了，他非常开心，穿着自己亲手制作的裙子，自信大方地从舞台后方走出来，一会儿变成帅气的奥特曼，一会儿变成造型百变的蜘蛛侠。整场表演，他都保持着微笑。随着音乐的节奏，他和

图2-9　在口袋里放入彩带团，检查是否可以装物品　　图2-10　裙子设计好了

小搭档牵着手，开心大方地走着模特步，还摆出了帅气的造型。

　　通过这次活动，我发现孩子们都很有自己的想法。我们作为老师，只要给孩子们提供环境、材料，并明确主题，抛出问题，让孩子们带着问题去思考，大胆放手让孩子们自主创作。我想在今后我会提供不同的主题、更丰富的材料，满足孩子们的需求，让孩子们都变成设计高手。

（案例提供者：霍宇）

　　案例分析：在案例中，幼儿自主地想办法解决问题，他会从教师的语言提示中获得解决问题的思路，他还会根据对图纸的观察获得解决问题的思路……在整个问题解决的过程中，幼儿很专注，探究的内容很专一，使用了多种策略解决问题，可以说学习内容有一定深度。幼儿对裙子设计的兴趣持续了近半个月之久。所以，我们说这是一个儿童自主深度探究行为的典型案例，既有自主学习的行为，又有解决问题的探究行为，也有持续性与深度。

　　从上面的案例中，我们可以对儿童的自主深度探究学习行为有一个形象的印象。在"三人行"课程中有很多这样的学习行为，也是我们课程中很重视的学习行为。我们会通过撰写学习故事的方式肯定这种行为的价值，引导更多这样的行为产生。

（二）自主深度探究的价值体现

1. 自主深度探究可以满足儿童的好奇心

　　好奇心是儿童时期很重要的学习品质。很多儿童学家都认为儿童天生是研究者，他们会根据自身经验提出假设，再通过一系列实验活动验证心目中的假设。儿童天生的好奇心，不仅需要我们的保护，更需要我们的挖掘与升华。

　　关于儿童天生是研究者的证据，瑞吉欧教育者在《儿童的一百种语言》中提供了很多儿童观察实例，如图2-11至图2-14所示。虽然教师不再做单纯的知识传递者——直接教会儿童知识与技能，却要肩负起启发儿童思考、帮助儿童建立与周围世界联系的责任。

　　教师要不断给儿童提供材料、资源，在儿童探索的过程中，倾听儿童的表达，想办法让儿童的探索不断深入开展下去。教师要不断地思考儿童与材料的关系，帮助儿童充分体验环境材料，建构属于他们自己的理论。

2. 自主深度探究可以让儿童获得思维的积极发展

　　根据皮亚杰的认知发展理论，儿童有着自己独特的认知图式。他们通过同化与顺应两种方式来不断地完善自己的认知图式。这里的认知图式就是儿童的思维模式。同化是个体丰富已有认知经验的过程；顺应是个体打破原有认知图式，为适应外界环境而重构认知经验的过程。可以说儿童天生是理论家，这些理论就是他们对世界的各种看法。这些看法与外界物质环境是一致的吗？儿童一直在用他们的各种探究行为验证着这些理论。

图2-11　教师出示"表"的图片[1]

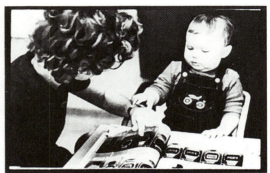

图2-12　教师出示真实的"表"[2]

图2-13　儿童用耳朵倾听真实"表"的声音[3]

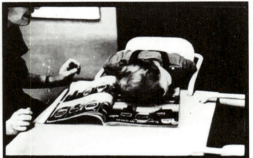

图2-14　儿童用耳朵倾听图片"表"的声音[4]

这些探究行为的主题以一个个问题呈现，解决问题的过程就是儿童不断同化与顺应自己认知图式的过程。当一个个问题被发现、被解决，他们的思维也就获得了积极主动的发展。

3. 儿童将在探究的过程中，应用知识与技能，整合已有的认知经验

探究性学习不同于学科教学，它不会仅仅围绕某一个领域的内容展开学习活动，也不会仅仅是知识经验的模仿与习得，而是围绕儿童真正感兴趣、迫切需要解决的问题而展开的。儿童为了获得某一问题的答案，将会主动地应用自己已有的知识与技能，整合不同领域的知识经验。

1［美］卡罗琳·爱德华兹等：《儿童的一百种语言》，尹坚勤等译，249页，南京，南京师范大学出版社，2014。
2［美］卡罗琳·爱德华兹等：《儿童的一百种语言》，尹坚勤等译，252页，南京，南京师范大学出版社，2014。
3［美］卡罗琳·爱德华兹等：《儿童的一百种语言》，尹坚勤等译，253页，南京，南京师范大学出版社，2014。
4［美］卡罗琳·爱德华兹等：《儿童的一百种语言》，尹坚勤等译，255页，南京，南京师范大学出版社，2014。

4. 自主深度探究能培养儿童求真、求实的科学态度与精神

探究性学习让儿童体会到只有亲身体验到的、检验的才是真实的，不能仅仅凭借已有经验主观臆断。这就是一种宝贵的求真、求实的科学态度与精神。儿童从小树立的这种科学精神不断地激励他们主动学习与探究。因此，探究性学习是儿童科学素养形成的重要实践方式。在国家和地区层面，尤其是深圳市一直在主张培养有创新精神与能力的儿童。我们认为这种创新应该不是没有基础的创新，科学素养的形成应该是创新能力培养的保障条件。从这一意义上来讲，探究性学习具有重要的民族意义与价值。

（三）自主深度探究的典型案例

儿童的自主深度探究即儿童"自主建构"的学习方式，是指通过主体操作实物或与人、观点和事件间的相互作用，帮助主体获得直接经验，建构起有关现实世界及各类要素的认识和理解。

要想深入理解这一学习方式，我们可以从深圳实验幼儿园的实践活动中找到一个原型，帮助我们理解自主深度探究以及它的核心要素。在深圳实验幼儿园，这一学习方式的原型称为"混班区域自主游戏活动"，这一学习活动的组织特点以及活动过程与策略等内容将在下文具体展开。

1. 开展中班年级混班区域自主游戏活动的价值

区域学习活动是一种以自主建构为主的学习活动。幼儿通过与材料的互动，建构起各大领域的学习经验。当幼儿已经完全适应了在本班教室开展的区域学习活动之后，能否为区域学习活动注入更多社会建构的学习元素？深圳实验幼儿园的教学实践证实了这种方法的可能性。从幼儿准备来说，幼儿经过一年小班的适应，已经非常熟悉本班环境，逐渐增强的学习和生活能力以及旺盛的好奇心使小班幼儿已经有了扩大交往面的需求，也具备了接受更大挑战的心理基础。总的来说，开展混班区域自主游戏活动可以实现以下几方面的价值最大化。

第一，人际交往最大化。幼儿可以走出教室，实现和全年级人员的互动。

第二，学习资源最大化。每个教室开设不同特色的学习区域，使年级范围内的区域种类更加多样，区域材料更加丰富，使幼儿可以接触更多的区域，获得更加深入的学习。

第三，认知经验最大化。这种学习经验不仅限于和材料的互动，还涉及丰富的与不同人员交往时产生的经验、遇到困难时解决问题的经验。

2. 混班区域自主游戏活动的界定

混班区域自主游戏活动是指教师根据幼儿的年龄特点，经全年级的平行班共同协商、统筹规划，设置区域学习环境，幼儿在全年级范围内自主选择区域材料与互动伙伴，自主与环境、材料、同伴发生互动而获得学习与发展的活动。

3. 混班区域自主游戏活动的核心要素

混班区域自主游戏活动，作为儿童自主建构式学习的典型案例，具有这种学习方式的核心特质。这种特质被我们理解为核心要素，即将儿童的学习引向自主深度探究的五项核心要素。儿童自主建构式学习的五项基本要素如下。

材料：提供充足、多样、适宜的操作材料，能吸引幼儿多感官的参与，而且是开放性的，幼儿可以用多种方式操作，有助于扩展幼儿的经验，激发思考。

操作：幼儿摆弄、探究、组合和转化材料，形成自己的想法，并根据自己的兴趣和需要计划活动。

选择：幼儿选择材料、玩伴，改变或形成自己的想法，并根据自己的兴趣和需要计划活动。

儿童语言和思维：幼儿描述他们所做的和所理解的，当他们思考其活动并修正想法、打算进行新的学习时，他们用语言或非语言的形式进行交流。

成人的支持：成人支持幼儿当前的思维水平，并挑战他们，使其进入新的发展阶段。成人帮助幼儿获取知识，发展幼儿创造性地解决问题的技能。

4. 混班区域自主游戏活动对幼儿发展的价值

混班区域游戏环境更接近于真实的社会生活，可以让不同的幼儿学会理解、关心，培养他们良好的社会适应能力。在幼儿园实施混班教育，为幼儿营造了一种类似于兄弟姐妹相处的大家庭氛围，弥补了独生子女家庭生活的不足，更多地满足了幼儿社会性交往和合作学习的需要，对幼儿的角色扮演和交往能力以及社会责任感的形成都有不同程度的促进作用。它促进了幼儿的自立、好奇心、决策力、合作能力、坚持力、创造力和解决问题能力的形成，让幼儿在适合自己的学习方式中，探索出一条属于自己的自主发展途径。

（1）提升幼儿的社会交往能力

在混班区域自主游戏活动中，幼儿的交往范围在不断地拓宽，满足了4～5岁幼儿主动与他人交往的需求。从观察中发现，幼儿从本班的"结伴"到平行班的"约伴"，促成了混班区域游戏过程中幼儿同伴交往的发展，幼儿在交往过程中"朋友"越来越多，提升了社会交往的能力。同时，在混班的过程中，幼儿与不熟悉的伙伴交往机会增多，甚至有时发生摩擦，这需要习得更多的人际交往技巧来解决。因此，混班区域自主游戏活动有利于幼儿学习更多的人际交往技能。

由于中班幼儿交往技能不足，不知道用哪些交往的方式可以找到好朋友，不知道哪种交往的方式是正确的，容易发生争执和攻击性行为。所以，混班区域自主游戏活动开始之初，经常会看到班级幼儿不愿意到别班进行分区活动，幼儿都说："因为别的班没有朋友。"一段时间后，幼儿开始结伴到别班分区，但还是本班的幼儿一起活动，还达不到与别班幼儿一起操作的程度，当一起操作时，幼儿之间就会发生一些"小矛盾"，这也是幼儿不断地学习提升的过程。因此，混班区域自主游戏活动不但让幼儿与同班的幼儿产生交往，而且与平行班的幼儿也产生了交往合作，在这种情况下，活动为幼儿独自解决问题提供了机会。同时幼儿在实施自己的计划时有可能会遇到没有预期到的问题，当幼儿开始着手解决时，不管是独自解决还是有成人或者游戏同伴的协助，他们都将自己看作有能力的解决问题者。

（2）提升幼儿的决策能力

选择是一种能力，会选择的人更善于独立思考，培养幼儿自己做选择的能力是我们教育的一部分。幼儿在四个计划板前选出自己要参加的区域，需要经过一番考量，无形中加深了幼儿的自我意识，促进了幼儿的自信心和自我掌控感，让他们有机会凭借自己的能力做出决定，将自己的想法变为现实，从而让幼儿对自己充满信心并发展决策能力。

（3）发展幼儿的表现、表达能力

在混班区域自主游戏活动中，每一个环节都离不开幼儿的交流表达，不同的班级、不同的教师、不同的同伴、不同的主题，幼儿的交流内容在不断地丰富和提升。特别是回顾环节，教师通过图片、视频、作品、操作等形式，帮助他们对以往的事件形成心理图像并用自己的观点表达出来，巩固幼儿对于经验和事件的理解，帮助幼儿检测自己的选择和行动以及对于物体和人的影响。在回顾时间，幼儿是叙述者，讲述关于他们在操作中发生的"故事"。同时，也鼓励其他的幼儿对讲述的故事进行充实，加强幼儿之间的互动。回顾环节有时以小组回顾的方式进行，幼儿在自己刚刚操作的区域内，以小组的形式开展，以轮流介绍、讨论分享的方式进行，有时他们还会选出小组长，这些行为锻炼了幼儿在他人面前大胆发言的胆量和能力，也蕴含了丰富的合作素养的锻炼。

5. 循序渐进、熟悉混班区域自主游戏的环境

（1）开学前两周，帮助幼儿熟悉本班的区域及规则

环境设置完成后，需要幼儿逐步了解每个班级格局，包括区域名称、内容、材料、规则等。首先要先从本班的环境和区域材料开始。让幼儿用半个月的时间熟悉自己班级的区域及规则，鼓励幼儿积极参与，师幼共同执行，共同完成。教师把控方向，给予幼儿尝试、提问的机会，通过提问、谈话、回顾、操作、游戏等方式引导幼儿熟悉环境，帮助幼儿有效熟悉本班的区域及规则。

（2）第三、第四周，熟悉其他班的区域及规则

整个班级交换到其他三个班并熟悉区域及规则。具体流程为：由所到班级教师介绍班级各个区域，之后由所到班教师组织幼儿自主操作，三天一轮回。两周内熟悉除自己班级外的其他三个班的区域、材料和规则。也可以通过提问、谈话、回顾、操作、游戏等方式引导幼儿熟悉环境，帮助幼儿有效熟悉他班的区域及规则。

（3）第五周，根据本班幼儿区域活动的观察记录表，适宜调整

各班教师根据幼儿的活动情况，筛选出影响幼儿操作的环境和安全因素，幼儿不感兴趣的区域或材料，对本班区域材料及规则进行全面的调整，进一步优化区域和材料。

（4）第六周，年级开始混班教师分工与合作

全年级的教师和幼儿按照制定的混班区域自主游戏活动的各项要求和规则，开始混班区域自主游戏活动。

6. 混班区域自主游戏活动的组织流程

混班区域自主游戏活动由"计划、操作、整理、提升"四个环节组成，这四个环节紧密相连，是一个连续的过程。它经过了三年的不断研究和改进，才形成了这一套具有实验特色、方便易行的组织与实施流程。

（1）计划环节

计划环节主要包括挂牌和表达计划两项内容。

这个环节的意义在于，幼儿有机会表达他们的想法和意图，从而开启幼儿主动学习的模式。它有三层含义：第一，有目的地选择，即选择者头脑中一开始就有具体目标促使他做出某种选择；第二，计划应该从开放式选择中进行选择；第三，计划包括决定做什么，预测互动，找出问题，提出解决措施，理解行为与结果的关系。

①幼儿操作

挂牌：优先选择的幼儿在餐前带上手环，选择自己想去的班级，并把计划牌放在自己想去的区域，其余幼儿餐后陆续挂牌。

表达计划：在操作活动之前，师幼围坐在一起讨论计划，或主班教师与优先成员进行一对一的计划交流，鼓励幼儿表达自己要去哪里，做什么，怎么做。

②教师指导

幼儿选择区域时，教师在规定的时间指引幼儿有序地选择，并保证幼儿的安全，避免拥挤、奔跑和大声喧哗。

鼓励幼儿主动思考并表达他们自己关于操作活动的想法，教师可以对幼儿的想法做出回应、给出建议。

每个班级都是临时组合的新团队，保证班级有他班的一位教师，表达计划活动由当天的主班教师负责，并保证照顾到每一位优先计划的成员。

（2）操作环节

"操作"时间是区域活动中的核心部分，也是区域活动中最长的一段时间。幼儿实施自己的计划时，成人不必刻意去引导他们，而要观察幼儿如何收集信息、如何与同伴互动、如何解决问题，然后加入幼儿的活动，激发、扩展活动，创设问题情境，并与幼儿交流。

①幼儿操作

优先计划的成员分享自己的计划后，进入区域实施计划，幼儿也可以在任何区域选择任何材料进行操作；在操作中幼儿自由选择材料、同伴以及活动的方式，前提是遵守区域规则。

②教师指导

在自主操作期间，允许幼儿中途换区，支持幼儿的选择。

观察与随机记录。观察幼儿如何实施自己的计划，观察幼儿在操作中的表现，用照片或文字记录的形式做好观察记录，为后续支持策略奠定基础。

交流与适度合作。幼儿在实施自己的计划时，成人不必刻意去引导他们，而是要观察幼儿如何收集信息、如何与同伴互动、如何解决问题，然后在必要时加入幼儿的活动，通过激励并扩展他们的活动，建立问题情境，并与他们交流，促进幼儿的主动学习与发展。混班分区活动与分班分区活动不同的是，教师需要在新材料的介绍、区域规则的执行、幼儿人际交往指导上付出更多的努力。

（3）整理环节

幼儿与同伴一起将材料和工具分类、整理、归位，并把还没有完成的工作整理好。在这个过程中让幼儿学习物品整理，并学习和应用分类的知识和技能，同时学习同伴间的分工与合作。

①幼儿操作

距离操作结束5分钟时，用音乐或预铃的方式提示在较为复杂区域（如建构区）的幼儿先行收拾；结束时再用音乐或铃声提示所有的幼儿整理材料，幼儿分工合作，共同完成所有材料的整理；将自己的作品摆在展示台上，以便与同伴分享回顾。

②教师指导

教师提供展示空间展示幼儿的作品；他班的幼儿也可选择将作品带回本班；教师协助各区域的幼儿整理材料，对于较难收拾的建构区，建议教师与幼儿共同完成；主班教师敲完结束铃后，准备设备、电脑等相关物品，为回顾环节做准备。

（4）提升环节

这是区域自主游戏活动的最后一个环节，旨在让幼儿对已经经历或者已经实现的事情进行回忆，重现活动过程、活动经验，并与活动计划相连，借此培养幼儿的概括能力、表达能力、分享能力、合作能力和进一步计划的能力。提升环节可由教师组织全班（临时班）幼儿一起进行，也可由幼儿在游戏区域内自主进行小组交流。

①幼儿操作

集体形式：优先计划的幼儿用清楚、流畅的语言描述自己所做的事情，并能与在座同伴交流互动；通过语言、动作、作品展示等多种方式来描述他们在操作时间内所做的事情；鼓励幼儿之间相互补充、自主表达、讨论和交流。

小组形式：各区域小组的幼儿，整理活动结束后，在各自区域空间内，自行围坐在一起，进行分享交流活动；鼓励每一位幼儿都积极地参与表现表达。

②教师指导

提供适宜的环境，在一个平静、舒适的环境中与幼儿一起回忆、分享；提供照片、视频等材料，帮助幼儿回忆；以开放式的提问和追问的方式激发幼儿的持续性思维，促进幼儿的完整表达；解释并拓展幼儿所做所说，帮助幼儿重整、提升活动经验；适时评价幼儿正在做的事情，鼓励幼儿第二天继续活动，并且区域活动后的评价应该形式多样化、目标明确化。

7. 混班区域自主游戏活动的指导策略

游戏对于幼儿的智力和社会适应性发展都非常重要。游戏是一种没有威胁的活动，它不存在对错之分，没有失败的风险。游戏可以促进幼儿高质量的学习，培养幼儿对待同伴的积极态度，能使幼儿获得即时的收益和潜在的长期收益。因此，在混班区域中，教师的角色意识更加重要，教师随时调换角色，配合和支持幼儿的游戏。

（1）观察幼儿，跟踪记录

观察是教师最重要的工作。通过观察，教师可以解释幼儿的游戏行为，采取恰当的教育策略。观察提供了一个"深入幼儿内心的窗口"，能使教师试着去理解"幼儿的脑子究竟在发生什么"。瑞吉欧认为，教师在幼儿学习的过程中最好不要急于介入，教师先观察幼儿在这一学习情景中用了什么。当教师真正理解了幼儿的学习方式，他们的教学方法就会有所改变。

在混班游戏中，幼儿和教师来自不同的班级，教师与幼儿不太熟悉，同时各班的区域内容不一样，名称、材料、操作方法也不相同。优先计划小组的幼儿当天获得优先计划选择区域的权利，带上相应颜色的手环。教师对所负责区域佩戴手环的优先计划小组的幼儿进行有针对性的观察，区域活动结束时，实施观察的教师将观察表或观察本交回所在班级，以便班级教师及时了解优先计划小组的幼儿混班分区的情况，同时对观察表及时做初步的分析。

在记录的方式上，可以有以下几种做法。

①年级使用统一表格

混班区域观察表样例如表2-4所示。

表2-4　中班混班分区记录表

班级、幼儿：		选择班级（1）（2）（3）（4）	
选择区域：	日期：	观察者：	
计划：			
操作：			
建议：			

（资料提供者：仇亚萍）

混班区域观察表的特点为：一是基本信息全面。教师能从记录表上迅速地了解到幼儿的年龄段、性别、班级、名字、时间、地点、目的、背景等信息。二是具有开放性。教师的记录方式可以是灵活多变的，如文字、照片、图画、符号等。三是实用性。观察是我们了解幼儿的第一步，真正地了解幼儿还需要对观察记录和收集到的相关信息进行深入分析和综合评估。设置分析和支持性策略的环节，我们才有可能比较客观、全面、积极地看待幼儿的学习与发展，能够在分析了解的基础上关注幼儿发展的需求，从而对其采取相应的学习和发展支持。

混班区域观察表的优点为：方便简洁，操作规范，清晰明了；能反映出幼儿来自哪个班级、选择哪个班、选择哪个区域；尽量用"√"符号来表示；留出更多的时间让教师进行观察评价。

②使用观察记录本

观察记录本的优点为：方便幼儿保存，便于幼儿与父母分享、交流区域活动发生的故事；家园沟通更加的密切；家长能从不同的教师观察记录中，更加客观地评价自己的孩子。

③采取多种观察记录方式

第一，笔录。一般采用事件取样观察，即在一个时间段内，选取某个行为事件进行观察，只要这个行为事件在观察地点内发生就进行记录，观察对象可以是一个幼儿，也可以是一群幼儿。

记录要客观详细，尽可能记录每个细节，包括语言、表情和行为。按发生的顺序记录事实，使用描述性词句，避免使用判断性或解释性的语句。

第二，拍照。用照片记录幼儿活动过程及结果，配上文字说明，放入档案夹。

第三，录像。录像记录下来的资料是连续的，更加真实。可以让家长更为真实全面地了解孩子的发展。

④以目标为导向的积极评价

第一，目标导向。目标具体包括五个方面。

学习品质：兴趣、主动性、专注力、坚持性、胆量。

社会交往能力：解决问题的能力、与同伴合作交往能力、合作能力等。

语言表达能力：礼貌用语、做计划和回顾时以及与同伴、教师交流时语言的流畅性、完整性。

认知能力：对材料相关知识的了解、交往中表演的知识面。

行为习惯：收拾玩具、有始有终、礼貌。

第二，评价案例。

案 例

不爱说话的元元

1. 活动背景

元元是个很内向的孩子，在班上基本不会主动与人交流，对于老师的问话，从来都只是看着，不回答，如果追问就会以眼泪来回答，偶尔被动地说话，声音也很小。

2. 活动过程

片段一：分区活动时间是每天早上9点，现在离9点还差5分钟，班上还有3名幼儿在边发呆边吃着早餐，元元是其中一位。有老师说："离进区时间还有5分钟，请还没吃完饭的小朋友加快速度，否则你想去的区域满员了，你就不能进了。"元元一听，立刻一手端起碗一手飞快地用勺子往嘴里赶，小半碗饭不到2分钟就吃完了，然后迅速起身放好碗，拿垫子坐到了集体中。

片段二：分区活动开始了，元元上台介绍自己的计划："大家好，我叫元元，我今天要去木工区，我要跟壹壹和小鱼儿一起锯木头。"

片段三：分区活动开始了，元元慢慢地在材料区挑选了一块木头，走到工具区时发现4把锯子都已经有小朋友在使用，就安静地站在壹壹旁边。

壹壹："你去玩啊，别守着我。"

元元不说话，只是盯着壹壹手上的锯子。

我："壹壹，你可以问问元元有什么需要帮助的。"

壹壹："你有什么需要帮助的吗？"

元元依然不说话，头低了下去。

我："元元，你要说话，这样小朋友才知道你需要什么帮助。壹壹，你再问问元元。"

壹壹："你说话啊，你不说，我怎么知道。"

元元低头很小声地说了句话，我没有听清楚。

壹壹："那好，我锯完了给你用。"（看来刚才元元的声音虽小，但是壹壹听到了。）

随后，元元时不时会和壹壹说点什么，声音太小我完全听不到，但这种模式的互动一直持续到分区结束。

（案例提供者：唐丽华）

案例分析：针对元元的语言交流、表达不主动，声音小这一问题我们想了很多办法：找她感兴趣的话题，引导聊天；让元元的好朋友找话题与她聊天；每次做计划的时候只要元元能说（不管声音大小，语句长短），教师都会表扬并请小朋友们鼓掌给予肯定……渐渐地，元元可以主动地上台做计划，对于教师的提问也会做出简短的回答，或者以点头摇头的方式回应。

在选择完区域后，做计划一开始，元元就从容大方地走上台，声音响亮，语言流畅而连贯，说完后并不急着跑开，而是目光有神地环顾了一圈台下的小朋友，这样的表现让我们感到特别惊喜。

在区域活动中，元元在好朋友的主动询问中，用很小的声音表达了自己的需要，接下来也由被动问答逐步发展为互动交流。

⑤支持性原则与策略

第一，设置幼儿感兴趣的活动，激发幼儿的主动参与性。

第二，创造幼幼互动的环境与环节，让幼儿更加轻松地表达与互动。

第三，教师耐心地为幼儿提供说话交流的机会，并给予支持和肯定。

（2）适时介入，指导学习

教师何时介入幼儿的游戏会增强幼儿的兴趣，并提升幼儿的游戏经验，何时介入会消解幼儿游戏的热情，并干扰幼儿的游戏进展，取决于教师对幼儿游戏的观察与思考，以及在此基础上对游戏介入时机的判断和把握。

①介入时机

第一，当幼儿遇到困难、挫折，即将要放弃游戏意愿时介入。

　　第二，幼儿在游戏中遇到的困难是幼儿发展中自然形成的认识冲突，这是促进幼儿发展的一个契机。如果幼儿自己能找到解决问题的办法，说明他们原有的经验与当前的需要之间的差距是合适的，解决问题的过程将帮助他形成新的经验，我们应该尽可能让幼儿自己解决问题，不必代替幼儿解决问题。但如果幼儿自己不能解决，说明他原有的经验与解决当前问题所需要的能力差距太大，那就需要教师的帮助。因此，我们要在幼儿放弃之前，帮助他们实现游戏的意愿。当然我们需要机智的方法，但绝不是代替。具体方法为：当幼儿在与环境的互动中产生认知冲突时介入；当幼儿主动寻求帮助时介入；当遇到不安全时介入；当游戏发生消极行为时介入。

　　游戏是幼儿对现实生活的反映，现实生活内容有积极的，也有消极的。而幼儿游戏中的消极内容，会强化其负面影响，教师必须介入并给予指导。

　　②介入方式

　　第一，在幼儿身边玩，使用和幼儿一样的材料或者和幼儿做相同的动作。

　　第二，扮演幼儿要求教师扮演的角色。

　　第三，以幼儿的游戏内容为基础，提供其他点子来扩展幼儿的游戏。

　　③指导学习

　　混班区域自主游戏活动主要是幼儿自我学习、自我探索、自我发现、自我完善的过程。相对宽松的活动气氛，灵活多样的活动形式，涵盖五大领域的指导，能满足幼儿发展的需要。教师在混班区域通过寓导于乐、寓导于玩的有效指导，能够激发幼儿进一步的好奇心、求知欲和探索欲望。教师有效地实施五大领域的指导，促进幼儿快乐学习及身心全面和谐的发展。表2-5介绍了在混班区域自主游戏中如何与幼儿的领域学习目标相联系（以建构游戏区为例）的指导策略。

表2-5　教师在建构游戏区对幼儿提供的指导策略

指导内容的目标领域	建构游戏区的指导策略
语言领域	1. 与幼儿谈论建构物，丰富和提高幼儿的词汇和表达能力 2. 向幼儿介绍新的词，如圆柱、拱形等 3. 邀请幼儿介绍自己的作品，如谈谈你的大楼等 4. 提供一些与建构活动相关的书，如关于桥的书、关于房子的书等 5. 放一些笔、纸，鼓励幼儿为自己建造的建筑用字母或符号做一些标记

续表

指导内容的目标领域	建构游戏区的指导策略
科学领域	1. 引导幼儿使用积木，了解积木的不同（形状、大小等） 2. 提供一些辅助材料，如小车，鼓励幼儿探索哪一块更光滑，探索坡度等 3. 通过增加一些小型动物玩具让幼儿建造动物房屋，如农场、动物园等 4. 提供一些人造植物或花，鼓励幼儿创造不同的生活环境，帮助幼儿扩展有关生命的知识
数学领域	1. 向幼儿提出某些建议、问题，"每个人一次拿三块积木""请用三角形的积木搭建"等 2. 鼓励幼儿探索积木的形状以及如何搭得高一些、长一些等 3. 在积木柜上贴上标签，方便幼儿分类 4. 认识积木的名称，如长方体、正方体等，并帮助幼儿理解上下、前后等方位 5. 引导幼儿用自己的身体与所搭作品比高度
艺术领域	1. 鼓励幼儿美化自己搭建的建筑 2. 鼓励幼儿在积木建构的场景中进行表演，同时提供一些道具，如帽子、空盒子，可以让幼儿的表演取得更好的效果 3. 可以让幼儿将他们的建构作品画下来以利于保存 4. 提供世界著名建筑物的图片或画册供幼儿欣赏、交流和参照
社会领域	1. 鼓励幼儿互相服务，如戴帽子、穿工地服装等 2. 鼓励幼儿与他人合作 3. 通过了解幼儿所搭建建筑物中的商店和其他场所，帮助他们进一步了解人们的生活、工作 4. 通过谈论幼儿搭建的道路、某个场所等帮助他们了解空间、地理位置

（3）仔细观察，随机指导

混班区域活动不但有一般区域的教育目标和价值，而且更重视的是提升幼儿的社会交往技能。在混班区域活动中，幼儿通过面对不同的教师和幼儿，学会沟通与交流；通过面对不同的班级、区域，学习遵守不同的规则并能熟练地根据不同的规则进行活动。同时，教师能指导不同班级不同幼儿的活动，能有效地根据幼儿的表现指导幼儿学习等。

在活动中，教师提升幼儿的社会交往技能需要做到以下几个方面。

①培养文明习惯，树立尊重的意识

文明礼貌是人与人在社会交往中所必须遵循的言语行为准则，文明礼貌反映着一个人的精神面貌、文化涵养和文化素质，是一个人心灵美、语言美和行为美的和谐统一。

第一，通过教学让幼儿了解文明礼貌。

第二，通过观察、模仿、强化等进行行为训练。

第三，将文明礼貌渗透在幼儿一日生活的各项活动和环节之中。

第四，家园共育协调一致，密切合作。

②培养幼儿交往的技巧

交往能力是指在特定的交往情境和群体中积极主动地实践的过程，是幼儿学会合作、学习的基本要求。

幼儿的交往能力对他们的学习、生活有很大影响。如果幼儿不能主动与同伴交往，不能与同伴友好相处，遇到问题也不敢向教师反映或寻求帮助等，这样，他们就会感到孤单、沮丧，学习兴趣大大降低，幼儿园的吸引力也随之消失。

第一，学会自我介绍，掌握自我介绍的技巧。

第二，正确面对冲突，掌握解决问题的方法。

第三，学会合作，懂得分享。

二、导向广泛的合作探究

（一）合作多元探究的行为印象

合作多元探究是"三人行"课程中重要且有特色的一种儿童学习方式，具体是指儿童在小组或集体中从事的探究性学习活动。在这类学习活动中，儿童或分工开展探究性学习，或合作开展探究性学习，其特点在于儿童小组共同完成一个探究项目。学习活动过程形式多样，伴随着同伴促进学习、师生促进学习、家园促进学习等学习状态，因此我们称之为合作多元探究学习。对于3~6岁儿童而言，合作并不容易，尤其是3~4岁儿童。"三人行"课程通过营造一种"三人"互动的学习氛围来支持儿童的合作多元探究学习。

案　例

拼图制作之私人订制

1. 活动背景

实验幼儿园的大二班一直在探究"拼图"这一项目，幼儿对拼图有了自己不同的理解，并掌握了很多拼图制作的技能。圣诞节来临之前，他们很想把自己制作的拼图送给中班的弟弟妹妹。然而一个个问题接踵而来："弟弟妹妹喜欢什么拼图？""他们能拼多少块的拼图呢？""如何了解中班弟弟妹妹的拼图水平？"……那么幼儿如何获得这些问题的答案呢？在集体讨论中，有的幼儿说可以问弟弟妹妹，有的幼儿说可以问他们的老师……大家提供了很多解决问题的办法。最后一致认为：写信这种方式是最高效和方便的。幼儿第一次给别人写信，兴趣高涨，

图2-15　教师和幼儿一起讨论怎么送礼物

图2-16　教师记录幼儿的方法

图2-17　幼儿开始书写

图2-18　信件写好了

又面临着挑战。他们向经验丰富的教师与家长寻找支持，最终将信件成功"书写"并送出！

2. 活动过程

（1）分析订单

信件发出后，我们得到了中二班老师、家长的大力支持，第二天就收到了回信。幼儿收到回信时，非常激动和兴奋。他们对回信进行了如下处理。

根据回信，再次进行小组式的团讨—确定内容—分工合作。

（2）分工制作

在拼图制作环节，教师鼓励幼儿大胆想象，并提供各种材料充分支持幼儿创作。

图2-19　幼儿分享回信

图2-20　信件分享内容

（3）赠送拼图

在圣诞节的前一个周五，进行了近一个学期的拼图探究就在这充满欢乐、友爱的氛围中结束了！

图2-21　共同完成拼图的制作

图2-22　准备去送礼物

图2-23　送出亲手制作的礼物

图2-24　收到哥哥姐姐的礼物

图2-25　我们好开心

（案例提供者：吴松蕾）

　　案例分析：这个案例充分体现了幼儿之间的合作探究行为，他们围绕一个项目，即如何制作弟弟妹妹需要的拼图，分工合作开展学习。当然期间的合作行为很多，既有同龄幼儿之间的合作，也有混龄幼儿之间的合作，更有师幼合作与师师合作。但值得注意的是，同龄幼儿之间的合作行为是一种真正的合作探究行为。在"三人行"课程中，有很多合作行为，我们尤其重视合作探究行为。大二班的吴老师及时将这种行为捕捉下来，不仅体现了她的教育智慧以及她对幼儿之间合作探究行为的重视，也体现了她对"三人行"课程理念的理解与认同。

　　从以上的例子中，我们可以获得不同的合作行为以及合作探究行为的基本印象。合作探究行为可以拓展幼儿学习的视野，因为幼儿在这一过程中，除了要思考如何运用自己的探究技能，还要思考如何与同伴分工合作、如何利用教师与家长资源。所以，合作探究学习是一种有广度的学习方式，是一种多元的学习方式。

（二）合作多元探究的价值体现

　　1. 儿童在合作探究中，形成合作意识，并提升与他人合作的能力

　　合作与竞争一样，都是人类社会赖以生存和发展的重要动力。从社会发展的角度来看，人类的大部分活动都可以说是合作性的。对于今天的儿童来说，他们将要面对一个多元、复杂、多变而互赖的社会。[1]因此，儿童的合作探究是具有重要价值与意义的学习过程。合作探究不仅仅在于将合作的精神带给儿童，更是时代的需求、儿童发展的需求。在合作探究学习中，儿童不仅仅是获得知识与技能，更重要的是他们在掌握一种应用知识与技能的能力。他们会把自己已有的知识与技能应用于合作探究的学习情境中。合作学习的重要代表人物约翰逊兄弟曾说，如果学生不能把所学的知识和技能应用于与他人的合作性互动之中的话，那么这些知识和技能都是无用的……可见合作探究学习在儿童学习与发展中的巨大价值。我们的教育应该为儿童合作能力的发展提供练习的机会与平台。

　　2. 儿童在合作探究中，发展学习的主动性，获得更加浓厚的学习兴趣

　　合作探究学习与学科教学活动的不同在于在合作探究学习中，教师不是学习的主体，而是与儿童一起学习的合作者、参与者和支持者。儿童主动地参与合作学习。在合作探究学习中，每个人（教师与儿童）都是合作学习共同体的独立个体，每个人都是主动的学习者。在合作学习小组中，教师与儿童之间形成一种多变立体的互动合作关系。在这样的关系中，儿童学习的积极性很高，学习兴趣不仅被尊重，还会被调动得更加浓厚。

---

1 黄瑾：《幼儿园教育活动设计与指导》，103页，上海，华东师范大学出版社，2007。

3. 儿童在合作探究中，与班级同伴和教师建立和谐融洽的关系或文化氛围

在合作探究学习中，师幼关系、幼幼关系都不同于其他学习形式。因为教师在这样的学习过程中，扮演的是学习者、合作者与支持者的角色。学习者之间都是平等、尊重与接纳的关系。没有绝对的权威者，只有为了解决共同问题而进行的努力。因此，在这样的学习活动中，班级文化是融洽、和谐、人文、平等的。

（三）合作多元探究的典型案例

儿童的合作多元探究学习，即社会建构式学习，强调的是在一定文化背景下，个体通过与他人互动、交流、磋商，为达成一致目标而不断调整已有经验，建构新的认知经验的过程。这一概念不仅是在理论理解的基础上提出的，更是在实践探索中提炼的结果。

要深入理解这一学习方式的内涵以及实践体现，我们需要找到它在实践活动中的原型，以此来剖析这种学习方式的活动状态与组织策略。在深圳实验幼儿园的课程实践活动中，有一类活动形式——户外自主社会交往游戏活动正是这种学习方式的原型。让我们走进这种活动形式，以此为例，展开讨论。

1. 社会交往日活动设计的意义

《幼儿园教育指导纲要（试行）》明确指出："幼儿园应为幼儿提供健康、丰富的生活和活动环境，满足他们多方面发展的需要，使他们在快乐的童年生活中获得有益于身心发展的经验。"

为了扩大幼儿的交往范围，确保充足的角色游戏活动时间，可以让每个幼儿担任不同角色以获得不同体验。针对大班幼儿的年龄特点（社会经验丰富，处于合作游戏阶段，善于模仿，富于创造，主观能动性强），我们在大班进行了大型自主性角色游戏的探索与尝试。

2. 社会交往日活动的核心要素

社会交往日活动作为儿童社会建构式学习的典型案例，具有这种学习方式的核心特质，即将儿童的学习引向多元探究的核心要素。儿童社会建构式学习的五个基本要素如下。

团队目标：有团队成员共同的目标。

环境与材料：提供充足、多样、适宜的材料，能吸引幼儿多感官的参与。环境有明显的主题性特征。

成人与幼儿共同参与：活动离不开成人与幼儿的共同参与。成人可能是组织者、引导者，也可能是支持者、合作者，幼儿以小组合作学习为主。

幼儿享有主动权、选择权：幼儿可选择材料、伙伴，改变或形成自己的想法。

社会属性：活动内容受社会文化、传统习俗的影响。活动过程重在锻炼和发展幼儿的交往技能和社会适应能力。

3. 社会交往日游戏的组织形式

社会交往日是指在同一时间、同一地点，各班同时开设若干个角色游戏主题，幼儿根据自己的兴趣爱好自主选择游戏区域、自主分配角色、自主推动游戏进程、自我建构社会交往经验。

在实施过程中，我们选择每周五上午的时间（确保至少两小时）在户外一条长廊全面开展"角色游戏一条街"活动。"角色游戏一条街"开设了美味比萨店、大食代、育婴室、"金色童年"影楼、实验银行、服装店、小医院、体育公园、建筑工地、空中鞋店、无敌赛车场、大剧院十二个区域，教师及家长助教每人重点负责一个区域的创建、开展、推进工作。幼儿打破班级界限，自主选择角色，承担角色任务，在虚拟的小社会中模拟成人劳动，体验不同的职业。这个活动为幼儿提供了学习社会规则、进行社会实践的机会，培养了幼儿的口语表达能力、社会交往能力及独立解决问题的能力。

4. 社会交往日游戏的开展原则

（1）安全性原则

在社会交往日，幼儿是完全自主的。因此，安全教育显得尤为重要。第一，需对全园的场地安全隐患进行排查，保证幼儿在各游戏区域间走动时的安全。第二，建立明确的规则，帮助幼儿建立自我保护意识。例如，活动前由班级教师带领幼儿逐区讲解规则；引导幼儿讨论遇到问题怎样解决；根据班级幼儿能力强弱，进行结伴出行等。

（2）开放性原则

每个幼儿都是独立的个体，他们有着自己的特点和需要，具有独立性和自主性。因此，在游戏中，各区域教师应敞开胸怀，接纳不同班级、不同发展水平的幼儿，注重为幼儿营造一个自由、宽松、开放的活动环境和氛围，让幼儿真正感受到自主活动的快乐，并成为活动的主体。成人应支持幼儿、理解幼儿，进而积极主动地参与到活动中去。

（3）选择性原则

在社会交往游戏的开展中，不同的游戏主题、不同的职业为幼儿创造了选择的机会，幼儿要在众多的选择中舍弃与采纳。舍取的过程就是一种选择的过程。自主的前提是选择，选择是生命活动的一种倾向性表现。这种倾向性的稳定发展是独立性的前提。培养幼儿的选择能力为人的创造性发展奠定了基础。因此，在活动过程中，一定要尊重幼儿的选择权。

5. 社会交往日游戏的实施策略

（1）游戏前的指导

①丰富幼儿生活经验，拓宽内容来源

角色游戏是幼儿对现实生活的反应。幼儿的生活经验越丰富，游戏的内容就越充实、越新颖。游戏开始之前，我们进行了"预热"，让家长带领幼儿随机参观小区及社会上的一些场所：医院、银行、公园、剧院、比萨店等，让幼儿观察、了解这些场所的工作人员的具体工作。在班级中我们经常会运用谈话的形式分享幼儿的见闻，拓展幼儿的经验。

②鼓励幼儿提出主题，与幼儿协商确定主题

角色游戏是幼儿自主自愿的游戏，其主题应来自幼儿的兴趣和需要。教师要善于发现幼儿游戏的需要，启发幼儿游戏的动机，帮助幼儿学会确定主题。例如，有了幼儿的前期参观经验，我们展开"你想开什么店"的讨论。他们各抒己见，按照自己的意愿提出了若干个游戏主题。然后，通过举手表决、少数服从多数的方式确定主题。教师的作用在于：一方面鼓励幼儿大胆表达自己的想法，了解幼儿的兴趣点；另一方面也要有所思考，思考各种角色游戏的特点与班级幼儿现状及对幼儿发展的影响，是否能有效与各领域相互融合、相互渗透，让游戏活动更好的整合以发展幼儿的认知经验、技能经验和情感经验。角色游戏区除了达到发展语言和社会交往的基本目标外，还有侧重点目标。例如，照相馆可培养幼儿画人的技能；搭建小区可以培养幼儿建构技能和空间感；让幼儿参与小区绿化可以培养幼儿的剪纸技能；舞台可以施展幼儿的表演才能；比萨店可以与泥工活动相结合等。在各班主题确定后，大班教师要集中商榷主题，以避免班级之间不必要的重复。当游戏活动开展时，幼儿可以打破班级界限，根据自己的兴趣选择游戏区域并担任自己喜欢的角色。

③通过自荐和竞选的方式，指导幼儿选择和分配角色

在各个班级游戏主题确定后，我们与幼儿讨论：你想去哪个区？你想做什么工作？如果你是经理，你打算怎么开这个店？在自选区域后，各个游戏小组顺势产生了，谁当"经理"呢？他们毛遂自荐，发表"竞聘演说"，然后小组举手表决，产生经理。在这个模仿真实社会的情节中，幼儿很认真地面对，自荐的勇气、民主的推选、观点的发表、竞争成败的成功感与挫折感，都是幼儿社会性发展的重要方面。

接下来，我们引导"经理"考虑分工、设置岗位等问题，如果出现两个人竞选一个岗位的现象，就让他们采取猜拳轮流或其他员工举手表决的方式决定。角色分配好了，由"经理"将提前制作好的工作岗位牌授予员工，这样使每个幼儿明确自己的角色，责任感也会油然而生。

④创设游戏场地，准备丰富的玩具和游戏材料

游戏场地、游戏设备、玩具和材料是幼儿开展角色游戏的物质条件，同时又是激发幼儿游戏愿望和兴趣，发展幼儿想象力的重要工具。教师要注重发挥幼儿的主人翁意识，让幼儿一起参与环境创设和材料准备的过程。

我们引导各组幼儿讨论需要什么材料，自己能提供什么，用身边的材料可以代替或者制作什么，然后分头准备。幼儿、家长的力量是不可低估的，他们用筐子和夹子制作了烫头发的器材，用稚嫩的字体写了价目表，还为影楼带来了漂亮的婚纱裙，制作了博士帽……准备的过程不仅让幼儿学会了思考，学会了创造，还培养了他们的集体责任感、任务意识及自信心。

（2）游戏中的指导

①指导幼儿丰富游戏内容和情节，提高游戏水平

教师适宜的介入与指导有助于提升幼儿的游戏水平。教师通过角色的身份来参与指导游戏，可使游戏内容和情节得到自然而丰富的展开。一般来说，我们在一个区域内安排一位教师，教师人数不够时就由家长助教承担指导任务。

例如，影楼是由小型的照相馆发展而成的。幼儿起初只开设了照相馆，业务也比较单一，只拍证件照和博士照。女孩子喜欢婚纱，自己带来了婚纱裙，我们就拓展了思路，提供少数民族服装、演出服等。幼儿还设计了伞、花等道具。在角色上还研发出了形象设计师。区域设置方面增加了接待处、装扮区、摄影区。流程也越来越清晰：服务员介绍服务种类—找形象设计师装扮—摄影师拍照—交费—取照片。当教师发现幼儿缺乏规范、文明的服务用语时，就与幼儿共同承担角色，示范礼貌用语。幼儿自然地接受、模仿，学会了待人接物的方法，顾客也越来越多，生意也越来越好。

②在问题解决中推进游戏的开展

幼儿游戏的过程会出现各种纠纷问题：争抢材料、员工不做事、擅自离岗等。面对告状，教师要平和对待，尽量让"经理"调节、处理，培养幼儿解决问题、调解矛盾的能力。但由于幼儿经验有限，教师也要适时参与或提供处理问题的方式方法，引导"经理"学习民主协商，与"员工"和谐相处。

我们大力发挥大班幼儿的特点，让他们一起参与解决问题，他们接到一个个光荣的任务，使命感、自信心也陡增，所以在短短的时间内，我们的游戏越来越成熟，幼儿玩得越来越自如。

③引导幼儿遵守必要的游戏规则

虽然游戏是幼儿自主自发、自娱自乐的活动，但是作为集体活动，必要的规则是确保活动正常开展的前提。幼儿有时会做一些角色职责外的事情或者不理解角色间应

有的关系，这是幼儿的社会生活经验不丰富，对角色的体会不深刻造成的。在指导时，教师要引导幼儿发掘角色的任务，按角色间应有的关系行动，可以模仿现有社会规则。比如，有些"员工"角色任务不强，易受周围环境干扰，一会儿离岗，跑到其他区域玩，我们就商定规则："经理"给三次机会提醒，如果还不改，就把他变成"试用工"，或者辞退；"工作人员"不完成自己的任务，"经理"就不发银行卡……这种模拟真实社会的场景自然就将游戏的规则深入幼儿心中，幼儿要对自己选择的角色负责，学会付出、坚守，学会控制，责任感自然就培养起来了。

（3）游戏后的指导

①让游戏在愉快自然的状态下结束

在愉快自然的状态下结束游戏能保持幼儿后续参与游戏的积极性。所以，教师要把握好结束游戏的时机和方法，应在幼儿情绪尚未低落时结束游戏，这样可以让幼儿意犹未尽，对下次游戏充满期盼。教师结束游戏时最好以角色身份提醒。例如，"时间到了，我们该下班了"。如果"售货员"没卖完东西，还有很多人等候拍照，也可以指导售货员、服务员说："对不起，下班时间到了，请大家明天再来！"

结束游戏时，各个区域可以一起结束，也可以根据情况逐一结束。比如，可以让收拾材料需要较多时间的区域先结束，也可以让游戏情节正处于高潮的区域在场地允许的条件下继续游戏。

②做好游戏结束后的整理工作

游戏结束后整理场地、收拾玩具既是方便下次开展的必要条件，又是培养幼儿良好生活习惯的重要时机。大班幼儿完全具有这个能力，但是我们要引导幼儿有条理地整理材料、分类打包，还要学会分工合作、做事有始有终。

③评价、总结游戏

角色游戏的评价非常重要，它对提高游戏质量、发展游戏情节和巩固游戏中所获得的情绪体验等有着直接的导向作用。我们采用了分组评价、集体评价、幼儿自评、幼儿互评和教师评价的不同方式来培养幼儿的反思评价能力。

每次活动结束，我们先分组进行回顾和总结，让每个幼儿对自己的职责、任务、贡献、坚持性、物品收拾等方面进行反思和自评。然后让幼儿说说小组人员中你最喜欢谁，为什么。小组评选"最佳员工"。他们观察得非常仔细，指出的问题很具体，这些问题不仅对被评价人起到提醒作用，对同伴也是一种预防，由此培养了幼儿自我反思能力，实现了幼幼互动。

小组分享一般人人参与自评和他评。但集体总结一般由教师主导，教师利用3~5分钟的时间，针对活动中的亮点、值得推广的经验和普遍存在的问题进行描述，如捕捉到的典型情节，活动中生成的好的经验等。这样能推动下次游戏有效地深入。对存在的问题的描述可以引起幼儿讨论解决办法，如材料的补充、人员的配置等，让幼儿发挥主人翁意识，在分析问题、解决问题的过程中得到经验的提升。

　　社会交往日游戏不仅达到了满足幼儿身心发展需要这一根本目标，而且扩大了幼儿的交往范围，发挥了幼儿的主观能动性，为幼儿提供了更多挑战和交往的机会。幼儿在虚拟的社会情境中建构自我经验，用独特的方式表达自己对社会的理解与认知，学会了合作，提高了解决问题的能力，真正成为游戏的主人。具体样例如表2-6所示。

表2-6　户外自主社会交往游戏活动的材料与指导策略

游戏名称	可获得的经验与能力	游戏角色及职责	角色常用语
大剧院	1. 语言表达能力 2. 统筹安排 3. 组织能力 4. 合作意识 5. 为他人服务的意识 6. 舞台调度 7. 舞台表现力	红狐狸及舞台总监（发放服装及负责动物、糖果的妆）	1. 各就各位，演出马上开始了 2. 第一场演出开演；所有演员就位
		虎妈及化妆师（负责虎大王、虎兵的妆）	请大家坐在候场的椅子上，准备开始化妆
		虎大王及道具负责人（负责药箱、钳子、牙刷等）	
		5个虎兵（管理候场、摆放候场椅子）	请在自己的候场位置上坐好，演出准备开始了
		3个小动物	
		4个糖果（摆放候场椅子、管理展板）	
		3个场务（写椅子号数，写票号，售票；写椅子号数，指引观众就座；贴椅子号数，售票，门口迎宾）	1. 您好，大剧院欢迎您，票价5元，请问需要几张 2. 谢谢，这是您的票，请按号入座 3. 请问您是几号座位 4. 请跟我来，这是您的位置，祝您观影愉快 5. 欢迎到大剧院观看表演，本场剧目是《没有牙齿的大老虎》；欢迎购票观影

（资料提供者：豆翠莹）

实践篇

第三章 "三人行"之探究的实践途径

　　《3—6岁儿童学习与发展指南》的"说明"部分提出，"幼儿的学习是以直接经验为基础，在游戏和日常生活中进行的"。《幼儿园教育指导纲要（试行）》也提出，"密切结合幼儿的生活进行安全、营养和保健教育"，"科学教育应密切联系幼儿的实际生活进行"，"幼儿社会态度和社会情感的培养尤应渗透在多种活动和一日生活的各个环节之中"。可以发现，幼儿学习的主要内容是可以在一日活动中渗透的。一日活动是"三人行"课程实践的支持途径。

　　幼儿的自主探究与合作探究的学习也是发生在一日活动中的，幼儿园一日活动是幼儿在园的全部经历，是幼儿生命充实与展现的历程。幼儿的探究活动实质上是一个互动的过程。互动的对象是宽泛的，可以是在有序的一日活动中与材料、环境的互动，也可以是与同伴、成人之间的互动。在"三人行"课程中，一日活动的安排要最大限度地保证幼儿自主探究与合作探究的时间、环境以及人际交往这三个方面的内容。

　　一日活动是幼儿成长的时间序列。幼儿在有序的一日活动中可以获得安全感和秩序感。在安全的环境中，幼儿是自主的，这样才能最大限度地保障幼儿的自主探究。

　　幼儿的一日活动是在体验、探索环境中不断自我更新的历程。这里的环境是幼儿园、班级的空间布局和布置，也是可以供幼儿探索和发现的材料。通过物质环境和精神环境的创设，支持幼儿的自主探究和合作探究。

　　幼儿在一日生活中不是孤立的，除了与材料发生互动外，幼儿还时刻与同伴、成人发生互动。成人是幼儿学习与发展的支持者和合作者。成人的支持是幼儿展开探究活动的保障。成人的适时介入，为幼儿的学习提供"支架"，可以协助幼儿将探究深入。成人也是幼儿学习中重要的合作者，幼儿在与成人互动的过程中，可以学习沟通与交流的技巧，学会合作，进而展开合作探究。

　　总体而言，正如前面所提到的，"三人行"课程是在逐渐延展的由时、空、人三维度构成的社会实验场中展开的。"三人行"课程的实践途径也是围绕着时间序列、环境资源和成人支持这三个维度支持着幼儿的自主探究与合作探究学习。

第一节　儿童成长的时间序列

一、时间序列的价值

儿童成长的时间序列可以理解为儿童成长过程中一日生活的各个环节。这些环节的安排通常是重复的、有序的。儿童的学习与成长、良好的习惯养成离不开每一个环节活动的开展和落实。"一日生活皆课程"这句话其实愈加说明一日活动的各个环节都存在着教育的意义和价值。那么深圳实验幼儿园的一日活动是如何开展的，在每一个环节中又有怎样的价值呢？

（一）一日活动的儿童印象

在"三人行"课程中，一日活动是儿童成长的时间序列。因此，一日活动是儿童作为主体的一日活动，那么幼儿园的一日活动在儿童心目中是怎样的呢？我们可以利用儿童的绘画与环节的形象描绘来感知儿童心目中的一日活动。

1. 来园活动印象

来园是幼儿园一日生活的开端，也是幼儿园与家庭良好衔接的第一步。在幼儿的心目中，来园活动是怎样的呢？

清晨，轻盈的音乐准时响起。顿时，静谧的幼儿园变得有活力起来。总是有几个孩子提前来到大门口，隔着大门向幼儿园内张望，每当看到自己熟悉的老师的身影便会兴奋地大声呼唤。

7点50分，大门打开，DD牵着妈妈的手来到幼儿园门口，看到了笑眯眯的小公关、和蔼的老师和园长，他们有礼貌地问好，甚至还会互相拥抱，DD感觉好温暖。这温暖的感觉是有魔法的，DD主动挥挥小手向妈妈说"再见"，根据老师昨天的提示找到了老师和小伙伴，小伙伴们热情地打招呼，还夸DD的小辫子梳得真漂亮。

图3-1　来园

HH和爸爸走到幼儿园门口时，干脆地跟爸爸道别："爸爸，再见!"然后"坚定"地走进了幼儿园。

LL上学路上偶遇好朋友，两人兴奋地手拉手向幼儿园走去，忘记了爸爸妈妈的跟随，新的一天是美好的!

2. 晨练活动印象

晨练活动是幼儿户外活动的一部分，是为了唤醒幼儿的精神状态而设置的活动环节。这一环节在幼儿心目中是怎样的呢？

放好书包，热身后绕着中间庭院跑上几圈，运动的感觉好极了。起初，只有几个孩子，慢慢地，孩子越来越多。小班的孩子跟老师做一些简单的律动，舒展筋骨；中班的孩子，已经具备了较好的闪躲能力，身体协调性也发展较好，相撞或者摔倒的担心自然也少了很多；大班的哥哥姐姐身手矫健，跑起步来跟一阵风似的。阳光老师是孩子们最

图3-2　晨练活动

喜爱的男老师之一，只要他出现在运动场上，孩子们就会马上活跃起来。早操音乐仿佛充满了魔力，只要听到音乐响起，无论孩子在做什么，都会立刻收好玩具站在自己的位置上等待和阳光老师一起互动。爸爸妈妈的参与让孩子们的晨练更加丰富多彩。

3. 早餐活动印象

早餐是幼儿园餐点活动的重要环节。这类活动主要是让幼儿学习生活自理、养成良好生活习惯。这一环节在幼儿心目中是怎样的呢？

晨练结束，孩子们回到教室，放好书包、洗好手，伴着轻松的音乐开始进餐。

"我闻到了最爱的肉包和小米粥的香味。"

"你还没有洗手，手上有很多细菌会让你生病的。"

在老师的提醒下，DD学着老师的样子：把衣袖卷得高高的，打湿小手，在手心挤上洗手液并让手指在手心、手背和手指缝里滑滑梯，很快小手洗得很干净了！

HH和小伙伴讨论早餐的味道，讨论前一天发生的新鲜事，听他们聊天，是一件有趣的事，信息量很多。虽然是

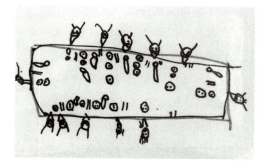

图3-3　早餐活动

"偷听"，但这也是了解孩子的一种方式。

"HH，你没有漱口。"

"我忘记了。"

"HH，你的桌面记得收拾干净。"

"我知道了。"

LL闷头吃完了早餐，麻利地整理好桌面，和同伴拿出一本书交流起来。

"这本《我们爱科学》很好看的。"

"我家里也有这本书。"

"小树的叶子可以用来做实验。"

"我回去也看着我的图书来试一试……"

4. 上午学习活动印象

学习活动是幼儿实现学习与发展目标的最主要活动形式。除了一日生活的教育渗透，在学习活动中，教师更需要给予幼儿系统化的教育支持，整合幼儿已有认知经验，促进幼儿思维的发展。"三人行"课程尤其重视学习活动的组织与实施，将学习活动划分为三种组织形式：个体活动、小组活动与团体活动。上午的学习活动形式多样，它在幼儿心目中是怎样的呢？

分区活动也很好玩，DD和小伙伴到了娃娃家，一个扮演爸爸，一个照顾宝宝，DD学着大人的样子给宝宝换尿片，给宝宝喂奶，边喂边说："宝宝不哭，宝宝不哭！妈妈马上给你冲奶粉了。"两个小伙伴在娃娃家里忙得像模像样的！

HH与小伙伴在一起拼搭玩具：

"老师，你看，我拼出来一架飞机！"

"是吗？你是怎样拼出来的？"

图3-4　分区活动

"我坐过飞机，飞机是有两个翅膀的，像鸟儿一样。这里我就拼了两个翅膀（机翼），机身是用吸铁石拼起来的，可以分解的！"

"我能坐上去试试吗？"

"啊？你（个头）太大了……我以后拼一个大一些的，你再坐吧！"

这样有趣的对话，在班上每天都会上演。每次被邀请参与到孩子们的游戏中，都会觉得是一件荣幸的事情。

　　LL和小伙伴一起玩旋转球迷宫挑战游戏，挑战了几次都没有成功。两个人都想自己多玩会儿，又都想挑战成功，结果越急越不容易成功。老师提醒先停下来，商量好两个人怎样轮流玩。LL和小伙伴商量起来：

　　"我们这样好不好？我先玩两轮，你再玩两轮，怎么样？"

　　"我觉得这样不好，连着玩两轮时间太长了，这个很难的，连玩两次就更不会成功了。"

　　"那你说怎么办？"

　　"我们俩轮流玩，一人玩一次，然后交换。"

　　"恩，好吧。"

　　商量后的LL和小伙伴玩得有序开心！

5. 上午户外活动印象

　　为了让幼儿可以接收到充足的阳光沐浴，他们每天在园的户外时间原则上不少于2小时，包括晨练、早操、户外体能锻炼、户外自由散步、户外自主游戏等内容。大段户外活动时间一般会安排在上午10点左右，大约持续1小时。在这样的时间内，幼儿期待的活动形式是怎样的呢？

　　户外自由活动时间，典典没有跟大家一起玩滑梯，在滑梯旁的围墙边走来走去，好像在寻找什么。过了一会儿，他拿着几块石头走了出来，选了一块最大的。先放到草地上摩擦一个角，又在红砖地上摩擦一个面，还把它放到轮胎里待了一会儿。看他平时最喜欢的滑梯都不玩，一直在鼓捣这块石头，老师

图 3-5　户外活动

问："你在做什么？"他很认真地说："这是一块神奇的石头！""怎么神奇？""把上面的沙子去掉，还要焖一会儿，就能变成黑晶魔石。""它可以做什么呢？""可以做成大树、冰激凌，好多好多东西，送给小朋友！"原来是这样！

6. 生活整理印象

　　上午户外活动结束时，幼儿有一段时间进行生活整理，主要是出汗的幼儿进行擦汗、换衣、自我整理等生活活动。这一活动时光在幼儿心目中是怎样的呢？

户外活动归来，森森满身汗水，虽然使用了隔汗巾也不管用，说明他在户外活动中的运动量很大。森森拿了一条干毛巾擦干汗水，才开始换衣服。从小班开始，他就学会了自己穿脱衣服，这难不倒他。换下来的湿衣服要挂起来晾晒，幼儿园为他们准备了手动升降晾衣架。当孩子们从户外归来集体更换衣服时，老师就会将晾衣架放下来，这样孩子们就可以轻松地自己将衣物夹在衣架上了。森森夹好了衣服，收拾好书包，迅速走到盥洗室，接一杯温水。运动后大量出汗需要补充水分，这个道理老师讲过，孩子们不用老师提醒会主动去喝水。

图3-6　户外活动归来

喝完水，上完厕所，生活整理活动就完成了。森森可以自由玩一会儿，或者等待其他小伙伴。

7. 餐前活动印象

餐前活动是指教师利用午餐活动开始之前的时间组织开展的以语言领域为主要内容的团体活动。这一环节在幼儿心目中是怎样的呢？

DD是个不太愿意表达，平时较少与其他孩子互动的孩子。在一次"餐前故事会"活动中，DD讲了一个关于恐龙的故事。在讲故事的前一天，DD妈妈还担心他第二天会不愿意上台，希望老师能够给予他鼓励。在DD上台前，几个老师也捏了一把汗。"大家好，我是DD，今天我给大家带来一个关于恐龙的故事。"话音刚落，原本有些喧闹的教室立刻静了下来，每个孩子都注视着DD。"在很多很多年前……"DD站上台时声音这么洪亮，将一本20多页的书一口气口述下来。我举着相机看呆了，忘记要将这一刻拍下来。那一刻，心情有些复杂，有感动，有喜悦，有不可思议，还有困惑……DD一下子成了班上的"小明星"，孩子们总会时不时地找他询问恐龙的故事。从那以后，我们看到了一个和从前不一样的DD——爱笑、自信、主动。

图3-7　餐前讲故事

8. 午餐活动印象

午餐活动也是幼儿学习生活自理、养成良好生活习惯的重要环节。这一环节在幼儿心目中是怎样的呢？

午饭要开始了。

"小朋友们，先猜猜今天我们吃什么？"

"吃面条。"

"是呢，今天吃厨房叔叔做的香香的面条。"

"可是我不太会用勺子吃面条。"

图3-8　午餐活动

"DD，我知道用勺子慢慢地从碗里面舀起来就可以了，你试试看。"

经过几次尝试终于成功了！

"今天吃自助餐，我口水都要流出来了。"

"太好了，有好多好吃的食物！"

"赶快去洗手，自助餐马上就要开始了！"

"今天我们要尝试用筷子吃饭，谁知道怎样使用筷子呢？"

"我知道怎样用，要手握住筷子，大拇指和食指放在筷子两边，中指放在两根筷子的中间。"

"谢谢LL的分享，大家一起试试看。"

9. 午休时光印象

结束一上午丰富的活动，幼儿需要休息和补充睡眠，为下午的活动做好精力和体能上的储备。在午休活动中，教师要营造安全、安静、卫生的午睡环境，幼儿自己穿脱、整理衣物。在舒缓的音乐下，幼儿自然入睡。教师巡回观察并照顾有需要的幼儿。那么这样的环节在幼儿心目中又是怎样的呢？

午睡前，教室里总会有窃窃私语的声音，孩子们相互沟通，压低声音怕影响到其他孩子。让孩子安静下来的最好方式：讲一个睡前小故事，只要一开讲，孩子们都会竖起耳朵安静聆听。差不多13:00左右，孩子们几乎都睡着了，这时候的教室显得格外安静，只剩下此起彼伏的呼吸声。

"老师，我今天睡不着。"

　　"为什么？"

　　"如果灰姑娘不能嫁给王子，那她该多伤心！"（在孩子的世界里，操心着有
情人终成眷属这件事远比睡午觉更重要。）

　　"如果不嫁给王子，你希
望她能嫁给谁呢？"

　　"嫁给阳光老师吧！"

　　"为什么？"

　　"因为阳光老师很帅！"

　　"这个主意不错，等你睡
醒后问一问阳光老师愿不愿
意娶灰姑娘，好吗？"

　　"好吧。"（安心睡觉了。）

图3-9　午休

10. 下午生活整理印象

　　生活整理活动是指起床后，幼儿在轻松的音乐声中穿戴衣物，独立盥洗，自我服
务。教师观察、帮助有需要的幼儿，并为接下来的活动做准备。这一环节在幼儿心目
中的印象如何呢？

　　舒缓、轻盈的音乐在教室
内响起，有的孩子会像"弹
簧"一样坐起来，有的孩子
则会"贪恋"柔软的被子，
原本安静的教室一下子又充
满了活力。大概10分钟，孩
子们会穿戴好衣服、喝水，

图3-10　起床整理

然后坐下来阅读。可能还沉浸在刚刚的美梦里，总有几个孩子会坐在椅子上发
呆，即便不忍心打扰他们，却还是要提醒。

11. 下午户外活动印象

　　前文提到，幼儿每天的户外活动时间原则上不少于2小时，主要包括晨练、早操、
户外体能锻炼、户外自由散步、户外自主游戏等活动内容。下午起床整理完后，幼儿
也会来到户外活动一段时间。这段时光在幼儿心目中是怎样的呢？

每天14:50，体能热身音乐准时响起。孩子们陆陆续续来到班级门口和阳光老师一起做热身操。

"小朋友们，你们准备好了吗?"

"准备好了!"幼儿园的气氛迅速活跃起来。

伴随着动感的音乐，孩子们奔跑在幼儿园的每个角落，自由地挥洒汗水，1圈、2圈、3圈……

"我们一起来玩'瓜儿蹲'的游戏吧。"

"冬瓜蹲，冬瓜蹲，冬瓜蹲完南瓜蹲。"

"南瓜蹲，南瓜蹲，南瓜蹲完黄瓜蹲。"

"我蹲错了!"

"没关系，多玩几次，就不会出错了。"

图3-11　下午户外活动

老师带着孩子们为胜利者鼓掌，瓜儿蹲这个游戏真是太好玩了!

12. 下午点心活动印象

下午点心活动也是幼儿学习生活自理、养成良好生活习惯的环节。这一环节在幼儿心目中印象如何呢?

"MM，你喜欢吃午点吗?"

"喜欢!"

"为什么呢?"

"因为我喜欢吃蛋糕。"食堂的蛋糕的确很香甜松软，这是孩子们公认的。

问了MM后，我又问了WW。

"WW，你喜欢吃午点吗?"

"喜欢。"WW露出愉快的表情。

"为什么呢?"

图3-12　午点活动

"我喜欢喝牛奶，吃午点的时候可以喝到牛奶。"

13. 下午学习活动印象

学习活动是幼儿实现学习与发展目标的最主要活动形式。虽然幼儿园重视保教结合，倡导一日生活皆课程，然而只有在学习活动时间，教师才能给予幼儿系统化的教育支持，整合幼儿已有认知经验，促进幼儿思维的发展。"三人行"课程尤其重视学习活动的组织与实施，将学习活动划分为三种组织形式：个体活动、小组活动与团体活动。下午的学习活动时间比较短，这一环节在幼儿心目中印象如何呢？

站在幼儿园的走廊上，每间教室都会传来不一样的快乐，有围坐在钢琴旁歌唱的声音，有孩子和老师们互相交流的声音，有孩子间互相追逐游戏的声音……丰富多彩的学习活动有声有色地开展起来，每次活动的背后是老师们的精心准备、反复磨炼。

当孩子们扬起稚嫩的小脸蛋向老师提出疑问时，老师是幸福的，因为孩子们学会了思考；当老师赞美孩子时，孩子是幸福的，因为他们的努力正被认可。遇见幸福的老师，遇见幸福的孩子。

图3-13　下午学习活动

14. 离园活动印象

离园活动是一日生活的结束。幼儿又是如何看待这一环节的呢？

一天的幼儿园生活即将结束，孩子们在操作玩具中享受着一天幼儿园生活中的最后一刻。有的孩子一边玩玩具一边不时抬头张望家人是否到来，有的孩子则沉浸在与同伴游戏的快乐中。

"HH，我们回家吧！"

"妈妈，我还想再玩一会儿，你明天晚点来接我吧！"

听到这样的对话，心里其实是暗自窃喜的，至少幼儿园是一个值得孩子们眷恋的地方。

图3-14　离园活动

　　夜幕降临，教学楼、沙池、大型玩具、生态园笼罩在安静的月色里。我们期待着朝阳升起后的活力。

（资料提供者：曾桂芬）

（二）一日活动的分类与价值

　　为了更加清晰地把握一日活动的价值，我们可以把"三人行"课程的14个环节归纳为生活活动、室内学习活动、户外学习活动和过渡活动四大类。另外，除了与幼儿相处的14个环节之外，教师还会在幼儿回家后进行一日一议活动，反思一天的活动内容，为第二天的活动做准备。

　　1. 生活活动

　　生活活动是指幼儿在园进行的吃饭、睡觉、穿衣等与日常生活相关的一类活动，这类活动目的在于满足幼儿生理发育与身体健康等基本需求。

　　2. 室内活动

　　室内活动是指幼儿利用室内环境材料进行的学习活动，包括以个体自主选择为特点的区域学习活动、以师幼与幼幼合作为特点的小组学习活动，以及以教师组织与幼儿共同参与为特点的团体学习活动三种组织形式。区域学习活动是幼儿通过自主选择区域材料进行学习的过程，包括选择、操作、整理、回顾4个基本环节。小组学习活动是教师与10个以下幼儿合作完成一个探索探究的学习过程，包括假想、操作、验证、分享4个基本环节。团体学习活动是指由教师组织、引导幼儿共同参与的团体性学习活动。团体学习活动一开始就有清晰的团体目标，教师通过导入、实施、展示、反思4个操作步骤，给幼儿提供学习、分享、表现与创造的平台。

　　3. 户外活动

　　在幼儿园一日生活中，户外活动是非常重要的内容，关系到幼儿的身体健康和身心的成长。每天不少于2小时的户外活动时间，不仅为幼儿提供了亲密接触大自然，呼吸新鲜空气，参加体育锻炼，进行体育游戏以及大型玩具的游戏时间，还能够放松幼儿的心灵，让幼儿的情绪得到释放。户外活动尤其能促进幼儿动作技能的发展，这些基本动作的学习将为幼儿未来的身体发育和运动技能发展奠定基础。[1]更加值得注意的是，户外活动为幼儿提供了与同伴自由交往、组织游戏、阐释和理解规则、进行谈判和问题解决的机会，这促进了幼儿主动性、社会交往能力、问题解决等学习品质的发展，对幼儿的未来发展和终身学习大有裨益。户外活动的内容与组织如表3-1所示。

---

1 Arlene Ignico, "Early Childhood Physical Education: Providing the Foundation," *Journal of Physical Education, Recreation & Dance*, 1994（6），pp.28-30.

表3-1　户外活动的内容与组织

形式	主要目标与内容	时长与周期	组织者	参与者
体育活动	各种身体动作的锻炼与技能提升	每周1次，每次25~35分钟	体育专任教师或班级教师	幼儿、教师
体能活动	体能的强度与耐力的挑战	每天不少于持续的1小时，上午或下午进行	体育专任教师或班级教师	幼儿、教师
体能活动	开展三浴（日光浴、空气浴、水浴）锻炼，使幼儿接触大自然，调节身心；以玩沙、大型玩具、户外阅读与游戏、散步等形式进行	每天不少于1小时，上午、下午均可进行	班级教师或家长助教（晨练时间鼓励送孩子的爸爸们参加运动）	幼儿、教师、家长
运动会	小、中、大班分别完成单手拍球、双手拍球、跳绳的技能练习；组织亲子运动会，倡导健康生活，增进家园情感	每年9~11月进行；在日常户外活动中进行技能练习，运动会时进行集中展示	体育专任教师、班级教师、家长课程委员会	幼儿、教师、家长

（资料提供者：白小溪）

在组织户外活动的过程中，教师首先要注重户外活动的安全性，先对幼儿进行安全教育，让幼儿在自由游戏活动中学习保护自己。教师应根据幼儿的活动量有计划、有步骤地开展活动。例如，在开展户外活动之前，教师除了要说明规则之外，还要先带领幼儿进行热身运动、重点动作的训练，为幼儿提供适当的材料。

在教师组织的户外游戏中，除了体能探究之外，教师还可以开展一些有吸引力的集体体育游戏，让幼儿在集体游戏中体验快乐，放松心情。教师也可以使用一些器材对幼儿进行指导，让幼儿可以更好地进行游戏。

4.过渡活动

过渡活动是指在一日活动中从一个环节向另一个环节转换时进行的活动。它包括来离园活动、餐前活动，以及其他环节的转换活动。在过渡时间内，教师和幼儿可根据需要进行各种活动，如生活活动，较安静的手指游戏、语言游戏，看书等。

5.一日一议活动

一日一议活动是指教师围绕活动环节的组织情况、幼儿的学习与发展状态，以及探究合作学习的开展情况，进行的教师研讨活动。首先，教师要反思当天的一日活动是否遵循了"三人行"课程组织的原则，是否以促进幼儿自主、合作、探究能力为目标；其次，教师需要讨论当天对幼儿学习与发展的观察内容，给予幼儿合理的支持策略；最后，教师要讨论合作探究学习的进展情况，并为合作探究学习的深入开展提供策略。

一日活动各个环节的价值及意义如表3-2所示。

表3-2　一日活动各环节的价值及意义

活动类别	活动环节	价值及意义
生活活动	早餐生活活动	1. 养成文明用餐的习惯，养成定点、定时、定量进餐的习惯
	午餐生活活动	2. 养成主动进餐后整理的习惯 3. 了解食物的营养价值，不挑食 4. 学会细嚼慢咽
	生活整理	1. 在整理中提高自我服务及整理归纳的能力 2. 获得有序做事的方法并提高独立工作的能力 3. 在整理活动中体验乐趣和成功感，做事更加有耐心 4. 在活动中形成共同合作、互相帮助的意识
	午休时光	1. 基本的生理需要得到满足 2. 养成良好的睡眠习惯并形成自我服务意识 3. 学会自我照顾和自我管理
	下午点心活动	1. 养成文明用餐的习惯，养成定点、定时、定量进餐的习惯 2. 养成主动进餐后整理的习惯 3. 了解食物的营养价值，不挑食 4. 学会细嚼慢咽
室内活动	自主游戏活动	1. 通过做计划，对未发生的事情进行想象，形成心理图像，发展认知 2. 通过与材料和环境的互动，获得直接经验，构建对现实世界的新理解 3. 体验并学会自我学习、自我探索、自我发现、自我完善 4. 获得学习的主动性、创造性、交往能力及持续探索能力的发展 5. 通过回顾和调整自身行动，获得与环境、材料及人互动的经验
	综合探究活动	1. 通过做计划，对未发生的事情进行想象，形成心理图像，发展认知 2. 通过与材料和环境的互动，获得直接经验，构建对现实世界的新理解 3. 与不同年龄层次的同伴共同开展活动，发展亲社会行为和技能 4. 在共同团体活动中，增强集体观念、合作观念，提升对情感体验、交流及调控的能力，从而形成健康人格 5. 通过多种形式的合作，获得合作技能，形成对彼此差异性的尊重
户外活动	晨练活动	通过晨练唤醒并恢复机体机能，为展开一日活动做好铺垫
	自主游戏/体能锻炼活动	1. 获得动作发展并增强体质 2. 增强意志，获得智力发展 3. 喜爱体育活动并养成良好的体育运动习惯，形成活泼开朗的性格

续表

活动类别	活动环节	价值及意义
过渡活动	来园活动	1. 获得礼貌教育，发展人际交往能力 2. 通过来园晨检活动，养成良好的健康习惯
	餐前活动	1. 通过餐前活动，从较剧烈、兴奋的活动中，逐渐将情绪稳定下来，为消化器官正常工作做好准备 2. 增强对周围事物和现象了解的兴趣和探索欲望，丰富知识面，并形成良好个性 3. 养成良好的倾听习惯，并能够大胆地在集体面前表现自己 4. 语言能力得到发展，并形成良好的责任意识
	离园活动	1. 获得礼貌学习，并能够感恩 2. 整理自己的书包，养成良好的习惯 3. 通过回想幼儿园一日生活中印象深刻的事情，发展思维
一日一议活动		1. 教师为幼儿自主、合作、探究品质的发展提供更有效的支持 2. 教师从对幼儿的实际观察情况出发，尊重个体差异与幼儿兴趣，制订教育支持策略 3. 教师探索合作探究学习向更深入开展的可能，为幼儿的思维能力、探究能力、合作能力、自主能力、语言表达能力等的发展提供更多的支持 4. 教师通过这样的活动形成和谐的团队力量，间接促进幼儿的发展

　　一日活动有许多不同的环节。这些环节的合理有序的排列与组合就是一日活动的时间序列。有序的时间序列可以为幼儿带来控制感和安全感，它能够在教师计划的基础上给予幼儿充分的选择权与决定权。在这样的时间序列中，幼儿是班级的主人，能够在一个自由、放松、可预测的安排下展开自己的一日活动。同时，一日活动的时间序列在活动安排上也特别强调和重视幼儿的自主探究学习。在一日活动中，每天都有充足的时间让幼儿展开自主的区域活动，幼儿可以在这个环节展开自主选择和自主操作活动。

二、时间序列与儿童的自主探究

（一）有序的时间流程

　　一日活动的各个环节都有重要的教育价值。因此，一日活动的安排会有一定的重复性。同时，一日活动安排的有序性也在发挥着重要的作用。

　　既然合理的时间安排和可预测的一日活动能够让幼儿获得安全感和控制感，继而促进他们的主动学习。那么在实践过程中，教师就会加强幼儿对时间序列的认识。让有序的一日活动变得可见，让幼儿更加直观地感受到他们自己可以自主安排时间，做自己感兴趣的事。我们可以跟随果果，一起感受一天的自主、幸福的生活。

案　例

追随果果幸福的一日生活

　　果果是中班的孩子，比起一年前他不知道改变了多少。一年前他还哭闹着不肯上幼儿园，现在的他已经可以自己走进幼儿园，主动向老师打招呼问好。一年前的他抢玩具打人，没有小朋友跟他玩。现在的他已经有很多自己的好朋友，一起分享玩具，一起解决问题。一年前的他只想到自己，常常哭闹耍赖，现在的他懂道理，还会关心爸爸妈妈。

　　……

　　那我们就跟随这个中班的果果走进他的幼儿园生活。

　　他来得比较早，不到7点40分就到了班上，先是看到了班上的保育老师——李老师。李老师正在为大家做清洁。拿出今天的心情本，放好书包、挂好衣服后，果果也过去帮忙了。李老师教他做一些擦桌子的简单劳动。很快其他的孩子都陆续来了，沈老师也来了。于是他们就随沈老师到楼下进行早锻炼。

　　在8点钟之前是一段准备时间，孩子们可以玩一会儿游戏，有时是玩滑梯，有时走平衡木，有时玩小车。很快就到8点了，伴着召集的音乐，中大班的孩子都来到大操场进行早操活动。杨老师精心编排了有趣的早操，不仅好玩，还可以锻炼身体。实验幼儿园的孩子个个精神抖擞，穿的衣服很少。深圳的秋天来得比较晚，10月份孩子还可以赤膊锻炼。

　　早锻炼结束了，果果随小伙伴们排队回到班上。墙上贴着一排醒目的一日活动流程图，将每天的常规活动拍成照片贴着墙上，孩子一看就清楚自己在一天中先做什么后做什么。这样一日生活就看得见。果果就喜欢这些流程图。稀里糊涂的他，就是看着这张流程图才跟上班级活动节奏的。之前流程图上还落着一只小瓢虫，为了让孩子了解"流程图就代表他们的一日活动"，老师说："当你们吃饭时，小瓢虫就会落在吃饭的这张图上，去户外时，小瓢虫就会飞到户外的这张图上。"于是果果就记住了有这样一张图。每当进行完一个活动，他就看看这张图，因为他很想知道接下来我们要做什么。他也不喜欢自己晕晕的感觉。一年过去了，果果和小伙伴们都很熟悉这张图，小瓢虫也完成了自己的职责，不再飞回来了。

　　这个学期，班主任匡老师组织孩子们讨论每个环节，我们可以做什么。果果明白了原来流程图上的活动自己可以做主。中班的孩子就是不一样，很多活动都是自己商量出来的。比如，"什么时间入园比较好？入园时怎样与人打招呼？""中午睡醒了可以做什么？什么时间醒来可以起床？"等。老师在很多事情上都会跟他们商量，让他们感觉自己确实长大了，可以自己拿主意。

　　吃饭时，他也可以自己选择自己决定。果果今天不想吃那么多，于是他就选了一份少一点的饭菜。因为是自己选择的，就应该为自己的选择负责。这一点匡老师经常说，孩子们也觉得应该是这样的。

　　吃完饭，果果随一组孩子围坐在匡老师的身边做计划，而另一组孩子则跟随沈老师去学习做汤圆。从小班开始，果果的班级就开始做计划—分区—回顾的半日活动模式。中班的他们很清楚该怎么做。他们每天都会在吃饭时或者更早一些就先想好自己今天要去的区。班上有很多好玩的地方。小班时，果果喜欢去"躲猫猫区"和"娃娃家"。中班的他，兴趣变了，更喜欢去科学区，然而，并不是每次都可以先选择自己喜欢的地方，但他清楚这叫作"轮流"。

　　老师会将果果他们在分区活动中的表现用照片记录下来。从小班开始，他们就知道每次分区活动结束后，就是他们回顾自己工作的时间。跟大家分享自己的快乐时光，是一件无比快乐的事。这让果果感觉自己在分区活动中做的事特别有意义。一年来，他越来越擅长计划、擅长回顾总结自己曾做过的事。

　　上午一小时的活动都是在分区中度过的，很多像果果一样曾经很难专心做事的孩子都改变了。没有谁来强迫他们，他们是在快乐中转变的。简单的生活活动之后，10点孩子们要去户外。30～40分钟的户外活动是每天常规活动的必修课。户外回来的孩子换衣服擦汗后，准备餐前活动。午餐之后就在老师的带领下散散步。就这样，幼儿园上午的活动就结束了。

　　午睡之后进入了果果的下午活动时间……

　　一天的幼儿园生活在丰富的体验、有趣的活动中落下了帷幕。

（案例提供者：郑春娟）

　　案例分析：在这个例子中，我们看到了一个非常自主的果果。他是怎么做到的呢？因为果果对自己的一日生活非常熟悉。这种对流程的熟悉，除了因为果果已经是中班的孩子、经过一年的幼儿园生活外，还因为教师提供了可视化的一日活动流程图，让果果能够随时随地查看自己的活动内容。同时，教师还和幼儿一起讨论各个环节，让幼儿明白在不同的环节中自己有做主的机会，这说明幼儿是主动的，而不是被动的。也正是因为这样的主动性，幼儿可以更加专注地投入自己的探索活动。在实验幼儿园，为了保证幼儿自主探究的时间，每天上午幼儿都有在区域中自主游戏和学习的时间，幼儿可以自主选择区域、材料，在快乐中探究学习。

一个有序的一日生活流程意味着幼儿知道每天要做什么。这种时间序列的可预测性可以让幼儿感受到对周围环境的控制感，进而给幼儿带来安全感。这对于幼儿园时期的幼儿来说至关重要，因为幼儿园的生活是他们第一次与家庭分离，事件的可预测性能够使他们在身体和情感的转换中感到舒适。如果常规发生了偶然的变化，幼儿知道他们会被提前告知变化的原因以及进行当前活动的原因，这样他们就能够为规则中的这种变化做好准备。

因此，让幼儿了解幼儿园的一日生活流程，不仅可以使幼儿的生活变得井井有条、更加有效率，而且可以使他们的内心感到安慰。只有在这样相对稳定的时间安排中，幼儿才能够很好地掌握自己的时间。这种确定了的一日生活流程为幼儿提供了一个可以根据自己的兴趣进行选择性行动的稳定结构，也会让幼儿感到自己在这个空间中的安全——他自己可以预测、掌控时间的安排，不仅有助于他的秩序感的发展，更是他安心并专心投入各项活动的基本保证。

幼儿园一日生活的特点虽然是重复性和有序性，但绝不是模式化和固定性。为促进幼儿更好地发展，需要帮助幼儿创设发展适宜性的一日生活流程，让每一个环节的安排都尽量发挥其最大的教育价值。可以说，没有绝对合理的一日生活流程，只有根据幼儿现实需求不断调整和完善的流程。不断调整的适合幼儿的有序一日生活可以最大限度地保证幼儿自主探究的可能。

（二）可视化的时间序列

为了在时间序列上支持幼儿的自主探究，每个班级都会设置这样一个可视化的一日活动流程。这样的设置帮助幼儿熟悉自己的一日活动，在一日活动各个环节中幼儿是积极的、主动的。

案　例

一日活动流程图里的小秘密

"三人行"课程的一日活动流程安排是幼儿园管理者、教师、家长结合幼儿年龄特征、城市气候特征，共同研讨制定的幼儿一日学习与生活作息制度。作为一日活动开展的主体——幼儿本身也需要清晰地了解这一流程。这样才能主动地进行学习与生活等活动。"三人行"课程强调幼儿是"行"的主体。因此，在班级中，我们可以看到各式各样的一日活动流程图。

图3-15是小班的一日活动流程图。小班幼儿处于感知运动思维向具体形象思维的过渡时期，更加需要通过可操作的物体去感知。小班教师将一日生活流程

制作成可以与幼儿互动的转盘，以游戏的形式让幼儿去感受一日活动的各个环节。这样的做法，给幼儿建立了极大的安全感，帮助他们缓解并逐渐消除入园的分离焦虑感。这样游戏的方式，让幼儿可以不断掌控自己的一日活动，丰富认知经验。

　　图3-16是中班一日活动流程图。教师会将时间和环节、活动内容等简洁清晰地展示在流程图上，这样幼儿对于自己在园的一日活动安排就会一目了然。清晰了班级的一日活动规划，幼儿才能自主地开展自己的学习、生活、运动以及其他游戏活动。教师不需要不断地催促、提醒幼儿。因为有了图片的指引，他们了解什么时间是自己独立把控的环节，什么时间是他们和伙伴合作学习的环节，什么时间是他们和教师一同探索的环节。有序、可预测依旧是流程图的主要使命。

　　图3-17是大班一日活动流程图。大班一日活动流程图又有所不同，经过了两年的学习，幼儿掌握了一定的艺术表征能力，他们可以用自己的方式表现即将发生的活动环节。大班幼儿在教师的组织下，经过团体讨论，将幼儿园制定的一日

图3-15　小班一日活动流程图

图3-16　中班一日活动流程图

图3-17　大班一日活动流程图

活动流程结合自己的班级实际情况绘制成一份流程图。幼儿需要理解一日活动安排的制定需要伙伴之间的分工合作，这样才能一起完成这份流程图。流程图绘制的本身，支持了幼儿的自主探究与合作探究学习。

（案例提供者：郑春娟）

案例分析： 由此可以发现，班级流程图的设置是尊重幼儿的年龄特点的。小班幼儿刚刚入园，对一日活动的流程比较陌生，并且小班幼儿处于感知运动思维向具体形象思维的过渡时期。因此，一日活动流程图需要更加具体形象。具体来说，小班的教师可以移动的卡通人物来代表不同时间段幼儿可以做的事情，更加直观。

中班的教师在幼儿熟悉一日活动流程的基础上，为幼儿整理不同时间段可以做的事情，并呈现出来，提示幼儿在各个环节积极主动的参与。

到了大班，幼儿对一日活动已经非常熟悉，在理解幼儿园一日活动安排的制定原则的基础上，能够将一日活动安排的流程图绘制出来。

不论是上述哪一种做法，最终目的都是通过呈现可视化的一日活动安排，让幼儿明确自己的一日活动。

（三）时间序列中的自主探究

1. 生活活动中幼儿的自主探究

（1）幼儿可以"自主探究"的内容

生活活动中的自主，可以说是一种自理，是幼儿自主开展生活活动的过程，也是一种良好的品质。生活活动包括餐点活动、午休活动、生活整理活动等不同环节。

①餐点活动

餐点活动包括早餐、午餐、下午点心。

在餐点活动中，幼儿可自主选择餐点的分量，独立进餐，培养自主意识；练习使用勺子和筷子等餐具，提升生活技能；餐后整理桌面，分类收拾餐具，擦嘴，漱口，养成良好的生活习惯。

②午休活动

幼儿可自行整理衣物、被褥，发展自我管理能力；养成良好的生活习惯。

③生活整理活动

通过自我服务的工作，幼儿可养成独立自主的意识，学习有序做事的方法，培养做事的耐心。

表3-3 不同年龄班幼儿在生活活动中的"自主探究"内容

活动环节 年龄班	餐点活动	午休活动	生活整理活动
小班	自主进餐	自主穿脱衣物	1. 自主更换衣物 2. 自主进行洗漱等生活整理活动
中班	1. 自主取餐 2. 自主进餐	1. 自主穿脱衣物 2. 自主整理床铺	1. 自主更换衣物 2. 自主晾晒衣物 3. 自主进行洗漱等生活整理活动
大班	1. 自主取餐 2. 自主进餐 3. 清洁餐桌	1. 自主穿脱衣物 2. 自主整理床铺 3. 自主分配睡眠时间（在不打扰他人的情况下，可安静地进行其他活动）	1. 自主更换衣物 2. 自主晾晒衣物 3. 自主进行洗漱等生活整理活动

（2）幼儿"自主探究"的常见问题及策略

针对幼儿可能在生活活动中存在的问题，"三人行"课程提供的策略如表3-4所示。

表3-4 幼儿在生活活动"自主探究"中的常见问题及策略

常见问题	策略
小班幼儿不能自主进餐，期待成人喂饭	增强幼儿的动手能力，鼓励幼儿自主进餐
挑食、偏食	1. 认真观察并记录幼儿在餐点活动中的表现，对能够遵守班级规则的幼儿及时提出表扬，并鼓励其他幼儿，肯定他们的进步行为 2. 尊重幼儿对饮食的喜好，给幼儿提供一定的选择机会 3. 鼓励幼儿尝试吃自己之前不常吃的食物，尽量消除幼儿的饮食偏见
没有良好的饮食习惯（边玩边吃或囫囵吞咽）	幼儿与教师共同制定班级进餐规则

2. 室内活动中幼儿的自主探究

（1）幼儿可以"自主探究"的内容

①区域学习活动

计划环节：主动思考，计划自己的工作，并用挂牌的行为和语言表现出来。

操作环节：自主选择区域和材料，自主操作材料，在与材料的互动中积累各种有益的操作经验，创造性地开展游戏，提升动手动脑的技能。

整理环节：自行收拾整理玩具，培养做事有始有终的习惯。

提升环节：在用语言对自己的操作过程进行回顾和聆听同伴的回顾过程中，归纳、整理信息资料，同化或顺应新的经验，从而促进认知的发展。

②小组学习活动

假设环节：主动思考，根据自身的经验对问题进行猜想和假设。

探索环节：根据自己的推测，运用感官和以独特的方式进行自主探究。在与学习环境的互动中积累各种有益的经验，提升动手动脑的技能，创造性地解决问题。

验证环节：通过自主的观察、反复实践之后，发现真相，调整自己的认识，主动自我建构知识与经验。

提升环节：用语言概述自己探索过程中的所思所想，对获得的信息进行整理和归纳，从而促进认知的发展，不断自我完善。

③团体学习活动

导入环节：明确团队目标。选择参与的探究。

实施环节：认同探究小组商讨的活动方案，自主选择探究和合作伙伴。通过练习提升技能和使用材料的能力，提升艺术表现、艺术创造的能力。

展示环节：投入和享受自己展示的过程。

提升环节：在用语言对自己的操作过程进行回顾和聆听同伴的回顾过程中，归纳、整理信息资料，同化或顺应新的经验，从而促进认知的发展。

表3-5　不同年龄班幼儿在室内活动中的"自主探究"内容

活动环节 / 年龄班	区域学习活动	小组学习活动	团体学习活动
小班	1. 自己选择学习场所 2. 自己选择学习内容 3. 自己开展学习活动	自己选择学习伙伴	自己选择参与探究
中班			
大班			

（2）幼儿"自主探究"的常见问题及策略

室内活动除了幼儿自主操作的游戏活动以外，还包括由教师设计的结构性学习活动。因此，如果教师把握不好与幼儿之间的关系，就容易出现教师过度控制或放任自由的情况。总体来说，幼儿在室内活动"自主探究"中的常见问题及策略如表3-6所示。

表3-6   幼儿在室内活动"自主探究"中的常见问题及策略

常见问题	策略
学习按部就班，幼儿多进行简单的模仿和服从指令，可以选择的机会少	1. 课程设计预留幼儿自主学习的环节 2. 提供多种学习内容与场所供幼儿选择
幼儿在学习活动中的行为得不到观察和理解，幼儿不能充分表达自己的想法	1. 教师认真观察幼儿的行为表现、聆听幼儿语言，理解幼儿的需求，尊重幼儿的个体差异 2. 设计带有梯度的学习活动目标，供幼儿有选择地达成 3. 教师在活动中相信幼儿，不过度控制幼儿的行为表现 4. 教师在活动组织中多使用开放式提问语，并给予更多的追问

3．户外活动中幼儿的自主探究

（1）幼儿可以"自主探究"的内容

幼儿根据全园晨练指示图，按指定的路线，找到班级开展晨练；在早操环节中，幼儿能在音乐的伴奏下做一些模仿动作或者进行一些走、跑、队列队形的变化训练；可自选运动器械和游戏伙伴；锻炼体质，发展动作。

表3-7   不同年龄班幼儿在户外活动中的"自主探究"内容

活动环节 年龄班	晨练活动	户外活动	下午操活动
小班	自主选择运动伙伴	1. 自主选择运动器械以及探究 2. 自主开展运动探究	自主选择运动伙伴
中班		1. 自主选择运动器械以及探究 2. 自主开展运动探究 3. 自主收拾与整理运动器械	1. 自主选择运动伙伴 2. 自主开展运动探究
大班		1. 自主选择运动器械以及探究 2. 自主开展运动探究 3. 自主收拾与整理运动器械 4. 自主准备运动器械	1. 自主选择运动伙伴 2. 自主开展运动探究

（2）幼儿"自主探究"的常见问题及策略

幼儿在户外运动时，难以实现自主行为的常见问题及策略如表3-8所示。

表3-8　幼儿在户外活动"自主探究"中的常见问题及策略

常见问题	策略
运动器械都是教师提前准备好的	请幼儿参与户外运动器械的准备或者摆放工作，可以分组进行
运动探究单一，幼儿的选择机会少	多准备几类运动器械以及游戏方案，为幼儿提供一定的选择机会
幼儿只是运动的模仿者，没有发挥自主性的机会	为幼儿提供选择游戏对象的机会，增加自主游戏时间，不让幼儿只是单纯模仿教师的动作、服从教师的指令
幼儿不需要收拾整理运动器械	为幼儿提供收拾整理运动器械的机会，养成做事情有始有终、自我服务的习惯

4. 过渡活动中幼儿的自主探究

（1）幼儿可以"自主探究"的内容

①来园活动

问好时：幼儿与家长道别后，独立从入口进园，主动与教师、其他幼儿问早；幼儿能独自背书包入园，培养自理、自立、自主的意识和能力。

晨检时：幼儿主动向医生问早，会张嘴、伸手，配合医生做好晨检。主动向医生道谢。有需要服药的幼儿会将药品交给医生。

②餐前活动

幼儿按教师餐前的安排，收集相关资料，如小问号、新闻等内容；认真倾听同伴的发言；在自行准备和相互倾听中丰富语言、词汇、新闻等内容。

③离园活动

回顾自己在一天内的表现或难忘的事情，培养自我检查、自我评价的意识；整理书包，锻炼有序整理物品等自理能力。

表3-9　不同年龄班幼儿在过渡活动中的"自主探究"内容

活动环节／年龄班	餐前活动	来、离园活动
小班	自己选择游戏活动内容、材料及形式	1. 自主进行生活活动 2. 自己选择游戏活动内容、材料及形式
中班		
大班		

（2）幼儿"自主探究"的常见问题及策略

"三人行"课程认为，过渡活动的存在是基于幼儿结束上一个活动，通过收拾整理以保障下一个活动的学习或游戏热情，从而更加有效地促进幼儿的学习与发展。每个幼儿完成上一个活动的时间不同、情绪状态不同，需要转移注意力的情况也不同。因此，过渡活动应该给予幼儿充分的自主，让幼儿按照自己的节奏完成过渡，用更加饱满的热情投入下一个活动。

由于过渡活动时间较短，教师很容易忽视这一环节中幼儿的自主性的培养，而让幼儿遵守教师统一的指令，忽视幼儿的个体差异及特殊需要。鉴于此，"三人行"课程提出了相应的策略，如表3-10所示。

表3-10　幼儿在过渡活动"自主探究"中的常见问题及策略

常见问题	策略
幼儿通常统一遵守教师的指令	1. 允许幼儿按自己的方式进行过渡活动：有的幼儿就想在私密区安静一会儿，来调整自己在上一个活动中遇到的不愉快情绪；有的幼儿希望可以自己玩一会儿玩具；有的幼儿想和同伴一起游戏；有的幼儿只是在生活活动中结束了过渡活动 2. 教师通过讨论与循序渐进的方式帮助幼儿建立过渡活动中的常规 3. 教师在幼儿过渡活动中进行一些放松活动：喝水、盥洗、与幼儿聊天等 4. 教师在过渡活动中主要关注常规建立的情况，以及是否存在有特殊需要的幼儿

三、时间序列与儿童的合作探究

（一）支持合作的环节设置

一个合理的一日活动时间序列不仅是可视的，也可以保证幼儿的自主探究，还需要关注幼儿在小组、集体中的活动。"三人行"课程强调幼儿通过自主探究和合作探究来进行学习。一日活动时间序列的可视化提高了幼儿的主体性，支持了幼儿的自主探究，促进了幼儿之间的合作学习，增加了幼儿之间的沟通和交流，让幼儿体验了分工与协作的乐趣。例如，在一日活动中教师会以促进合作为目的，以小组的形式展开一些活动，这样的活动一般是将班级的幼儿分成不同的小组，以必学小组的形式展开，保证所有的幼儿都能够参与到这样的活动中来。

那么在一日活动中，小组活动是如何开展的呢？

1. 选择内容

小组活动的内容应该根据教育目的、幼儿的实际水平和兴趣以及生活经验，以循序渐进为原则，有计划地选择和组织，同时所选的素材或任务主题应该具有较好的操作性和开放性，以利于幼儿的实践探索与分工合作。

2．预设目标

小组活动的预设目标通常包括两个方面的内容：一是幼儿在具体情境中通过探索实践、思考创造这一过程所获得的知识建构、技能习得以及情感与态度的形成；二是在合作学习过程中所获得的知识建构、技能习得以及情感与态度的形成。

3．计划过程

小组活动的过程通常包括创建活动小组、创设问题情境引发活动目标、小组成员分工、独立的探索实践、合作交流等环节。

（1）创建活动小组

小组的形成可以是教师引导安排的，也可以是幼儿自主选择的。通常，幼儿自主形成的小组人数较少，以2～4人较为常见；教师分配或引导形成的小组人数则以6～10人为佳，并且尽量异质分组，以便成员之间能够充分地合作互补与交流学习。

（2）创设问题情境引发活动目标

通过提供具体的学习材料，创设问题情境，引发幼儿主动探究的愿望与兴趣，并且进一步明确小组合作的任务目标。

（3）对小组成员进行分工

通过协商，小组成员在明确任务目标的基础上进行分工。对于年龄较小的幼儿，可以由教师协助将任务进行分解，并引导幼儿自行选择；对于年龄稍大的幼儿，可以协助他们自行协商开展分工合作，并且可以支持他们在小组中产生组织者或领导者。

（4）开展独立的探索实践

幼儿带着自己的任务进行相对独立的探索实践，教师注意观察并提供适宜的协助，同时可以鼓励幼儿运用语言、动作、绘画、符号等方式表达或记录探索学习的过程或结果。

（5）鼓励合作交流

鼓励幼儿通过操作演示、语言描述、作品或记录展示等多种方式分享学习的过程或结果，通过有效的提问帮助幼儿回顾和提升学习经验，促进同伴间的相互交流与学习，并注重引导幼儿发现新的兴趣点，协助幼儿产生新的学习任务。

在有序的一日活动中，教师经常创设小组活动的情境让幼儿参与进来，协助幼儿开展合作探究。让幼儿在这样的过程中体验共同发现、解决问题的乐趣。我们可以通过一个一日活动中教师为促进幼儿之间的合作探究的例子来具体感受教师在时间序列中对幼儿合作探究的关注。

案　例

爱心火车

1. 活动背景

幼儿天生具有强烈的好奇心，对周围事物的探索和求知欲望也特别强。《3—6岁儿童学习与发展指南》指出，"幼儿的学习是以直接经验为基础的，是在游戏和日常生活中进行的"。我班本学期开设了木工区，投放了生活中常见的工具（如锤子、锯子、螺丝刀、钳子、钉子、螺丝等），幼儿对它们十分感兴趣，有进一步探究的欲望。本次活动充分利用现有条件，让幼儿通过分工、合作、实际操作等方式，提升其动手能力及发现问题、解决问题的能力，感受合作带来的乐趣。

2. 活动目标

①幼儿在共同制作火车的过程中探索各种工具正确的使用方法。

②幼儿通过讨论、分工、相互合作等方式，提升合作学习的意识和能力。

③感受合作成功带来的乐趣。

3. 活动准备

木工桌2张，锯子4把，锤子4把，尺子1把，笔，手套2双，幼儿名字章，木片、钉子、螺丝、插销、合页、连接弯头若干。

幼儿已制作好的木工作品：路灯、草地、山洞、棒棒糖、两节车厢的公交车。"工作计划表"2张。

4. 活动过程

（1）活动导入，引起兴趣

出示幼儿事先自制的作品：路灯、草地、棒棒糖、两节车厢的公交车，搭建场景，引出做火车的课题。

（2）明确任务，讨论分工

①观察火车图片，外形有什么特点。

②观察现有的材料，幼儿讨论如何制作火车。

③幼儿讨论分工方案，教师协助记录。

（3）实际操作，完成任务

幼儿利用现有材料完成任务，教师观察幼儿的操作，酌情指导。

观察指导重点：车厢长度及测量方法；敲、拧等技能的学习应用和提升；完成既定工作后的幼儿的引导。

（4）交流讨论，分享经验

幼儿分享活动过程中的经验，教师协助记录。

（5）总结回顾，享受成功

教师小结。体验合作成功的喜悦。

（案例提供者：唐丽华）

案例分析： 自从开设木工区以来，幼儿都非常喜欢在木工区探索和"工作"。但是木工区的"工作"往往比较复杂，想要完成一件作品总是需要比较长的时间。教师决定利用区域活动的时间，带领必学小组的幼儿一起在木工区"工作"，共同完成一件作品。由此可以看出，在一日活动的时间序列中，教师支持和介入小组活动，能够帮助幼儿感受体验合作的乐趣，学习沟通与合作的方法。

培养幼儿的合作能力不是一朝一夕的事情，需要我们教师有计划、有目的，多渠道、多方位，有机渗透在幼儿的一日活动的各个环节中，灵活地采用有效的方法，将教育内容和目标转化为幼儿的需要，使幼儿主动积极地进行合作，提高其团队合作精神，从而达到教育研究的效果。除了小组合作的学习方式之外，我们也在幼儿一日活动的各环节中渗透合作意识和合作能力的培养。

案　例

渗透式合作培养策略

场景1

在户外活动前，孩子们开始做准备。自主喝水、如厕、垫汗巾……孩子们总是一个个围着老师，等待老师帮助垫好汗巾。

支持策略： 我们要重视并解决这个问题，可以将"培养幼儿合作意识及合作能力"纳入日常关注，在我们的周计划中体现，作为我们近期要解决的问题。教师给予系统的指导，持续关注孩子是否能相互帮助完成，并及时给予肯定。

场景2

起床穿衣服时，个别精细动作稍微弱的孩子不会系扣子，等待老师来帮忙。

支持策略： 老师鼓励动手能力比较强的孩子当小老师，互相学习，互相帮助。也可以引导遇到困难的孩子主动找能干的孩子给予帮助，使用礼貌用语："请你教我系纽扣好吗？"得到别人帮助时说："谢谢！"久而久之，孩子们就会形成一些合作意识。

最近孩子们都迷上了磁力棒的玩具，惊喜于可以组装出不同的立体造型。孩子们吃完饭以后，都争夺抢先玩。有一天安迪告诉我"一份玩具太少了"。而我顿悟了一下，问她：但是还有更好的办法吗？

支持策略：当我问到孩子是否能有更好的办法时，孩子说："我可以和她一起玩吗？"其实很多时候，教师不应该给出直接的做法，而是应该创造良好的交往环境，创设与他人分享的机会，抓住日常生活中的教育契机发展幼儿的合作意识。只要细心观察就能发现，日常生活充满着"合作"的机会，关键在于教师怎样去引导。

场景3

我们一起搭搭乐

在"建筑坊"里，孩子们都在认真地忙着选材料，每个人都害怕自己的材料少，很辛苦地搬运了各种材料堆在自己的面前。当材料已经够丰富时，才开始自己搭建。有的孩子一直都在细心地搭建自己的高楼；有的孩子在搭了一会儿后，觉得没有什么兴趣，坐在旁边看着……

今天的建构区似乎很热闹，嘉嘉一边忙着搭高楼，一边邀请其他小伙伴多给他几块半圆积木，建平安大厦的顶楼。大家都很好奇地围着嘉嘉问"为什么是这个样子""我也想搭这个""我要搭地王大厦""我想搭地王大厦，还有尖尖的顶""我喜欢搭城堡"……孩子们讨论得热火朝天，在大家争执的过程中，果果不小心碰到了嘉嘉的高楼，"楼房"全倒了。孩子们开始着急了，有的向老师告状，有的急于解释。

支持策略：孩子们刚刚升入中班，缺乏合作意识，仍处于以自我为中心的阶段。他们在玩任何玩具时都是先想到自己，而且玩的时候也不会跟别人共同搭建。为了观察孩子们第一次实际的状态，我在首次建构游戏之前并没有做过多的要求，想看看孩子们是怎么玩的。结果孩子们的表现在我的预料之中。此时教师要做一些有效的介入：先教给孩子一些简易的分工与合作方法，让他们共同搭建，一起完成建构作品。在游戏中途发生矛盾时，我们要教会孩子通过商议、谦让或制定游戏规则来解决。当伙伴在游戏中遇到困难时，要引导孩子向伙伴提出一些中肯的建议来帮助别人。对于游戏中的合作行为，我们可以引导孩子仔细观察。比如，孩子们在做什么，他们用的是什么，他们是怎么做的，他们这么做的好处有哪些。通过教师的引导，在孩子有了初步的合作意识以后，开始沟通，探讨规则，分工合作，孩子们可以建造出恐龙馆、停车场、餐厅，大型主题乐园美丽地展现在我的眼前，这就是孩子们的想法和智慧。当他们顺利合作完成游戏活动时，欣赏着自己的作品，他们常常会产生愉快的心情。这时，教师要主动为孩子巩固和强化合作精神的重要性，肯定孩子们的合作成功，并保留作品，邀请孩子们自由观赏。

场景4

忘情的"歌唱家"

今天婷婷一如既往地选择了"梦想剧场"进行分区活动，就像计划的那样，要在梦想剧场为大家演唱一首歌"Let it go"。在上台表演之前，她先径直来到"造型屋"为自己选了一件蓝色的裙子、一双紫色的高跟鞋，穿好衣服和鞋子后又为自己选了一个梅红色的发夹帽夹在自己的头上，还选了一条紫色的项链戴上，紧接着对着镜子画了眉毛、涂了口红。看她化妆认真专注的样子，真像一个专业的化妆师。化完妆后，她先跟乐乐商量："乐乐，今天我要唱歌，你能帮我伴舞吗？""可以，正好我今天要跳扇子舞。"乐乐开心地回答。得到别人肯定的回答，婷婷开心地跳起来："太好了，我们俩可以一起上台表演。"婷婷又走到主持人优优的旁边："主持人，请帮我报幕，我今天要唱一首歌'Let it go'，乐乐为我伴舞。"听到主持人报了节目后，她有模有样地走上台，不慌不忙地开始唱起来，唱的过程中还不忘翩翩起舞，唱到副歌的部分，竟然忘情地闭上眼睛，完全投入唱歌当中，好像一个专业的歌唱家。

支持策略：在前期开设表演区时，我总是认为孩子们没有足够的生活经验，就习惯性地想让孩子按照自己的意愿去表演、活动。但是孩子们从小班开始承担几次晨会后，我慢慢体会到孩子们已经逐渐有了强烈的意愿展现自己，他们会模仿主持人报幕，按照自己的意愿自编、自导、自演。于是在学期末班级老师增设了"梦想剧场"表演区。在环境上我们打造了化妆间、造型屋，提供了大量的表演服装、道具等引导幼儿互动的材料。当孩子们开始和材料互动时，他们的潜力是无穷的，不需要排练也能表演得那么流畅、真实、自然。环境的创设，体现了幼儿自主活动和学习的地位，让他们能够积极地跟同伴商量并合作表演。

场景5

升旗手

升旗手，要伴随着音乐的节奏，整齐踏步前进。但是我们总是会看到队伍的不整齐，孩子们相互之间缺乏合作意识。

支持策略：我们将孩子的动态拍成录像，和孩子一起反思。"我们可以怎样做得更好？"孩子们就开始发言，"原地踏步的时候，要互相对整齐，有一个小朋友歪了，旁边的小朋友就会跟着走歪。""行进间踏步的时候，也是一样的道理。"

在和孩子的探讨中，教师此时再次提升他们的合作意识。例如，升旗的两个孩子是最明显的合作，当主升旗手准备升旗时，副升旗手要拿好旗，准备甩旗。其他的护旗手要转身面向国旗，这些都是同步合作的。

（案例提供者：余蕾）

案例分析：幼儿的合作渗透在幼儿日常教育教学活动中的每一个环节。重视素质教育的今天，培养幼儿的合作意识，是重要的环节，它将影响幼儿是否更能适应社会，是否更能立足于激烈的竞争中。所以，幼儿时期培养幼儿的合作意识，将为幼儿未来的发展奠定良好基础。

（二）营造"关系"的组织原则

合作的前提是关系，这也是"三人行"课程的核心。在"三人行"课程一日活动的组织中，教师要遵循"关系"的建立原则，不仅要用尊重与接纳来赢得幼儿的信任与依赖，还要尽可能地帮助幼儿树立互相关心、互相帮助的意识。比如，在来离园环节，教师可以主动和幼儿有身体上的接触，抱一抱幼儿，引导幼儿和同伴之间互相拥抱，增进情感；在晨谈环节，教师可以引导幼儿关心其他没有来到幼儿园的小朋友，形成良好的班级氛围；在开展集体或者小组活动时取消排排坐的方式，而是轻松地围坐在教师周围；在穿脱衣服的环节，引导幼儿相互帮助；户外活动回来后，请幼儿相互帮助擦汗等。诸如此类的做法有很多，其核心就是利用一日活动中的各个环节营造良好的师幼互动、幼幼互动的氛围。

案 例

"野猫"的改变

成为幼儿园教师后，我们可能总会遇到一两个让我们头疼却不知道拿他们怎么办的孩子。这样的孩子不好管，还管不管呢？要怎么管？只要他不影响别人就行？下面的故事告诉我们，只要付出真心，孩子总会带给我们惊喜。

"野猫"这个名字是他给自己取的。听说他已经转过几次学，别的幼儿园都说他无可救药了，老师都不管他，只要不去招惹别人就行。转到中X班后，我也头疼一阵，不知道该怎么办？这孩子不合群，不喜欢被束缚，不喜欢老师。经常会突然不见他的踪影，因为他又跑到别处"游荡"去了。为此，我经常到操场上、行政办公室去找他，然后很勉强地带他回班。赖老师发现他很聪明，懂得跟成人谈判，有自己的爱好，喜欢玩小汽车。赖老师很欣喜，孩子有爱好就有了教育的突破口。因为赖老师认为每一个孩子都是好孩子，之所以会出现一些成人不能接纳的行为，可能是因为他们还没学会管理自己行为的方法。

赖老师打算从"野猫"的爱好入手，帮助他学会约束自己的行为，让他愿意加入集体活动。在一次集体语言活动中，所有孩子都认真参与着，只有他跑到阳台玩小汽车。赖老师走过去说："现在是集体活动时间，等自主游戏时间，你再选择玩小汽车好吗？"

"我不要，集体活动没意思。"他一口回绝了。

"要不这样，我们一人退一步，你只要坚持参与5分钟的集体活动，我就允许你来这里玩小汽车，好吗？"赖老师笑着和他协商。

他一听5分钟，感觉自己可以做到，就说："好吧。"

见他爽快地答应了，赖老师拉着他的手来到集体活动的地点。

他在集体活动中待了差不多5分钟，就又回到了阳台。

赖老师没说什么。

生活活动时间，赖老师走到他身边说："我觉得你做得很好，这次能坚持5分钟，下次一定能坚持10分钟。你这么聪明一定能办到。这样我们约好，下次集体活动时间，你先参加10分钟集体活动，再去自己玩，好吗？"

他被表扬了，很得意。一口答应了。

第二天集体活动时间，他很自觉地参与到集体活动中来。赖老师也很意外，没想到他能这么顺利地信守承诺。于是高兴地对他讲："你能说到做到，真是个好孩子！"他一听突然大哭起来，问老师："我真的是好孩子吗？"赖老师抱着他，说："是啊，你当然是好孩子了。"

就这样"野猫"没有孤独地一个人玩耍，而是和赖老师一同参加完这次集体活动。

这之后，他的变化连赖老师都觉得惊喜。他不仅愿意参加集体活动，还愿意主动帮助其他孩子。之后他的同伴关系有了改善，不仅孩子们愿意和他玩，他还交了几个不错的好朋友。对于赖老师，他总是很亲密，喜欢听赖老师的话。

慢慢地，大家都不记得"野猫"刚来园的样子了，因为他现在人缘好，愿意接受老师的建议，和父母商量着做事。

之后我问赖老师，是怎样改变这个孩子的。她说：越是看起来难以亲近的孩子，内心越渴望别人的关心、渴望别人的赞赏和尊重。作为老师，我们要相信每个孩子都是好孩子，不放弃每个孩子，跟他们建立亲密、相互信任的关系，那么这个孩子就会发生让你无法想象的变化。

实验幼儿园的老师们常说：关系大于教育。如果没有和孩子建立一个良好的师幼关系，就很难开展教育。幼儿阶段的年龄特征决定了他们的行为和认知受到情绪的影响。良好的社会关系可以帮助孩子管理好自己的情绪，或者说让他们情绪更加积极，有利于孩子表现亲社会行为，以及获得更加丰富的认知经验。

（案例提供者：郑春娟）

案例分析："野猫"是一个典型代表，这些孩子被称为"特殊"儿童，不遵守纪律，同伴关系较差，自我意识不强，教师总是对他们抱以消极评价，甚至放弃教育他们。其实他们并不是真正的"特殊"儿童，因为他们生理发育正常，只是有一些不被接纳的行为反应。这些不良行为的根源是这个孩子的社会关系不良。如果没有人帮助这个孩子建立与他人之间的亲密、信任、良好的社会关系，那么这个孩子很难获得安全感。在一个没有安全感的环境中，孩子自然就会出现一系列不良行为。赖老师愿意积极主动地与"野猫"建立亲密、信任的师幼关系，并鼓励他与同伴间的亲密关系的发展，从而让这个孩子慢慢消除对幼儿园环境的不适应感，慢慢喜欢幼儿园、喜欢自己的班级，这些都是"野猫"行为变化的动力。

（三）时间序列中的合作探究

1. 生活活动中幼儿的合作探究

（1）幼儿可以"合作探究"的内容

"三人行"课程在幼儿自主活动的基础上，倡导幼儿"合作"品质的培养，这种合作既包括师幼合作，也包括幼幼合作。

①餐点活动

通过承担值日生工作，建立为他人服务的意识及集体意识；强化用餐的时间观念；遵守用餐规则，养成用餐礼仪；在教师的帮助下了解餐点名称，感受餐饮文化。

②午休活动

按时午睡，建立稳定的作息习惯；遵守午睡规则，关注他人的需求，在午睡中不打搅他人，不给他人造成不便。

③生活整理活动

按照要求将物品收纳在指定的地方；在活动中培养互助的行为和意识。

表3-11　不同年龄班幼儿在生活活动中的"合作探究"内容

年龄班＼活动环节	餐点活动	午休活动	生活整理活动
小班	1. 不能自主进餐时能寻求教师的帮助 2. 当不能清理干净桌面时能寻求教师或其他幼儿的帮助	自己不能穿脱衣物或穿脱衣物遇到困难时，能主动寻求帮助	自己整理不好时或者不会整理时能及时向教师或同伴求助
中班	帮助其他幼儿清理桌面、收拾餐具	1. 帮助其他幼儿穿脱衣物 2. 帮助其他幼儿整理被子	1. 能帮助其他幼儿进行生活整理活动 2. 自己整理不好时或者不会整理时能及时向教师或同伴求助
大班	1. 帮助其他幼儿清理桌面、收拾餐具 2. 给其他幼儿盛饭、分饭	1. 帮助其他幼儿穿脱衣物 2. 帮助其他幼儿整理被子	1. 能帮助其他幼儿进行生活整理活动 2. 自己整理不好时或者不会整理时能及时向教师或同伴求助

（2）幼儿"合作探究"的常见问题及策略

因为生活活动多是围绕幼儿个体进行的活动，可以合作的机会比较少。为了在生活活动中发展幼儿的合作行为，"三人行"课程提供以下策略，如表3-12所示。

表3-12　幼儿在生活活动"合作探究"中的常见问题及策略

常见问题	策略
教师为幼儿准备好生活资源，幼儿只是资源的使用者	鼓励幼儿参与生活资源的准备活动，在其中融入分工合作的任务
教师不等幼儿遇到问题就主动为幼儿解决可能发生的困难	给幼儿想办法主动解决问题的机会，等待幼儿向他人提出请求
教师不允许或不提供幼儿同伴之间互动的机会	鼓励幼儿之间的互动行为，鼓励幼幼合作、相互帮助

2. 室内活动中幼儿的合作探究

（1）幼儿可以"合作探究"的内容

①个体学习活动

计划环节：遵守挂牌的时间、人数等规则，了解并牢记自己的关注日。

操作环节：遵守区域规则，按要求取放材料，在角色游戏中理解社会规则，发展人际交往技能。

整理环节：遵守规则，将玩具收纳到指定的地方。在收纳过程中互相帮助。

提升环节：遵守回顾的规则，养成安静倾听的习惯。

②小组学习活动

假设环节：在大胆猜想中与学习环境以及教师和同伴积极互动。

探索环节：在探索活动遵守规则、遇到困难时积极想办法解决问题，必要时寻求同伴和教师的帮助，与同伴共享资源，发展人际交往技能。

验证环节：除了亲身实践之外，还有同伴间的互相学习和启发，共同进步。

提升环节：专心倾听他人的见解，养成尊重事实、尊重他人的良好品质。

③团体学习活动

导入环节：在教师的引导下，明确团队目标，遵守活动的时间、人数等规则。

实施环节：商讨探究小组的活动方案，在活动中解决人际冲突、合作方式、材料分配、合作练习等各种问题，提升人际沟通、交往互动、分工合作等能力。理解并遵循相应的规则。

展示环节：遵守展示的规则，在展示中体现合作。

提升环节：遵守回顾的规则，养成安静倾听的习惯。在教师的引导下，理解活动中的社会文化、价值取向。

表3-13   不同年龄班幼儿在室内活动中"合作探究"的内容

活动环节 / 年龄班	区域学习活动	小组学习活动	团体学习活动
小班	遇到困难时能积极向同伴或教师求助	1. 能加入一个小组进行共同学习 2. 配合或支持同伴的行为	1. 能加入团体活动，并遵守团队的规则 2. 配合或支持同伴的行为
中班	1. 遇到困难时能积极向同伴或教师求助 2. 在学习活动后能积极与同伴或教师分享自己的收获等	3. 理解自己的分工，并努力完成 4. 与自己选择的合作对象进行互动 5. 尝试做一个小领导者 6. 尝试分解任务 7. 接受同伴的指导和帮助 8. 认真倾听他人的表达 9. 评价自己和他人的学习表现 10. 用自己的方式表达对他人的理解和尊重 11. 使用多种交往策略与同伴交往，如共赢、协调、退让、轮流等	3. 理解自己的分工，并努力完成 4. 与自己选择的合作对象进行互动 5. 尝试做一个小领导者 6. 尝试分解任务 7. 接受同伴的指导和帮助 8. 认真倾听他人的表达 9. 评价自己和他人的学习表现 10. 用自己的方式表达对他人的理解和尊重 11. 使用多种交往策略与同伴交往，如共赢、协调、退让、轮流等
大班	1. 遇到困难时能积极向同伴或教师求助 2. 在学习活动后能积极与同伴或教师分享自己的收获等		12. 为达成团队的共同目标而努力

（2）幼儿"合作探究"的常见问题及策略

在课程实践的室内活动组织中，有很多情况会阻碍幼儿合作行为的出现，常见问题及策略如表3-14所示。

表3-14　幼儿在室内活动"合作探究"中的常见问题及策略

常见问题	策略
在室内活动中，幼儿更多地被引导进行师幼互动，却较少获得同伴互动的引导	教师在课程设置中将合作学习作为目标之一，为幼儿创设合作学习的机会
幼儿在室内活动中练习合作技能的机会较少，如在学习活动中不存在合作行为，幼儿之间的互动仅限于相互争执，而且这种争执也很快被教师用自己的方式解决	1. 教师在活动组织过程中给幼儿提供足够的练习合作技能的机会，不随意打断幼儿之间的互动 2. 教师多用协商等平等合作的方式与幼儿互动
幼儿发生的模仿学习较多，合作学习机会较少	教师鼓励幼儿之间的互动

3．户外活动中幼儿的合作探究

（1）幼儿可以"合作探究"的内容

在早操环节，幼儿在教师的榜样示范下，精神饱满、动作到位；在体能训练中，幼儿需进行多种队形队列的变化，合作开展各种体能活动；在集体性操节练习中，幼儿需遵守体能活动的集体规则，养成集体主义观念。

表3-15　不同年龄班幼儿在户外活动中"合作探究"的内容

活动环节 年龄班	晨练活动	户外活动	下午操活动
小班	遇到问题时能主动向同伴或教师求助	在合作游戏中表现合作行为，如手球等集体类活动	遇到问题时能主动向同伴或教师求助
中班	1. 遇到问题时能主动向同伴或教师求助 2. 当同伴遇到问题时能积极主动地帮助	1. 在合作游戏中表现合作行为，如跳大绳、手球等集体类活动 2. 与同伴及教师合作分工完成运动器械的准备 3. 与同伴及教师合作分工完成器械的收拾及整理	1. 遇到问题时能主动向同伴或教师求助 2. 当同伴遇到问题时能积极主动地帮助
大班	1. 遇到问题时能主动向同伴或教师求助 2. 当同伴遇到问题时能积极主动地帮助 3. 能在教师帮助下领跑	1. 在合作游戏中表现合作行为，如跳大绳、手球等集体类活动 2. 与同伴合作分工完成运动器械的准备 3. 与同伴合作分工完成器械的收拾及整理	1. 遇到问题时能主动向同伴或教师求助 2. 当同伴遇到问题时能积极主动地帮助 3. 能在教师帮助下领操

（2）幼儿"合作探究"的常见问题及策略

幼儿户外活动多是以幼儿身体锻炼为核心目标来设计和组织的，这很容易忽视"合作"的价值。比如，进行一些以走、跑、跳、钻、爬等基本动作练习为主的体育训练活动，很少强调运动中的合作行为。与此类似的问题及策略如表3-16所示。

表3-16　幼儿在户外活动"合作探究"中的常见问题及策略

常见问题	策略
幼儿与体育器械之间的互动较多，与同伴之间的互动和合作不被关注	在户外活动中，教师鼓励幼儿与同伴间的互动和合作行为
幼儿只是资源的使用者，没有准备活动资源的机会	幼儿参与运动资源的准备工作
幼儿没有参与收拾整理工作的机会	幼儿参与运动后器械的收拾与整理工作
幼儿参与的探究多适合独自运动，没有参与合作游戏的机会	教师不仅设计适合幼儿独自进行的运动探究，更加注重幼儿合作开展的运动探究

4. 过渡活动中幼儿的合作探究

（1）幼儿可以"合作探究"的内容

①来园活动

入园时：幼儿主动向门口值班教师、小公关、爱心家长友好地鞠躬问好。在全园教师热情、饱满的情绪感染下，幼儿以甜美的微笑与每个遇到的老师、同伴打招呼，共同营造欢迎的文化氛围。

晨检时：幼儿在轻松的氛围中接受园医健康检查，自然呈现自己的情绪与身体状态，以备园医进行观察、了解、记录。

②餐前活动

良好的师生关系和亲密的同伴关系能促进幼儿沟通交流。幼儿可以在民主、友爱的氛围中无压力、无拘束，自然"有话敢说"。

幼儿在教师的耐心倾听中，大胆表达自我；幼儿在教师的支持鼓励下，大胆进行各种探究学习；幼儿在教师真诚平等的交流氛围中，与教师合作学习。

幼儿通过同伴间的相互学习、教师的规范语言等，掌握表述和对话互动的技巧，不断提高语言运用能力。

③离园活动

幼儿主动与教师、同伴道别，并对需要感谢的人说感谢的话语，养成礼貌意识，加深与周围人的友爱关系。幼儿自主检查自己的书包、衣物等物件，养成做事有始有终的习惯。

表3-17　不同年龄班幼儿在过渡活动中"合作探究"的内容

年龄班 ＼ 活动环节	餐前活动	来离园活动
小班	1. 与同伴共同游戏 2. 帮助同伴解决生活问题或者寻求同伴的帮助 3. 与自己选择的合作对象进行互动 4. 认真倾听他人的表达 5. 用自己的方式表达对他人的理解和尊重	
中班	1. 与同伴共同游戏 2. 帮助同伴解决生活问题或者寻求同伴的帮助 3. 与自己选择的合作对象进行互动 4. 认真倾听他人的表达 5. 用自己的方式表达对他人的理解和尊重 6. 使用基本的交往策略与同伴交往	
大班	1. 与同伴共同游戏 2. 配合或支持同伴的行为 3. 与自己选择的合作对象进行互动 4. 认真倾听他人的表达 5. 用自己的方式表达对他人的理解和尊重 6. 使用多种交往策略与同伴交往，如共赢、协调、退让、轮流等	

（2）幼儿"合作探究"的常见问题及策略

在过渡活动中，阻碍幼儿合作行为的常见问题及策略如表3-18所示。

表3-18　幼儿在过渡活动"合作探究"中的常见问题及策略

常见问题	策略
幼儿缺乏与同伴互动的机会	教师创设轻松的过渡环境，为幼儿间的互动行为提供机会

第二节　儿童成长的环境资源

一、环境资源的价值

朱家雄将幼儿园环境界定为："幼儿本身以外的，影响幼儿或者受幼儿发展所影响的幼儿园中的一切外部条件和事件。"[1] 也就是指幼儿身心发展所必须具备的一切物理环境和心理社会环境的总和。

在人的发展过程中，环境起着非常重要的作用。环境对幼儿的学习与发展更是有着非常重要的意义，因为幼儿的大部分学习活动是通过环境而产生潜移默化的影响的。幼儿是有能力的学习者，他们的学习不是靠教师的灌输，而是通过与环境的互动不断发生和深化的。

意大利著名的瑞吉欧教育体系强调，"环境是重要的'第三位'老师"。环境在促进儿童认知、情感方面都有着十分重要的作用。[2]

"三人行"课程也十分强调环境的重要性。我们认为幼儿学习的主要方法是自主探究和合作探究。自主探究实质上是幼儿进行自主建构学习的方式，是通过幼儿亲身体验、直接感知和动手操作的方式进行的。幼儿阶段需要丰富的感官体验来促进其思维与认知的发展，这就需要为幼儿提供丰富的精神和物质环境。合作探究实质上是一种社会建构的过程。幼儿在成长过程中逐步从一个自然人转化为社会人，需要在交往中逐步完成社会化。幼儿的合作探究更多地倾向于建立关系，并通过这种关系与他人一起学习。《3—6岁儿童学习与发展指南》提出，幼儿的社会性主要是在日常生活和游戏中通过观察和模仿潜移默化地发展起来的，成人应注重自己言行的榜样作用，避免简单生硬的说教。因此，幼儿园营造的平等、尊重、沟通和合作的氛围能够帮助幼儿形成归属感，感受自己被接纳。同时，在潜移默化和健康积极的人际关系中让幼儿获得安全感和信任感，建立良好的亲子、师生、同伴关系。

基于"三人行"的课程理念，深圳实验幼儿园的课程实践处处体现出深厚的课程文化底蕴、以幼儿为本的环境设置以及师幼合作交流的和谐状态。实验幼儿园秉承着"种下一生幸福的种子"的办学理念，为儿童提供了一个能够健康成长、快乐生活的幸福场所。幼儿园的环境是"第三位老师"，是"三人行"课程实施的重要场所。每一个细节的精心设置，每一个角落的细心安排，都能够反映出幼儿园在实践"三人行"课程的过程中，对幼儿主体地位的思考，对教师支持作用的认可，对家长积极参与课程的肯定。

1　朱家雄：《幼儿园课程》，133~140页，上海，华东师范大学出版社，2003。
2　[美] 卡罗琳·爱德华兹等：《儿童的一百种语言》，尹坚勤等译，303~304页，南京，南京师范大学出版社，2014。

二、环境资源与儿童的自主探究

（一）尊重儿童的主体地位

在"三人行"课程理念下，我们重视儿童自主学习的能力和态度，强调为儿童构建一个安全、和谐、快乐的成长环境。我们在构建和谐环境的过程中，幼儿不是被动的接受者，而是环境的主人。支持幼儿的自主探究，首先应该尊重幼儿在幼儿园中的主体地位，尊重幼儿的自主选择，尊重幼儿自己的事情自己做的需求。

1. 园所环境

园所环境是教师和家长为幼儿共同营造的环境基础。首先，尊重幼儿的主体地位在园所环境中可以体现在为幼儿提供安全、相对完善的活动场域。幼儿园整体环境活泼、温馨，自然、真实，适应幼儿的年龄需要和特点。其次，尊重幼儿的主体地位还体现在为幼儿明确幼儿园生活的规则、给幼儿以选择权、提高幼儿自我服务的意识等。

（1）为幼儿提供一个安全、温馨、完善的活动场所

图3-18　侨香部　　　　　　　　　　　　　　图3-19　百花部

幼儿园整体环境的设置是安全的、温馨的、丰富的，为幼儿开展自主探究提供了保障。幼儿园配备了丰富的活动室，为幼儿展开多种探索提供了可以选择的场所。幼儿园户外活动的大型玩具区满足了幼儿进行户外游戏活动和户外锻炼的基本需求。

（2）为幼儿提供选择权

各类体育器械、玩具摆放整齐有序。幼儿可以自由地选择玩具，晨练结束之后可以与其他幼儿一起将玩具送回。

幼儿园门口的晨练活动指引方便幼儿早上来园后根据提示找到自己班级的活动场地。可以随意替换的精心设置，让幼儿可以体验不同场地的精彩活动。

图3-20　叮当绘本馆

图3-21　陶艺室

图3-22　美术室

图3-23　户外活动区

图3-24　丰富的户外活动材料

图3-25　户外运动场地指示

（3）为幼儿自我服务提供支持

幼儿每天户外活动的运动量很大，需要在运动后更换汗湿的衣物。把衣服晾晒到走廊上，可以让汗湿的衣服尽快风干。有些教室外没有晾衣架，就在走廊上加上了夹子。这样既节省空间，又方便幼儿操作。

每个班级都配有贴好幼儿名字的书包柜，幼儿每天独立地走进幼儿园，找到贴着自己名字的书包柜，放好书包，这样的设置方便幼儿存取物品，提高幼儿的独立性。

图3-26　晾衣架　　　　　　　　　图3-27　贴好名字的书包柜

（4）体现幼儿的主体地位

榜样的作用是巨大的。以幼儿为主角的文明礼仪示范起到了良好的示范作用。

记录幼儿在活动中开心的笑脸，处处体现着幼儿是幼儿园的主人。

2. 班级环境

班级作为幼儿学习、生活的主要场所，其环境的创设对幼儿更是有着非常重大的意义。

（1）为幼儿提供一个安全、温馨、相对完善的活动场所

班级内部根据幼儿的年龄特点和各班开展的活动打造温馨的、富有创意与特色的班级环境，让幼儿在班级中有安全感与归属感，开启想象与创意。

图3-28　幼儿文明礼仪示范

图3-29　幼儿活动的照片　　　　　图3-30　班级环境一隅

（2）为幼儿提供选择权

每个班的计划板都标明了班级中的各个区域以及各个区域能够进入的人数，幼儿自己决策想要进入的区域，这样不仅将自主的权利给了幼儿，还能够让幼儿提前计划。

班级区域环境是幼儿自主探究的主要场域，在设计幼儿的活动区域时要着眼于环境的教育性，让幼儿在活动区域内得到学习和发展。班级活动区域的设置结合了幼儿的兴趣，内容丰富、可供选择。

区域材料对应的都有自己的"家"，方便幼儿自主选择自己想要操作的材料。

（3）为幼儿的自我服务提供支持

班级有明确的各类流程图，指导幼儿的自我服务，如一日活动流程图、七部洗手法流程图、起床流程图等。

班级有着共同制定的班级规则，有一部分是由幼儿绘画制作出来的。在有规则的环境中，幼儿能够做到更好的自我管理。

图3-31　班级计划板

图3-32　活动区角

图3-33　方便选择的区域材料

图3-34　起床流程图

图3-35　共同制定的班级规则　　　　　　图3-36　明确的区域规则

区域活动是幼儿最喜爱的自主深入游戏活动。自由、自主是建立在一定的规则之上的，为了保证各个区域的秩序，每个区域都有明确的区域规则。

提高幼儿的自我服务意识需要从一些小细节做起，班级中记录喝水多少的设计让幼儿将喝水这件事情变成生活中的乐趣，提高自我服务的意识。

（4）体现幼儿的主体地位

幼儿是幼儿园的主人，更是各个班级的小主人。幼儿的作品和活动的照片可以布置在班级环境中，幼儿也可以是班级环境创设的共同参与者。

在班级中，每个幼儿都有一份"幸福档案"，档案中有幼儿自己的作品和教师为他们撰写的学习故事。幼儿可以自由地翻看自己的档案。班级还为幼儿配置了资料柜，便于他们收纳自己的作品。

幼儿作为班级的主人，可以参与班级的管理，在做好自我服务的同时，做一些力所能及的事情。可变化的设计保证了幼儿的自主选择。

图3-37　记录自己喝了多少水　　　　　　图3-38　幼儿的作品作为装饰

图3-39　幼儿档案

图3-40　小小管理员

（二）环境探究性强

环境可以支持幼儿的自主探究，要从幼儿出发，为幼儿创设适合其积极探索的环境。在尊重幼儿主体性的基础上，幼儿园园所、班级环境的设计还要给予幼儿充足的可探究的材料。为幼儿提供一个可以展开观察、尝试操作的真实环境。在这样一个接近自然、真实的环境中，幼儿园的植物、沙土、石头都可以成为幼儿探索与发现的材料。在班级中，幼儿的自主探索主要依靠不同的学习区域展开。因此，区域中材料的投放应关注幼儿的年龄特点及兴趣，保证幼儿的持续探索和游戏。

1. 园所环境

（1）环境资源丰富

一个可以探索的环境应该接近自然。亲近自然，可以让幼儿到自然界去寻觅、探索和发现，在体验中获得新的知识。环境设置的过程也强调为幼儿提供和大自然亲密接触的探索资源。

沙子对幼儿似乎有着独特的吸引力，投放适当的工具，幼儿可以在沙池中体验造型、分装沙子的乐趣。

种植园地是幼儿观察、体验植物生长的地方。一粒种子从发芽到开花，甚至结出果实，都是幼儿观察的好素材。与种植区匹配的各种工具，为幼儿体验种植的乐趣提供了保障。

图3-41　幼儿园小池塘

图3-42　幼儿园生态环境

图3-43　幼儿园沙池

图3-44　植物角

（2）环境不是一成不变的

幼儿园的环境会随着幼儿的活动而产生变化。在不同的节庆氛围中，幼儿园会呈现出不同的环境布置。这样的变化为幼儿的探究和发现提供了更多的素材。更重要的是，环境要随着幼儿的探索与兴趣变化。

2. 班级环境

（1）环境资源丰富

班级按不同年龄阶段幼儿的特点划分成了不同的学习区域。例如，小班幼儿刚入园，需要一段时间适应幼儿园的生活。在这一阶段，区域的设置可以关注提升幼儿自我服务意识和能力。游戏内容以低结构游戏为主，可设置多个娃娃家，满足幼儿对家庭情境的情感依赖和扮演需要；另外，玩水、玩沙必不可少，还可设置汽车区，激发男孩子浓厚的兴趣。中班幼儿的同伴交往需求也迅速增长，是创造性游戏发展的高峰期。因此，中班可以在阅读、益智等常规区域之外，增设多个角色主题区，如餐厅、超市、医院、消防大队、美发廊、美甲店、花店、洗车店、茶艺室、书店、图书馆等，可以使幼儿在游戏中增进交往。大班幼儿对周围世界表现出更加积极的求知欲，爱学、好问，合作意识、规则意识逐渐增强，阅读兴趣显著提高，创造欲望比较强烈，可以多设置一些规则游戏区、科学实验区、语言区等。当然，在区域的设置上，

图3-45　儿童节时幼儿园园所环境

图3-46　国庆节时幼儿园园所环境

教师不仅要关注幼儿的年龄特点，还需要关注本班幼儿的特点和兴趣。因此，在区域的设置上，不同的班级会有所不同。

在不同的区域中也会有不同种类的材料投放。表3-19列举了不同区域所投放的不同种类的材料。

表3-19　区域与材料投放一览表

区域	材料分类	材料投放
语言区	书籍类	故事类、儿歌童谣类、动植物类、科学类、百科类图书（购买为主，也可自制）
	书写类	纸和笔、供书写用的桌子等
	卡片类	图片卡、儿歌卡、字卡、接龙卡片
	听、录类	让幼儿听的录音机（最好可接配多个耳机并能给幼儿提供自己录音的机会）、儿歌类、故事类磁带等
	指偶、头饰类	故事手偶和偶台、绒布板和故事角色或情景的图片
数学区	数、计数	多功能数字插板、数字印章、扑克牌、纽扣、围棋子、圆形片叠叠高等。
	数的运算	数字与实物对应卡片、点子卡条、方向标记卡、筛子、数字符号印章
	空间与几何图形	动物迷宫、七巧板、几何拼板、形状套板、立体积木组合、雪花片、管道插塑、橡皮筋造型、彩色金色塔、魔方、玩具时钟等。
	分类配对、排序	分类盒、螺丝与螺母、拼图板、套娃、套五角星、串珠、纽扣、彩珠迷宫、顺序图卡等
	等分、接龙	塑料接龙板、图形接龙、插桩板接龙棒、水果切切看等
	测量与计量	天平、尺子、量杯、儿童算盘
科学区	观察	各类标本、模具、人体器官模型、地球仪、日历、时钟、地图拼图、放大镜、万花筒
	操作	锁、打气筒、气球、指南针、蜡烛、磁铁、手电筒
	种植	各式铲子、花盆、浇水壶、剪刀、花架、种子、泥土
美工区	画	各类笔（水彩笔、油画棒、颜料、毛笔、排笔、油性笔、铅笔等）；不同规格、质地和颜色的纸张：白纸、彩色光纸、包装纸、各色卡纸（硬板纸）等
	写	铅笔、水彩笔、白纸等
	粘贴	胶水、糨糊、双面胶、透明胶、豆子、果壳、毛线、棉签、纸杯、空纸盒等
	剪裁	花边剪刀、普通剪刀、裁纸用的工具、可以剪的东西（画有线条、图形等的纸条、图片）等
	装订	装订机、打孔机、穿孔的绳子、铆钉等
	印制、泥工、编织	儿童用印章、印泥、编织工具、橡皮泥

续表

区域	材料分类	材料投放
建构区	各类积木	空心大积木、中型积木、硬纸板积木、小型积木、插塑积木、自制积木等
	辅助材料	各种交通工具模型、人物模型、动物模型、植物模型、地毯或软垫等
角色区	通用类	幼儿喜欢的公仔、迷你家具、玩过家的模型，旧的真实锅、电饭煲等
	专用类	超市类物品材料、医院类物品材料、邮局类物品材料、理发类物品材料等

这些材料投放为幼儿的探究提供了保障，让幼儿在区域中可以与材料产生互动，通过直接感知、动手操作、亲身体验来进行学习。

（2）环境不是一成不变的

和整体的园所环境一样，班级的环境也不是一成不变的。班级的环境会随着不同的节庆活动产生变化。同时也会随着各班的探索活动发生变化。比如，在班级中会根据幼儿学习的进度呈现探究的展板，也会根据幼儿探索的需要，增加支持幼儿进一步探索的材料。

在班级中，常常会有探究探索的展板，让幼儿可以随时查看、讨论探索学习的进程。

班级环境设置为幼儿展开深入探究学习提供了可能，教师根据幼儿的兴趣和需要增加符合探索主题的材料，使幼儿对探索活动保持持续的兴趣。

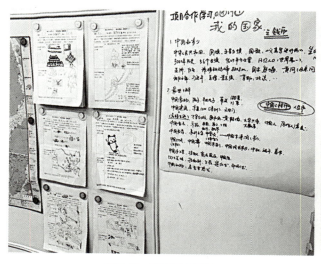

图3-47　班级探究展板

图3-48　不同探究的班级环境布置

三、环境资源与儿童的合作探究

（一）平等、尊重的精神环境

合作探究的基础是接纳。儿童成长的环境是多元的，并且带有文化的烙印。营造平等、尊重的精神环境是展开合作的基础。平等、尊重的精神环境的建立体现在幼儿、教师、家长都是构建这种精神文化环境的主人。

1. 幼儿作为构建精神文化环境的主人

幼儿是构建精神文化环境的主人之一。从幼儿早上入园开始，他作为小公关、小交警迎接其他幼儿入园，展开美好一天的幼儿园生活，协助教师和家长一起维护幼儿园的秩序，向早上来园的幼儿和老师们问好，形成了良好的礼貌习惯。习惯的培养不是一蹴而就的，包含着长期隐形环境的教育以及幼儿自己内化和吸收的过程。

早上的活动从早操开始，幼儿通过指引找到自己的位置，在活力满满的音乐和清晨的阳光中开启了一天有序、快乐的生活。早操也是文化环境的一部分，并且是由幼儿作为主人的。他们精神抖擞地展示着早操，展示着实验幼儿的阳光一面。

2. 教师作为构建精神文化环境的主人

教师同样也是幼儿园精神文化环境建设的主人。教师体现出的包容、耐心、等待等特点为幼儿园营造出一种平等、尊重的环境。在"三人行"课程理念下，教师和幼儿不是自上而下的关系，而是一种平等、尊重的关系。教师蹲下与幼儿交流，能够让幼儿感受到教师对自己的尊重。我们强调和幼儿做朋友，用心去深入地了解幼儿，而不是当他们犯错或者做事拖沓的时候一味地指责他们。

3. 家长作为构建精神文化环境的主人

家长作为参与幼儿园教育的重要组成部分，他们也是构建幼儿园精神文化环境的

图3-49　小公关

图3-50　小交警

图3-51　早操活动

重要组成部分。"三人行"课程是幼儿、教师、家长的共同发展和成长的课程。定期举办的家长学校，让家长们充满了对深入认识幼儿、了解自己的孩子、学习育儿经验的热情。只有认识幼儿，不断地提升对幼儿的理解和认识，跟随幼儿成长的步伐，才能够更好地参与到幼儿教育行列之中。幼儿园精神文化环境绝不是孤立的，它与社会文化、背景等密切相关。家长的素质和见识也是构建幼儿园精神文化环境的重要部分。幼儿园开展的家长助教活动，为家园联系提供了桥梁。家长参与班级之中，深入了解教师一天的生活和工作，使家长更理解和尊重幼儿教师，为家园合作提供了情感基础。

　　家长以爱心护卫队的形式参与幼儿园精神建设。家长被纳入课程，与幼儿和教师一起践行"三人行"理念。幼儿来园不仅能感受到教师的问候，还有同伴和其他叔叔阿姨的问候，从而在一个接纳的环境中体验平等和尊重。

图3-52　家长爱心护卫队

（二）沟通、合作的文化氛围

　　支持幼儿的合作探究，是从幼儿园这样一个富于多种关系的社会场域说起的。幼儿园场域是幼儿园中各种各样的关系网络、系统或共同体。置身其中的行动者（幼儿、家长、教师、管理者、后勤人员）各司其职。良好的沟通是展开合作的前提条件。幼儿成长的过程，也是一个从自然人成长为社会人的过程。在这个过程中，幼儿会与不同的人产生关系。学会沟通与合作也是重要的内容。在幼儿成长和发展的过程中，

图3-53　墙面上的师幼合影

图3-54　教师办公室

我们为幼儿提供了这样的环境，让幼儿教育的合作者参与到教育中来，让幼儿学会合作，适应合作。

在幼儿园楼梯的墙面上记录了实验幼儿园每一位教师的"爱之语"，教师与幼儿的合影诉说着良好的师幼关系，这种相互信任和友爱的关系是展开沟通与合作的前提。同时，也说明了教师是幼儿成长中重要的支持者与合作者。

教师办公室是教师准备活动、沟通、交流集会的场所。教师营造出良好的办公室交流和沟通的氛围。教师之间的沟通、合作能够为幼儿树立良好的榜样，引导幼儿积极地展开沟通和对话。

班级宣传栏通常分为几个重要的板块，如班级周计划、疾病防控、班级教师介绍等。设置宣传栏的目的是教师能够与家长展开有效的沟通与交流，让家长能够及时了解幼儿在园的活动状态，并了解可以提供哪些支持和配合。班级宣传栏上还有本班教师的合影，体现着班级文化的建设。班级教师齐心协力，相互合作，为共同的目标而努力。这样的一个宣传栏，为沟通创建了良好的平台，也体现了教师合作、共赢的意识。

图3-55 班级宣传栏

家长是幼儿园课程的合作伙伴，楼梯上有各种各样家长社团活动的照片。家长社团是深圳实验幼儿园家长参与幼儿园课程实践的一种创新的形式。家长社团的参与让家园之间的联系更加的密切，家园合作共育的氛围更加浓厚。

家长之家是家长进行活动、会议的主要场所，充分体现了家长是我们重要的合作伙伴，是幼儿成长最好的陪伴者和支持者。

图3-56 故事妈妈绘本剧专场

图3-57 家长之家

第三节　儿童成长的成人支持

一、成人支持的价值

随着我国教育改革事业的不断推进，幼儿教育观念的不断革新，我们越来越重视以幼儿为本。但是，在对"以幼儿为本"这一理念的认识上还存在着一定的误区。以幼儿为本不是单纯的只考虑幼儿，应该正视成人在幼儿学习与发展中的角色与作用。

幼儿是与成人平等的社会成员，这是以幼儿为本的基本观点。但是，幼儿尚处于发育阶段，需要成人给予保护和一定程度的照顾。幼儿是有能力的学习者，但是幼儿的学习与发展也离不开成人的支持与引导。与幼儿学习和生活最为密切的成人是教师和家长。

《国家中长期教育改革和发展规划纲要（2010—2020年）》明确指出："教育大计，教师为本。"有好的教师才能有好的教育。那么，什么样的教师可以被称为好的教师呢？基于《幼儿园教师专业标准（试行）》，我们认为一个好的教师需要有正确的价值观、教育观，还需要有终身学习的能力。当然，好教师还需要有良好的专业素养。在实验幼儿园，专业素养体现在教师都是有效的教师，即有准备的教师。有准备的教师是幼儿成长过程中的支架，支持着幼儿的学习与发展。

《幼儿园教育指导纲要（试行）》指出，教师应成为幼儿学习活动的支持者、合作者、引导者。教师作为幼儿学习活动的支持者，应该为幼儿搭建平台，提供机会，给他们创设一种充满尊重与支持的环境，让幼儿喜欢在这样的环境下摆弄、操作玩具，主动地进行探究。

教师是幼儿的合作者，教师和幼儿是共同商量、解决问题的，类似于一种同伴关系，他们一起参与活动。合作者包含了一种平等的含义。也就是说，教师和幼儿是平等的。只有关系平等，才能去合作。 教师只有参与到幼儿的活动中去，融入幼儿的群体，尊重幼儿的个性，为他们营造一种宽松的活动氛围，努力创设一个幼儿可以和同伴、教师平等自由交往的环境，才能让幼儿喜欢学习、会学习。教师对幼儿还会产生潜移默化的影响，一方面让幼儿感受到什么是民主、平等、公正的人际关系，另一方面又为幼儿营造一种积极、安全的氛围。

教师在介入幼儿自主游戏时，提出一些可以帮助幼儿思考的问题，给出一些引导性的提示。同时，教师要给予幼儿一些正面的示范。在这样的角色下，教师可以加深幼儿自主探究的深度，拓展合作探究的广度。在教育活动中，作为支持者的教师在为幼儿的学习提供脚手架、为他们的成长创设良好的环境、支持他们成长过程中的各种尝试的同时，也与幼儿进行合作。合作既是支持的方式和手段，它本身也体现着一种支持。支持和合作都体现着教育的意图，实现着教育对幼儿的直接或间接的引导。

教师鼓舞幼儿"士气"，帮助幼儿克服困难并在关键时刻给予有力支持。教师秉持着以幼儿为主体的教育观念，可以帮助幼儿在学习中养成探究的习惯，品尝成功的喜悦，享受创造的快乐。

在幼儿成长的一日活动中，成人角色不仅仅只有教师，家长也是幼儿成长过程中的重要角色。家长是幼儿活动的参与者和合作者。家长参与幼儿的活动，与幼儿共同合作进行探索活动，不仅可以建立良好的亲子关系，也可以让幼儿感受到来自父母的关心和爱，体验与不同人合作学习的快乐。

二、成人支持与儿童的自主探究

成人是儿童学习的支持者，成人的支持可以帮助儿童进行更加深入的自主探究。既然成人的支持有这样的作用，那么具体在一日活动中教师可以如何操作呢？"三人行"课程以幼儿为主体，相信幼儿是有能力的学习者，这样的教育观就决定了我们在开展教育活动时，不是简单地给予，而是基于对幼儿的观察和了解。因此，开展教育活动前，首先要观察幼儿的表现和行为，再对自己观察到的现象进行分析，进而制定支持幼儿的策略，最后实施策略。在教育活动中，教师的支持行为是在观察—分析—决策—实施四个环节中循环往复的。这样的循环可以帮助教师准备和调整为幼儿准备的材料，也可以帮助教师有效地介入。

（一）成人的观察与分析

成人的支持应该以观察为基础。那么，如何观察幼儿的活动并对之进行分析、决策和实施呢？

案　例

小班角色游戏区的观察与反思

1. 初始环境

娃娃家。

2. 环境创设

娃娃家设在阳台上，与积木区用柜子隔开。卧室有床、被子各一件，娃娃一个；小客厅有方桌、凳子等；厨房有电饭锅、炉灶组合、橱柜（用筐分类摆着杯子、锅、碗、勺子、布料做的点心、各种水果和蔬菜的塑料模型等）；空间布置是用地板胶铺着地面，墙面周围挂着围兜、钥匙，贴着认知图片、照片等。

　　3. 幼儿行为记录

　　楠楠拿着电饭锅，不停地把包子往锅里塞。宸宸把地上的包子和蔬菜扔进垃圾箱里。延延手里拿着两个瓶子，楠楠想要瓶子便伸手去抢。延延就是不肯给楠楠一个，教师引导之后才给了楠楠一个瓶子。

　　孩子对娃娃家的材料充满好奇，兴趣十足，孩子自己玩着自己的，没有进入情景中游戏。做分区计划时，许多孩子都很想去娃娃家玩，没玩到很失望。娃娃家门口总有几个孩子张望着，看有没有空位。

　　4. 幼儿行为分析

　　小班的幼儿与同伴的交往缺乏经验，对游戏环境还不够熟悉，不知道如何和同伴互动游戏。

　　幼儿对教师提供的材料比较感兴趣，但材料多而杂，容易使幼儿注意力分散，无从下手。

　　幼儿对厨房十分感兴趣，但缺乏生活经验。例如，将食物扔进垃圾桶里或摆满地。

　　只有一个娃娃家不能满足幼儿的需求。

　　5. 教师分析与决策实施

　　教师可充当某一角色介入游戏情景，和幼儿一起玩，既可以了解幼儿所需，也可以和幼儿进一步交流沟通。自然地丰富幼儿的相关生活经验。例如，吃不完的食物可放进冰箱，让它保鲜；不浪费食物；物品放桌上，不扔在地上等。

　　教师对各种材料进行分类整理，并减少部分材料，拍了照片，通过投影仪，让幼儿看，学习娃娃家的材料如何收拾和摆放。培养幼儿的好习惯。

　　在卧室里移动了床的方位，开辟了一块空间，增设了2个娃娃家。阳台为1号娃娃家，卧室里有2号娃娃家和3号娃娃家。

（案例提供者：陈兰芳）

　　案例分析： 在这个案例中，教师记录下了幼儿在角色区的活动。教师观察的目的是验证角色区设置是否合理，材料的投放是否需要改进。教师根据蔬菜扔进垃圾箱这样行为的分析发现，幼儿虽然对小厨房很有兴趣，但是可能因为经验的缺乏，不能在小厨房中运用自己的经验解决问题。那么教师可以有怎样的作用呢？对于小班的幼儿而言，教师可以作为参与者，参与幼儿的游戏，通过有效的提问和引导的方式，帮助幼儿丰富相关的经验。通过这样一个案例，我们可以看出，教师对幼儿活动的支持是始于观察的，观察后还对幼儿的行为进行了分析，着重分析了幼儿的兴趣和区域设置中可能存在的不足。根据这样的分析与幼儿一起投入新的学习过程，帮助幼儿丰富相关经验，推进游戏向更加深入的方向发展。

（二）成人有效介入幼儿的自主探究

　　教师对幼儿的支持不仅体现在观察幼儿活动、为幼儿提供适宜的材料上，还体现在与幼儿展开有效的互动、为幼儿的思维提供支架、支持幼儿在自主探究中进行深入思考。

案　例

好玩的听诊器

　　分区活动时间，小班幼儿莹莹和明明选择了角色扮演区。莹莹穿上一件白色的衣服说自己是护士；明明穿上了一件白色的衣服说自己是医生。他们还将一个玩具娃娃放在小床上，说这是病人。

　　当明明正在忙碌着给"病人"配药时，莹莹在"药箱"里发现了一个好玩的东西——听诊器。这是一个真正的听诊器。莹莹兴奋地戴上想听听有什么动静，然而又想起听诊器应该是医生用的，就对老师说："我也好想听一听。"

　　老师微笑地看着她。她继续问："他（明明）听还是我听呢？我听一听吧。"

　　她边听边对同伴大笑着说："好搞笑。"明明好奇地看了她一眼，就继续摆弄自己的事情了。

　　老师问："你想听谁呢？"

　　莹莹笑着说："想听夏老师。"

　　于是夏老师蹲下来，让莹莹可以用听诊器听到自己，并拉着她的手，将听诊器放在心脏的位置。

　　莹莹认真听了一会儿，老师问："听到了吗？"莹莹笑着点点头。

　　老师继续问："听到了什么？"莹莹说："扑通。"

图3-58　莹莹听老师的心跳　　　图3-59　莹莹听自己的心跳　　　图3-60　莹莹听玩具宝宝的心跳

老师也笑着回应道"扑通"。莹莹开心地大笑起来。

老师说："那也来听听你自己吧。"

老师将莹莹拿听诊器的手放在莹莹的心跳处。莹莹认真听着。

"跟我是不是一样的？"老师问。莹莹笑着点点头。

"是一样的？"老师说。莹莹又点点头。

"谁的快一些？"老师问。

莹莹说："我的快，比你的快。"

老师说："你的快一些啊。"莹莹点点头。

老师说："再听听宝宝的。"

莹莹戴上听诊器，一头放在"玩具娃娃"身上，认真地听了一会儿，摘下来对老师说："宝宝没声音，宝宝没声音。"

老师问："宝宝为什么没有声音？"

莹莹笑着回答："因为她是假的。"老师听了也笑了。

（案例提供者：邓腊梅）

案例分析：在这样一个过程中，我们看到了良好的师幼互动。通过这种平等的沟通和交流，教师为幼儿的自主探索提供了支架，使幼儿的探索更加深入。在整个过程中，教师并没有直接告诉幼儿答案，而是通过提问的方式来引导幼儿的思考。这样的对话方式是能够引导幼儿思考的有效提问和对话。在活动中，教师的介入也需要遵循观察—分析—决策—实施四个步骤。教师先观察幼儿在游戏活动中的兴趣或者问题，分析幼儿下一阶段可能的兴趣，或者可以采用的一些解决方式，并做出决策，通过提问、引导等方式支持幼儿进一步思考，进而解决问题或者将游戏的探索更加深入化。

三、成人支持与儿童的合作探究

成人的支持不仅可以为儿童的自主探究提供良好的探索环境和支架作用，还可以帮助幼儿开展合作探究。《3—6岁儿童学习与发展指南》提出，幼儿在与成人和同伴交往的过程中，可以学习如何与人友好相处，也可以学习如何看待自己、对待他人，这是幼儿展开合作的基础。幼儿社会性的学习主要是在日常生活和游戏中通过观察和模仿潜移默化地发展起来的。因此，教师可以时刻引导幼儿的交往、分享与合作。例如，当幼儿不知道如何加入同伴游戏，或提出请求不被接受时，教师可以适当地给予一些策略的支持；当幼儿与同伴发生矛盾或冲突时，指导幼儿尝试用协商、交换、轮流、合作等方式解决冲突；教师还可以多为幼儿提供需要大家齐心协力才能完成的活动。

　　教师除了通过支持幼儿同伴之间的交往、为幼儿提供需要相互合作完成的探索和游戏之外，还是幼儿重要的合作者，与幼儿共同展开探索。同时，教师还可以拓展幼儿合作的范围。比如，鼓励幼儿与家长共同探索解决问题，为幼儿拓展社区中的资源，协助共同解决问题等，使幼儿获得多元的合作者。

（一）成人引导合作行为

　　成人支持幼儿的合作探究，可以从让幼儿体会合作带来的乐趣开始。让幼儿在游戏中感受合作的快乐，可以让幼儿学会一些分工、协作的方法，并尝试在其他活动中进行迁移。教师可以为幼儿提供一些分工、合作开展的游戏。

案　例

运西瓜

　　1. 活动背景

　　在日常的教育教学和生活中，我们发现一些幼儿缺乏与他人合作的意识和能力。因此，教师设计了这个活动，重点让幼儿从自己喜爱的体育活动中学习合作的方法，懂得与他人协作完成任务。

　　2. 活动准备

　　皮球若干。

　　3. 活动目标

　　在活动中学习合作的方法，并体验合作完成任务带来的快乐。

　　在合作中培养团队精神，提升幼儿解决问题的能力。

　　4. 活动过程

　　教师组织了12个大班的幼儿玩体育游戏"运西瓜"。在游戏中，教师鼓励幼儿自由结伴，按规定人数合作把"西瓜"从起点线运到终点线，并遵守"运西瓜"的规则。（球不能落地，一旦落地拾起来继续运到终点；不能用手或借助其他工具，可以用身体其他部位。）

　　第一轮：2人合作运1个球

　　主教老师在旁观察，幼儿如何结伴？他们怎样合作运球？在合作中遇到了什么困难？他们如何解决问题？

　　①发现问题，解决问题

　　师："你刚才和谁合作？在找朋友合作时遇到了什么困难？"（助教老师用黑板记录幼儿所述。）

幼1："我和君君成为一对好朋友时，成成也来抢君君。"

师："你们当时怎么办呢？"

幼1："我跟成成讲道理，谁先来，谁就在一起合作，请成成找其他小朋友合作，成成同意了。"

师："你能用讲道理的方式来说服同伴，这是个好办法。其他小组能分享你们运西瓜的办法吗？"

幼2："我和坦坦背对背运西瓜，可是西瓜总是掉到地上。"

师："你找到西瓜容易掉地上的原因了吗？你们后来怎么办？"

幼2："我发现我比坦坦个头高，我把腿弯一点儿，后来成功了，我们很开心。"

幼3："我和希希一起合作，肚子对着肚子，两只手抱着好朋友的背，可是我们摔两回跤了。"

师："你们摔跤的时候心情怎么样？后来有没有想到办法来解决问题？"

幼3："希希发脾气，我叫她别那么着急，要慢点走，她不听我的。"

师："当希希不听你的建议时，你有什么感受？后来怎么办？"

幼3："她不听的时候，我有点不高兴！后来我俩猜拳，谁赢就听谁的，我赢了，希希愿意慢一点儿，我们能把西瓜运过去了。"

师："当你遇到困难时不放弃，继续想办法解决，老师为你点赞。希希后来会合作，也要鼓励。"

②教师请幼儿示范运西瓜

球不掉地，人不摔跤，安全地完成运球的任务。

③师幼共同提炼运西瓜经验

两人力气要往一处使，把球夹紧，速度保持一样，集中注意力。

第二轮：3人合作运西瓜

教师鼓励幼儿自由组合，3人一组合作运西瓜。每次运多少个西瓜不限制，但要注意安全，让西瓜不掉地，稳稳地运到终点。幼儿探索着，寻找着各种办法来解决问题，分享着合作的感受。

（案例提供者：蒋东坡）

案例分析：教师设计了这样一个活动来帮助幼儿感受游戏合作中的乐趣，让幼儿体会如何与同伴协商，与同伴共同完成一项任务。这样一个过程是不断推进的，教师通过设置不同的难度和任务，让幼儿自己描述在合作运球中的感受以及遇到的困难。通过提问，教师激发幼儿思考并尝试解决在合作游戏中遇到的困难。通过这样的方式，教师支持了幼儿尝试和体验合作的学习。

（二）成人作为重要的合作者与幼儿展开探究

成人支持幼儿的合作探究不仅可以为幼儿提供体验合作、分享、交流的机会，还可以使成人成为幼儿探索活动中重要的合作者。教师可以作为幼儿学习的合作者。教师还可以提供机会让家长参与到幼儿的合作学习中来。在班级综合探究活动开展的过程中，教师可以综合考虑幼儿探索的需求，适当地引导家长与幼儿一起进行探索活动。以下的例子可以给我们一些参考。

案 例

综合探究活动实例

在探究"蜜蜂"活动中，为了观察了解蜜蜂，家长在周末带孩子去海边、莲花山、仙湖公园寻找养蜂场，并把过程用照片和孩子的讲述语言记录下来。家长还买来蜂蜜和一小块蜂巢带回来给其他孩子分享，让孩子可以品尝蜂蜜的味道，可以看到蜜蜂从蜂巢中飞出以及蜂巢的外形。孩子还分享了养蜂人告诉他们的一些关于蜜蜂的知识。例如，往蜂箱喷烟，蜜蜂就不蜇人了；蜜蜂飞到你手上，你轻轻吹口气它就走了，不会伤害人。

为了寻找和蜜蜂同类的昆虫，有的家长在家里和孩子寻找材料，共同制作捕捉昆虫的网，然后一同扛着网兜，戴上帽子，拿上瓶子去山间野外捕捉昆虫，探讨如何制作标本。孩子与家长不仅玩得很开心，还在周一带来了各种各样的昆虫进行观察分享。

在探究"五官总动员"活动中，家长为了找出哪些五官才是正确的五官，进行了资料大搜索、大辩论；在主题"兔子"活动中，为了得出"兔子可以吃什么"的结论，不少家长带着孩子做实验、查资料、整理孩子的答案，引导孩子用绘画加文字的形式表征出来；在探究"我的家乡"活动中，父母带着孩子在地图上测量各个省份与深圳的距离。

（引自刘凌等：《凌距离　三人行——追循儿童的幸福成长》，

北京，教育科学出版社，2014）

案例分析：在这些综合探究活动开展的过程中，教师将家长纳入探索的过程，为幼儿的探索找到了合作的伙伴。同时，家长在和幼儿探索的过程中还可以利用一些社区资源。比如，家长带着幼儿一起去采访养蜂人，获得直接的第一手经验。在这样的过程中，幼儿可以获得与更多的人展开交流的机会，促进幼儿的多元合作探究。

第四章 "三人行"之儿童学习的核心形式

在"三人行"课程中，儿童既是自主学习的，又是合作学习的。在儿童的自主学习中，我们强调对儿童学习深度的支持；在儿童的合作学习中，我们强调对儿童学习广度，即多元学习的支持。那么怎样的学习组织形式可以满足我们对儿童这样一种学习方式或者说学习状态的支持呢？在众多组织形式中，我们选择了综合探究活动，这样的学习活动组织形式既可以支持儿童的自主深度探究，又可以支持儿童的合作多元探究。因此，我们称综合探究活动为儿童学习的核心形式。本章将围绕综合探究活动这种学习组织形式具体展开介绍。首先介绍我们将这种学习活动组织形式带入儿童学习过程的价值判断与思考；其次介绍这种活动形式支持儿童探究性学习的组织策略；再次介绍在这种活动形式中儿童学习质量评价的指标与工具；最后介绍儿童的综合探究活动现场（来自不同年龄班的综合探究活动案例）。

第一节 将综合探究活动带入儿童的学习

一、综合探究活动的背景与价值

（一）综合探究活动的引入背景

在新世纪课程改革的浪潮中，对园本课程理论的研究不断深入，许多幼儿园也开始根据本园的实际情况和特点开始研究自己的园本课程。多年以来，我园一直致力于建设自己的"三人行"园本课程。"三人行"课程理念强调培养幼儿自主、合作、探究的能力和态度。这样的态度与能力也是与21世纪人才所需要具备的基本素养，如文化素养、工具素养及质疑素养等紧密结合的。那么，采用怎样的一种课程组织形式能够凸显我们对幼儿这种能力和态度的培养呢？经过长久的项目和实践，我们发现并学习了方案教学（Project Approach，有些也被译作项目课程教学）。方案教学强调的基本信念都与我园"三人行"理念紧密契合，如在做中学，概念及经验的再思考及再运用。同时，方案教学具有强调知识的统整以及尊重幼儿的兴趣等特点。正如莉莲·G.卡茨在《小小探索家》一书中提到，方案教学旨在让幼儿主动引发、积极参与，并相对掌握自己想进行的活动，期待获得成功，这是与单元主题与论题所不同的。因此，我们相信方案教学通过追随幼儿的兴趣点生成的学习内容提供给幼儿的认知经验要优于教师准备好的单元或者论题所能提供的经验。

我园引入方案教学这种组织形式，并将其进行园本化研究，在实践探索中形成了适合本园"三人行"课程的一种支持儿童自主探究与合作探究学习的核心组织形式。

（二）综合探究活动的价值取向

经过多年的园本化研究，综合探究活动已经不完全等同于方案教学，它有了自己独特的价值取向与定位。

1. 成人作为综合探究活动的支持者、引导者

综合探究活动中的成人主要是指教师和家长。可以说，家长和教师同时参与幼儿学习活动对学习效果有着至关重要的作用。其中，教师是探究的参与者（参与选择主题、参与研究、参与体验、参与推进）；是学习困惑的发现者；是解决困惑的推进者；是分享活动的组织者；是教育资源的整合者；是探究推进的设计者；是兴趣的促进者。家长是探究的参与者（参与调查、研究、推进）；是学习兴趣的促进者；是幼儿学习的同盟者；是探究资源的发现者和提供者。

2. 课程体系立足幼儿现实环境，突破时空局限性

在国内大部分的幼儿园中，由于人口密集，幼儿园班额较大，班级师幼比普遍较低（一般都在1：15至1：10）。另外，幼儿园户外活动的场地较小，班级需要轮流使用场地，因此对一日活动的流程安排也相对刻板。为了保证幼儿的安全和一定的秩序，加强幼儿活动的丰富性，在一日活动中增加结构化的安排，从而保证幼儿的活动。综合探究活动作为一种平衡课程的方式，也做出了大胆的尝试，使课程的空间从幼儿园向外拓展，探究来源于个别或者一群幼儿的计划，赋予一日活动更多的弹性。

3. 分享方式以幼儿语言活动为主

语言是思维的外壳，更是支持幼儿思维活动的工具。语言教育在幼儿教育中的重要性不言而喻。组织小组或集体的谈话活动来分享幼儿探究到的经验，是综合探究活动的又一特色方式。首先，幼儿对讲述自己亲身经历的事情、分享自己感兴趣的话题充满了热情，同时锻炼了自己的语言表达能力和思维能力。其次，在语言交流分享活动中，同伴之间的交往互动为幼儿交往能力、适应能力、社会性发展提供了过程途径。因此，专注于引导幼儿以语言为主要工具进行分享，既是出于对语言教学的重视，也为幼儿教师提供了一种有把握的教育途径。

4. 强调合作多元探究行为

综合探究活动中的合作多元探究行为体现在合作角色上的多元和探究形式上的多元。从合作角色上来看，综合探究活动包含了幼儿之间、成人之间、幼儿与成人之间的多角度的合作；从探究形式上来看，合作基础上的个体探究、小组探究、集体探究形式得以灵活地应用。探究的手段，也因角色和形式上的多元产生了积极互动，从而使合作多元探究行为变得更加多样有趣，充满了活力和挑战。

以综合探究活动"汽车"为例，根据幼儿兴趣分成不同的探究小组，各组分别调查汽车的动力、环保、品牌等不同的资料信息（幼儿与家长或其他成人进行合作），然后回到教室对所获得的信息集体分享（小组合作探究）。在教师的组织下，开展了"汽车制造厂"的集体建构活动（集体合作探究）。随着教室环境中探究主题逐渐丰富，幼儿会在这个场域中主动谈及与探究有关的各项话题，在同伴交流中丰富经验，达成个体积极学习效应。

5. 关注自主深度探究行为

综合探究活动中的探究行为过程主要包括：实地参访、观察、记录、查询资料、问询专家、操作体验、语言表征等。由于综合探究活动以幼儿兴趣为基本出发点，幼儿的内在动机被充分激发，幼儿的学习变成自主行为，幼儿能在过程中感受到学习的乐趣。同时，教师和家长的合理参与和推动，使幼儿的自主行为得以深度强化。自主深度探究行为使幼儿能长时间专注于某一种事物的探究上，这对于培养幼儿专注的学习品质、有目标的行动、坚忍的意志有着积极的意义。

二、综合探究活动的内涵与特点

作为综合探究活动的主要理论基础和实践依据，项目教学经过18世纪欧洲工读教育和19世纪美国合作教育的发展完善，逐渐成为当下一种重要的教育思潮，以社会性和社会生产为主要内容，使受教育者适应以生产力和生产关系为本质社会关系的目的，成为为社会培养实用型人才的教学模式。

（一）综合探究活动的内涵

综合探究活动是"三人行"课程的核心组织形式。它是幼儿、家长、教师共同参与，围绕幼儿感兴趣的探究项目，通过直接感知、实际操作、交流分享、多元表征完成学习过程的一种活动形式。

综合探究活动的基本特征是通过"探究"的形式，使幼儿自主处理一个探究问题的全过程，包括信息的收集、方案的设计、探究的实施以及最终的探究结果评估等环节。通过把握整个过程中各个环节的基本要求，幼儿自主学习、主动参与，充分实现了幼儿主动学习、创造性学习，形成了"以探究为载体、以自主深度学习为路径、以合作多元学习为导向"的基本内涵，具体表现在以下三个方面。

第一，以"探究"作为学习载体，重视学习过程。在综合探究中，转变了"教师教、学生学"的被动教学模式，形成了以"探究"为载体，幼儿在教师支持下完成探究的全过程。也就是幼儿探索活动任务、解决出现的问题以及最终形成探究成果，进行展示和自我评价的过程，而不再是以教师安排的已有知识作为学习的目标，更不是以教师要求为标准得到一致的结果，学习的重点不是学习结果而是学习过程，在整个"探究"过程中提升幼儿的学习兴趣、能力水平以及促进幼儿的全面发展。

第二，以自主学习为基本路径，培养主动学习。在综合探究活动中，幼儿是整个"探究"的主体，通过小组合作，共同收集信息，设计方案，解决问题，从而完成探究形成成果。从"探究"前期的准备工作，到过程中的合作学习，再到最后的成果展示评估，幼儿始终是主体，教师不是学习的中心，而是幼儿学习过程中的引导者、支持者和促进者。教师引导幼儿设计方案解决问题，创设支持幼儿"探究"学习的环境和材料，并且作为幼儿成果的重要评估者。从这三方面来说，综合探究活动充分调动了幼儿学习的主动性，保证了幼儿学习的主体地位。

第三，将理论与实践相结合，注重学习的有效性。综合探究活动的主要目标是为社会培养实用型人才。一方面，在内容选择上，由以课堂知识为中心转变为以幼儿实际经验为中心，教师和幼儿共同确定探究主题，设计和制定探究的工作任务，而主题和任务往往基于幼儿的实际问题和现实情境。另一方面，在实施路径上，幼儿在探究实践过程中解决问题，必然要从探究问题的本质、原理，提出理论假设，从而制定解决问题的方案，最后进行验证。这个过程是从理论中来、到实践中去、理论与实践相结合、循环往复的过程，并且最终形成具有实践意义的探究成果，提升学习的有效性。

综合探究活动在"三人行"课程理念的指导下进一步凸显项目学习过程中的主动性与合作性，结合本土化实践，成为内涵丰富、特征鲜明、实践导向、主动探究、合作学习的教学方式。具体来说，它是围绕一个主题，而不是单一的知识点，展开跨领域的综合性学习。学习过程有赖于家长、幼儿、教师的多方参与，通过共享资源、合作行动、分享经验、语言交流、自主表征等途径来完成学习。

那么，综合探究活动和主题活动有什么区别呢？对于一个有经验的幼儿园教师来说，主题教学并不陌生。在传统的主题教学中，主题就像是一个篮子，里面装好了很多与主题有关的各项活动，这些活动是教师事先准备好的，随时准备分发给幼儿；这些活动都与主题有关，但是活动与活动之间似乎不一定有关联，缺乏活动之间的连续性和层次性。而综合探究活动则像是一辆搭载着幼儿的巴士车,把幼儿送到他们想去的地方,路途中幼儿不时下车采摘自己喜欢的食物,从事自己喜欢的活动,而且这些所经历的事物之间是密切相关的。因此,和主题教学相比,综合探究活动更重视发掘事物内部各个要素以及它们之间的关系,尤其是人与人之间的关系。

综合探究活动是一项从教室出发、走出教室、放眼外界、再回到教室的学习活动。在这个过程中,除幼儿、教师以外的多人参与进来,可以是父母、祖辈或其他家庭成员,也可以是他们的朋友,还可以是其他与该探究项目有关的服务人员或专家。幼儿通过参访、询问、观察、记录等方式搜集信息,在与同伴合作动手、分享交流的过程中丰富和完善经验,在提出问题、寻求答案的过程中主动学习,从而提升已有经验,体验学习的乐趣。

在明确综合探究活动内在关系和全面参与等特点的基础上,幼儿在探究实践过程中可以做到如下几个方面:学习提问,学习思考,学习观察与记录,学习合作探究,学习自主探究。

可以说,综合探究活动的核心价值在于培养幼儿自主、探究、合作的学习品质。因此,它也是实践"三人行"课程的重要途径。

(二)综合探究活动的特点

"三人行"课程总结提炼了综合探究活动的基本特点,以帮助我们实践教育者更好地理解和运用这种组织形式。

1. 贴近国际主流教学模式话语体系

当今国际教育普遍对分科教学提出质疑,认为分科本身存在不合理性,这些不合理的分科造成了学习者对多学科知识理解和应用上的困难。因此,越来越多的教育理论强调注重学科的整合,尤其是在较低的年龄阶段,更要提倡以"项目"为单位展开教学。《3—6岁儿童学习与发展指南》指出,"关注幼儿学习与发展的整体性","注重领域之间、目标之间的相互渗透和整合",这为项目教学提供了明确的理论基础和实践依据。另外,幼儿园阶段的"方案教学"也是这样的学习方式,综合探究活动可以看作在方案教学影响下产生的学习模式,或者可以看作园本化的方案教学的实施。这种学习方式重视对事物全方位的认识,重视理解事物各方面的联系,并重视给幼儿创造应用知识的机会。

2. 突破教室空间限制,结合外在资源和时空环境

与学科教学不同的是,综合探究活动不满足于在幼儿园的教室内讨论和学习,它更关注如何将教室和外部广大世界相连。例如,开展"螃蟹"的学习,幼儿会带活的螃蟹来教室观察,还可以把螃蟹"领养"回家,还可以利用周末和爸爸妈妈去海边沙

滩上找螃蟹。还需要通过书籍、网络等途径获得丰富的二手资料并与同伴分享……找到一个有趣的主题后，可以将这个主题的学习空间向外进行广阔的延伸，从而更好地将学习融入幼儿的日常生活。

3. 参与成员多样，实现活动主体多元化

由于学习空间的拓展，互动的对象不限于班级教师，日常与幼儿发生交往的每一个人都可能成为学习的参与者，包括同伴、家人，以及幼儿基于学习需要而主动询问的人。例如，开展综合探究活动"地铁"的调查时，幼儿主动向地铁的安检人员进行询问，以了解安检设备的使用方法；开展综合探究活动"为我们服务的人"时，幼儿对幼儿园内的保安叔叔、厨房的叔叔阿姨进行采访等。通过这样的方式，更多相关的个体被纳入探究学习的过程。

4. 课程资源丰富，结合幼儿生活经验

有人说，过去"教材是孩子的世界"，现在"世界是孩子的教材"。幼儿应该从小学会放眼世界，在广阔的世界中去寻找他感兴趣的事情。由于教师具备更加开放的态度和视角，教材的选择范围非常广阔，几乎所有的事物都能引发幼儿的学习。另外，学习空间的拓展、合作意识的加强、分享机会的增多、学习方式的丰富、参与人员的增加，使综合探究活动成为一个覆盖面广、参与性强、发展性聚焦的学习方式，体现出学科教学所不能比拟的巨大优势。

5. 学习方式多样，实施路径灵活高效

综合探究活动的方法灵活多样，根据探究活动的进程和探究内容的特点，教师和幼儿共同创设多种学习机会和现场。除了一般采用的调查、参访、分享、记录、观察、表征等方法以外，幼儿可以通过亲身参与实验和行动来进行学习。例如，开展"银行"探究学习时，教师和幼儿共同在教室内"开"了一个"银行"，让幼儿可以每天到"银行"进行存取业务。而这项任务蕴含了规则演练、数学计算等多个领域的目标。在"钱币"的综合探究活动中，教师和幼儿创设了跳蚤市场等情境，幼儿在买卖游戏中获得学习的机会，实现经验的提升。

6. 以幼儿需求为落脚点，满足幼儿学习兴趣

幼儿由于其天性和已有经验的差异，兴趣爱好也各不相同。即使在进行同一个综合探究活动时，幼儿也表现出不同的爱好。综合探究活动的方式，允许幼儿提出自己感兴趣的问题，鼓励幼儿按照自己的兴趣进行探索和学习。例如，大班关于"汽车"的探究学习，有的幼儿选择探索汽车的动力系统，有的幼儿选择寻求汽车节能环保的秘密，有的幼儿喜欢了解五花八门的汽车品牌……这些都是综合探究活动所鼓励的。它使学习变得更加自主化、游戏化、生活化。

7. 探索事物的内在联系，实现各领域的结合

看似孤立的事件背后，常常是多种因素交织而成的一个系统。探究这些因素与事物之间的内在联系，是综合探究活动重视的学习内容。在"小区的停车场"探究活动中，通过从"人、空、时"三个维度的启发，幼儿发现与停车场有关的多种要素。例如，停车的车位编号、安全监测、人员管理、收费服务等，各种要素交织而成，才成为一个能为人提供服务的停车场。这种兼具广度和深度的探索，是分科教学和传统主题教学难以完成的。

三、综合探究活动的路径定位

我园的综合探究活动充分体现了儿童的自主深度探究与合作多元探究过程。它是"三人行"课程中儿童学习活动的核心组织形式。它贯穿于幼儿一日活动的各个环节，而不只是在一日活动的某个固定时间或具体环节要做的事情。比如，幼儿可以在晨谈、区域活动、教学活动、户外活动等不同环节，实施自己感兴趣的综合探究活动。在下文中，我们将主要介绍综合探究活动这种核心形式在儿童发展路径中的基本定位。

（一）在时间序列中的关系与定位

综合探究活动可以与一日活动的各个环节有机结合，它就像一股泉水，可以流动、渗透，也可以自成一体。表4-1体现了综合探究活动的这种定位关系。

表4-1　幼儿在一日中可从事的综合探究活动一览表

环节	综合探究活动
来园、早锻炼	来园时，将自己完成的调查表或收集的资料在指定的范围区域内进行张贴或展示
晨谈活动	可以谈谈有关综合探究活动的新发现
教学活动	可以进行团讨；可以参加从探究中拓展出来的领域教学或综合活动
区域活动	可以操作区域中投放的与探究相关的材料内容；可以参加教师组织的与探究相关的小组活动；部分幼儿到谈话区参加教师组织的小组分享活动
户外活动	在不影响户外活动的情况下，与教师或其他幼儿谈谈综合探究活动的新发现
生活、自由活动、过渡活动	可以到调查表的展示板前交流经验；参加集体创作

（二）与其他组织形式的区别与联系

要想更加清晰地理解这种学习组织形式，我们需要比较它与当前存在的几种其他组织形式之间的区别与联系。表4-2对几种组织形式进行了教育目标、学习动机、选择权等七个方面的内容比较。

表4-2　综合探究活动与其他学习组织形式的比较

组织形式 内容	区域游戏	方案教学	综合探究活动	结构性教学（分科教学、传统主题教学）
教育目标	学习与应用知识与技能（丰富与再现经验）	应用知识与技能（整合经验解决问题）	学习知识与技能（丰富、拓展经验）	学习知识与技能（丰富、拓展经验）
学习动机	内在兴趣	内在兴趣	内在兴趣	外在激励
选择权	幼儿操作材料与游戏内容	幼儿选择探究问题、解决方式；教师提供资源	幼儿选择探究内容，教师与家庭提供资源和问题解决策略	教师选择学习内容，提供学习教材等资源
幼儿、教师角色	幼儿是专家，教师关注幼儿的操作状态以决定材料与环境更替	幼儿是专家，教师强调幼儿已有经验的表征与运用	教师是专家，依据幼儿对探究问题的专注情况设计活动方案，提供解决问题的方式与途径	教师是专家，关注幼儿的不足之处，给予指导
学习成果	幼儿与教师共同负责	幼儿与教师共同负责	幼儿、教师与家长共同负责	教师负责
专注力	0~30分钟	1周~2、3个月	1周~2、3个月	10~30分钟
学习方式	主动式个别学习	主动式团队学习	主动式小组或集体学习	被动式小组或团队学习

在教育目标上，综合探究活动强调通过"探究"的方式帮助幼儿主动学习知识和技能，通过自主学习丰富、拓展已有经验；在选择权上，和结构性教学不同的是，幼儿具有选择权，幼儿成为探究的主体，并且充分发挥了教师引导性、支持性教学指导策略的作用，真正实现了幼儿、家长和教师的三向交流和多方互动，实现了以"教师"为中心向以"幼儿"为中心的转变；在幼儿、教师角色上，综合探究活动明确提出教师与幼儿的关系；在学习成果上，幼儿是探究实践探索活动的主体，整个过程由幼儿整体负责，且在活动过程中，幼儿可以利用家长资源以及环境资源，顺利成为活动的主体；在专注力上，综合探究活动更强调材料的丰富性和活动的深入性，幼儿能较长时间关注综合探究活动的变化，层层深入；在学习方式上，采用主动式小组或集体活

动，强调过程中的主动性、探究性和合作性，相比较被动式小组学习，主动式充分调动幼儿学习的主动性，体现了幼儿学习的主体性和挑战性。

第二节　综合探究活动的实施与组织策略

通过上一节的内容我们已经了解了综合探究活动的内涵与特点，了解了这种组织形式的价值。那么它在课程实践的具体体现如何？也就是它的实施步骤与组织策略问题。

一、综合探究活动的实施步骤

（一）综合探究活动五环节

综合探究活动依照以下几个基本环节展开：确立项目（为什么要做）—团体讨论（能做什么）—探索发现（如何做）—经验分享（回顾做过什么）—项目展示（享受学习成果）。

1. 确立项目

（1）是什么

这是综合探究活动的起始环节。教师会根据大部分幼儿共同感兴趣的某一项话题确定探究主题，明确探究的起点，确定"探究大巴"行驶的方向。

在对这些探究主题加以选择的时候，教师常常会感到困惑，教师可以通过对表4-3中问题的思考来加以选择。

表4-3　探究主题选择追问表

问题	答案
是大部分幼儿都感兴趣的探究吗	是／否
是教师自己喜欢的探究吗	是／否
探究的答案是否多元	是／否
探究是否方便以家庭为单位展开调查	是／否
探究内容是否有用综合探究活动方式解决的必要	是／否
探究是否能带入跨领域的经验	是／否
是否能想到有趣的应用经验的实践活动设计	是／否
幼儿的创造性有发挥的空间吗	是／否
幼儿是否能在探究中展开自主探究	是／否

有时，一些突发事件也会带来一个有趣的探究。例如，小二班的幼儿发现幼儿园新增了一个施工地点，原来是地下水管爆裂了，这引发了"地下水管的秘密"的探究。

（2）发生了什么

组织方式要结合日常活动进行。

教师可以根据园本课程内容框架或近期的突发事件，聚焦某个探究项目，并了解幼儿的兴趣；与家长进行沟通，了解家长对此项目的看法，是否有相关的可用资源；对探究项目进行"人、空、时"三个维度的分析；写探究项目的可行性分析报告。

幼儿可以发表对探究项目的认识和看法。

家长可以向班级推荐拥有的资源，为探究开展出谋划策。

（3）有什么价值

这个环节解决的是"为什么要做"的问题。同时，合适的探究活动能够为以后的学习带来许多趣味和挑战，从而成为幼儿与教师共同关心和期待的学习活动。适度的探究规划，可以为探究的顺利推进提供有益的帮助。这个环节可以促进幼儿主动关注周围世界，积极观察身边事物的特征，从而在已有经验上激发幼儿的好奇心。

2. 团体讨论

（1）是什么

这是根据既定的探究主题开展讨论的环节。通过团体讨论，师生可以决定"探究大巴"驶向哪一站。

（2）发生了什么

组织方式采用集体或小组的形式。由一名教师组织谈话，另一名教师负责进行记录。

教师可以聆听幼儿对探究项目的见解，了解幼儿已有经验；了解幼儿在认识上有哪些误区；了解幼儿对探究的哪些方面感兴趣；整理幼儿谈论的内容（三维分析法、思维导图）；记录幼儿的言论；展示幼儿提出的疑惑和问题。

幼儿可以大胆谈论对探究中事物的理解；听取其他幼儿的意见；在讨论中关注到一些平时被忽略的方面或细节；大胆发问。

（3）有什么价值

团体讨论活动除了能聚焦幼儿的兴趣、吸引幼儿对探究内容的注意以外，其价值还在于能发现"下一步能做什么"的依据。在团体讨论中，教师鼓励幼儿大胆发问和积极发言，通过聆听收集到较为全面的信息，使教师对幼儿探究的认知水平有所了解，并在其中发现有价值的信息，据此设计并开展相应的活动。

团体讨论活动的民主氛围，还可以培养幼儿大胆发问、勇于质疑的品质。

如何在团体讨论中发现幼儿的兴趣所在？

发现令人振奋的时刻：当一个话题引起大部分幼儿的关注和热情时，团体讨论的气氛会突然活跃起来，许多幼儿会争抢发言机会，有的幼儿会按捺不住地站起身。

举手表决：可以用举手表决的方式来决定接下来先探讨哪个问题。

3. 探索发现

（1）是什么

这是幼儿开展自主探究学习的核心环节，幼儿将已有经验进行有效连接。在这个环节中，幼儿和教师分头或共同寻求问题的答案。

（2）发生了什么

组织方式以家庭为单位展开社会调查，以小组方式展开合作探究，以个体的方式展开自主探究。

教师可以设计目标清晰的调查表，辅助幼儿进行调查；与家长沟通，帮助其了解探究的相关信息，以支持幼儿的学习；设计有趣的小组合作探究活动，贯穿认知节点或使之有趣；建设有挑战性的社会实验场，使幼儿可以应用经验；提供与探究有关的操作材料，丰富幼儿的经验。

幼儿可以在家长的带领下，参与实地调查；以多种形式调查了解探究信息，如查阅书籍或网站资料（间接信息）、实地访问专业人士；访问相关的人、事、物，用自己喜欢的方式进行记录；参加班级的社会实验场活动，尝试应用经验；参加小组合作学习或个别的探究活动，积累直接经验；用绘画、雕塑、搭建等多种方式，表达自己的直接经验。

家长可以配合、支持探究的开展，陪同幼儿外出进行调查；支持幼儿以自己的方式完成调查表的填写，协助幼儿进行反馈海报的制作；鼓励幼儿大胆发问，积极回应幼儿的问题。对于家长自己不清楚的问题，和幼儿共同查阅资料或咨询专业人士。

（3）有什么价值

探索发现是体现"如何做"的环节，也是实现自主、合作、探究式学习的核心环节。幼儿在这个环节中通过直接感知、实际操作、亲身体验，积累相关的直接或间接经验，并通过参加真实或模拟的社会活动场景来应用经验。这个环节能促进幼儿发现问题、寻求答案的积极性和探究能力的提升，通过表达、表征来培养幼儿的创造能力。对于家庭教育来说，由家长带领幼儿参与社会调查，可以引导家长对幼儿进行高质量的陪伴。例如，在开展"地铁"综合探究活动的时候，有一项调查是由家长带领幼儿乘坐地铁，并观察地铁站内的各种提示牌。这项活动可以在周末外出时完成，能够使一个寻常的外出活动变得更富有教育契机。

4. 经验分享

（1）是什么

这是幼儿把园外探究到的经验和同伴进行分享、表达的环节。幼儿通过调查表、海报等形式记录了园外获得的经验，带到班级以后，需要和同伴进行口头的交流和展示。这是一个回顾"做了什么"的环节。

（2）发生了什么

组织方式结合谈话活动进行。开展6人以下的小组谈话活动。

教师可以艺术化地张贴幼儿完成的调查表或海报，使它们呈现在所有人容易看到的地方；组织小组谈话活动，倾听每个幼儿的发言；记录幼儿所有的话语，在班级教师的会议上交流和分析；发现幼儿的学习需求，寻找下一步学习的线索。

幼儿可以向同伴讲述自己了解到的经验；向同伴发表有关的演讲；倾听同伴的讲述，丰富自己的经验；向同伴或教师询问自己的疑问。

家长可以在家倾听幼儿的表达；与幼儿进行有思维互动的对话，促进幼儿思维技能的提升；指导幼儿的演讲，使幼儿更具有自信。

（3）有什么价值

合作分享环节的价值在于，幼儿通过讲述或演讲，在头脑中思考并组织了已有经验，提升了语言表达能力和胆量，增进了同伴间的互动交流，培养了合作分享的意识。同时，这个环节充分发挥了分享的价值，体现了合作学习的作用，使幼儿从同伴的分享中获得了更多的经验。这个环节也使教师通过聆听深入了解幼儿，从而为下一步的学习设计提供依据。

5. 项目展示

（1）是什么

这是展示幼儿综合探究活动收获的高潮环节。通过组织集体性的展示活动，使幼儿回顾学习过程，应用探究经验，从而对自己的学习产生自豪感。

（2）发生了什么

组织方式结合集体活动进行。开展集体活动，可邀请家长或他班幼儿观摩。

教师可以在调查幼儿的意见后，组织或支持幼儿开展集体性的展示活动，如博物馆参观、作品展、童话剧、知识竞赛、亲子活动等；激发幼儿学习的自豪感；帮助幼儿梳理学习经验。

幼儿可以积极参与展示活动；展示自己的作品和收获。

家长可以参观幼儿的展示活动；积极支持和配合，为展示活动出力。

（3）有什么价值

这个环节用生动有趣的方式回顾探究开展的整个过程，如图4-1所示，激发幼儿的学习自豪感，增进探究人员之间的感情，提升幼儿的艺术表现能力和创造力。

图4-1　探究流程图

综上所述，综合探究活动的启动，就像是在池塘中投下一枚石子，激起了一片涟漪。涟漪一层层地展开，就像是综合探究活动的一个个环节，不断从中心向周围扩散。

需要指出的是，学习过程不一定仅仅按照五个环节顺序一成不变地展开，根据幼儿的学习情况，可能会出现多样化的展开方式。

变化一

综合探究活动可以在"探索发现"和"经验分享"环节之间多次重复，使幼儿积累更多的经验，如图4-2所示。例如，在"地铁"探究中，幼儿经过了"调查地铁站的标志—分享—调查地铁的路线和运营时间—分享—调查地铁的修建过程—分享"三轮调查，进而进入项目展示阶段。

变化二

根据教师的组织习惯和幼儿的需要，可以在团体讨论、探索发现、经验分享三个环节中进行循环，如图4-3所示。也就是说，每次分享经验之后组织一次正式的团体讨论，以便通过讨论寻找出多数幼儿感兴趣的问题来开展下一步的调查。

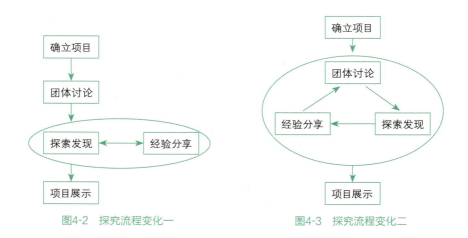

图4-2　探究流程变化一　　　　图4-3　探究流程变化二

变化三

幼儿通过调查探索了经验以后，可以有三种路径推进探究学习，如图4-4所示。

第一，探索发现—经验分享—探索发现—经验分享—项目展示。

第二，探索发现—团体讨论—探索发现—团体讨论—项目展示。

第三，探索发现—经验分享—团体讨论—探索发现—经验分享—团体讨论—项目展示。

也就是说，教师可以根据幼儿的兴趣和学习需要，将综合探究活动的五个基本环节灵活运用，实施个性化的组织，使综合探究活动成为真正的以满足幼儿兴趣、追随幼儿需求为导向的现代学习方式。

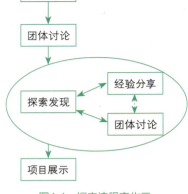

图4-4　探究流程变化三

（二）综合探究活动的拓展

1. 创设"社会实验场"，丰富幼儿社会经验

与一般的主题教学不同的是，综合探究活动重视幼儿对经验的应用。这种做法来自深圳实验幼儿园对社会实验场的理解。

幼儿园生活是幼儿由家庭迈向社会的第一步，也是幼儿成长过程中关键的阶段。在这个阶段形成的行为习惯、思维习惯、情感体验常常会伴随幼儿一生。幼儿园的生活不仅要让幼儿学习如何与同伴相处，还要学习适应一些必要的社会规范。对于幼儿来说，他们对这个社会也充满了兴趣和期待，天生的好奇心使他们对社会抱有强烈的探究兴趣，渴望模仿成人社会的生活，这方面可从幼儿热衷于参与"社会交往日"活动中略见一斑。

从某种意义上来说，幼儿园正是幼儿开展社会生活实践的一个场所，他们与不同的人打交道，学习与人沟通协商；参加不同的活动，学习遵守公共秩序，学习遵循行动规则。在学习的过程中，幼儿会以试误、演练的方式不断加深认识，带有一种实验的性质，这是幼儿社会学习中的实验。因此，我们称之为"社会实验场"。幼儿园应当重视这种场域的教育价值，不应对幼儿的交往行为、活动参与加以过多限制，相反应当引入更多的资源、创设更多的情境来建设社会实验场，使幼儿通过实践丰富经验，在实验场中应用经验。

综合探究活动重视对探究关联事物之间关系的探索。关系是比较抽象的概念，设计社会实验场使幼儿参与其中，可以使幼儿加深对探究内容的理解和认识。例如，在大班的综合探究活动"银行"中，班级设立了小银行、跳蚤市场、超市，设计了在本班级使用的货币，幼儿在参与过程中可以使用本班的"流通货币"，逐渐理解了"钱是怎么流动的"这个抽象的概念。

2. 发现幼儿的兴趣和困惑

确立项目、团体讨论、探索发现、经验分享、项目展示是综合探究活动的五个环节，也是基本流程。但教师要使学习变得更加有趣，激发幼儿更高的学习热情，就要思考如何追随幼儿兴趣，通过巧妙的设计使探究活动得以拓展。幼儿提出的困惑和关注点，可以成为拓展探究活动的依据。

案　例

小班探究活动：幼儿园里为我们服务的人

教师一日一议会议实录：

欧阳老师："今天孩子们问到了好多问题。有两个问题让我的印象非常深刻，一个是'为什么老师每天要穿校服'，另一个是'中午小朋友睡着后，老师们在做什么'。其他的孩子看起来也很感兴趣。我们下一步进入哪个问题好呢？"

蔡老师："我们先来回答一下这两个问题。第一个问题的答案是，为了工作方便，为了便于幼儿辨认，为了使老师看起来更精神……"

胡老师："第二个问题的答案是，有的老师在值班，看守睡觉的孩子；有的老师在工作；有的老师在午休；厨房的叔叔阿姨在清洁厨房……"

欧阳老师："你们觉得这些问题可以开展怎样的探索活动？"

蔡老师："第一个问题，可以组织幼儿去采访老师。"

胡老师："第二个问题，有点难……"

蔡老师："干脆我们进行一次大胆的尝试，在某一天推迟午睡时间，带孩子们去发现这个秘密，好不好？"

胡老师："耽误孩子们的睡眠，不太好吧。"

蔡老师："我们只是把午睡时间推迟30分钟，晚睡晚起，保证孩子的睡眠时间。再说，为了寻找答案，付出一些努力和改变，也是值得的。这也是给孩子们一次很好的教育啊。"

欧阳老师："听起来真的有点激动。想想孩子们蹑手蹑脚去寻找答案的样子，我就觉得好有趣！我们是不是先选择这个有趣的活动来开展呢？"

蔡老师："好的！我赞成！"

胡老师："我也赞成！"

（案例提供者：欧阳熙）

案例分析： 从这个案例中我们可以发现，根据幼儿的兴趣拓展延伸探究学习的活动，一方面是为延伸活动，提供实践依据，另一方面是进一步支持幼儿的学习与发展，从而形成综合探究活动—兴趣、行为、发展—拓展综合探究活动—兴趣、行为、发展的螺旋上升结构，为综合探究活动提供循环拓展的发展路径。

3. 拓展探究活动的深度和广度

在探究实施的过程中，通过幼儿的经验分享、合作学习以及整合家庭经验，能迅速拓展探究活动的广度。特别是应用三维分析法，可以帮助教师迅速打开思路，从而更加自信地引导幼儿的探究过程。

三维分析法，是实验幼儿园教师在长期的实践过程中探索出来的一种思考方法，即从"人（物）、空、时"三个维度来审视探究项目，从而对探究项目有立体、全方位的认识。

案　例

综合探究活动——地铁

人：地铁站里的人（乘客、工作人员、安检员、流浪者）、修地铁的人、开地铁的司机……

物：地铁、标记与指示、安检机器、自动售票机、检票机、电梯……

空：地铁隧道，地铁站有几层，一条线有多少个站……

时：地铁的时刻表；两班列车之间相隔多久……

（案例提供者：郑欣）

教师还可以在记录团体讨论时使用三维分析法，可以使记录更加清晰、有序。相对于拓展探究的广度，如何拓展学习的深度似乎更为困难。其实，探究的广度解决的是"有什么"的问题，探究的深度解决的是"为什么会有"的问题。

案　例

综合探究活动——停车场

停车场的车位前有很多编号。有的是由数字组成的，有的是由字母和数字共同组成的，如A032，B006……为什么会有这样的编号？

根据这样的思路，教师设计了一项集体数学活动——停车场的编号。

（案例提供者：郑欣）

这个活动有效地使探究经验向深延伸，有效地启发了幼儿的思维。

二、儿童在综合探究活动中的思维发展

幼儿阶段是个体思维能力发展的关键阶段。教育的最高目标是培养具有逻辑思维能力和抽象复杂概念能力的人。教学不仅是传授知识，更重要的是让儿童学会如何思考。我们在开展综合探究活动的各个环节中，运用多种方法和途径促进幼儿思维的发展。

　　思维技能的具体内容主要包括提问或想知道、调查或分析、判断与决策、比较、分类与归类、记忆与回忆、推理或得出结论、预测、计划、组织与安排、发现和解决问题、扩展或转换视角、概括与总结、评估与评价、练习与实践、归纳与一般化、想象、精细化。具体如表4-4所示。

表4-4　综合探究活动各个环节中思维能力发展举例

环节	主要发展的思维能力	举例
确立项目	1. 提问或想知道 2. 计划	当看幼儿园水管爆裂的维修现场时，表现出强烈的好奇心；在确立这个探究的过程中也会自然地考虑规划自己下一步的行动
团体讨论	1. 提问或想知道 2. 记忆与回忆 3. 分类与归类 4. 推理或得出结论	1. 团体讨论是一个平等对话的现场，教师鼓励幼儿大胆发问，表达自己的疑惑；例如，我想知道，水管为什么会爆裂 2. 回忆已有的经验；例如，汽车上5个轮子，其中一个是备胎 3. 回答教师的提问：停车场还有哪些人在为我们服务；幼儿说，幼儿园的包子是黎老师（本班保育老师）做的
探索发现	1. 调查或分析 2. 判断与决策 3. 比较 4. 分类与归类 5. 发现和解决问题 6. 练习与实践 7. 归纳与一般化 8. 扩展或转换视角	幼儿在完成地铁探究调查时，经过观察地铁站里的细致标志，把不同类别的标志画在不同的空格里
经验分享	1. 记忆与回忆 2. 概括与总结 3. 评估与评价 4. 归纳与一般化 5. 精细化	一个幼儿讲述了他昨天在地铁站里的探索过程，并回答了另一个幼儿的提问："安检机是怎么工作的？"他详细地描述了安检机的模样以及工作过程
项目展示	1. 计划 2. 组织与安排 3. 想象 4. 精细化 5. 练习与实践 6. 概括与总结	教师和幼儿一同商量如何展示"房子"的探究；幼儿提议要把前阶段制作和收集的各种各样的房子展示出来，还希望能排个节目在晨会中展示；在落实的过程中，幼儿得到了更多思维技能的锻炼

三、综合探究活动实施中的常见问题

（一）记录幼儿谈话的意义与方法

"小组分享时记录幼儿的话太枯燥了，幼儿说了那么多话根本记不完。"新来的小刘老师在综合探究活动教研会上提出了自己的问题。"为什么要记录幼儿的谈话？"这是一个值得回答的问题，在回答之前先来看看其他教师提出的一些问题："我想知道幼儿到底对什么感兴趣？""某一主题的综合探究活动如何能够深入地开展下去吗？""我不知道该如何支持幼儿的合作学习。"而要想解决这些问题，毫无疑问"记录幼儿的谈话"是一个实用而有效的方法。

1. 记录幼儿谈话的意义

"记录幼儿的谈话"对于综合探究活动的开展有着极其重要的意义。第一，能够帮助教师发现幼儿的兴趣，了解幼儿的已有经验，推动综合探究活动的深入开展。记录的目的之一是了解幼儿[1]，随着综合探究活动推进的环节不同而了解幼儿的不同方面。比如，大班"钱币"综合探究活动，在探究准备期记录幼儿团体讨论的目的在于了解幼儿的兴趣点，深入挖掘并生成本次综合探究活动的主题。而在探究推进期记录幼儿团体讨论的目的在于了解幼儿的已有经验，即幼儿对钱币的认知情况，以便教师有目的、有计划地带领幼儿深入开展探究学习。另外，在探究推进期第一轮主题进入尾声的时候，教师通过记录幼儿聊"赚钱"的问题，生成了第二轮综合探究活动的主题，即"辛苦的赚钱之路"。由此可见，记录幼儿的谈话有助于教师发现幼儿的兴趣，了解幼儿的已有经验，从而推动综合探究活动的逐步开展。

第二，有利于教师采取适宜的支持策略，支持不同幼儿的发展。教师通过记录幼儿的谈话、动作或者行为表现，获得详细的第一手资料，了解幼儿的已有经验、兴趣和困惑，甚至逐渐掌握不同幼儿的身心发展水平、发展速度及优势领域，了解幼儿的个体差异，从而有助于教师针对不同幼儿的行为表现来分析其背后的原因，总结有针对性的教育策略和方法，采取适宜的策略支持幼儿个体的发展。

第三，有助于教师转变自身角色，走研究型教师之路。"比较有质量的课堂观察记录就是一种研究活动，它在教学实践和教学理论之间架起一座桥梁，为教师的专业发展提供了一条很好的途径。"[2]记录的前提是观察，在观察幼儿的过程中要求教师学会耐心等待，不急于指导、不急于介入。教师应成为幼儿学习活动的支持者、合作者、引导者，但在这之前教师更应该做一名观察者、倾听者，教师需要以关怀、接纳、尊重

1　邢艳芳、贺春梅：《观察记录的撰写对幼儿教师专业成长的价值》，载《山西教育（幼教）》，2014（3）。
2　崔允漷等：《课堂观察20问答》，载《当代教育科学》，2007（24）。

的态度倾听幼儿、观察幼儿，努力理解幼儿的想法与感受，支持、鼓励他们大胆探索与表达。通过观察记录幼儿的活动，教师能够迅速地了解并掌握幼儿的操作情况，了解其思维模式，发现存在的问题，并及时进行调整。因此，观察记录的起点和归宿都应该指向幼儿的学习过程，观察记录的过程是教师关注幼儿学习、研究幼儿学习和支持幼儿学习的过程，这对于教师反思自己的教育理念和教学行为，感悟和提升自己的教育教学能力，走研究型教师之路有着重要的指导作用。

2. 记录幼儿谈话的方法

如果说"一次观察正如一张照片，及时捕捉一个时刻"，那么在观察基础上做客观而真实的观察记录，就是利用文字和其他显性形式将这一时刻固化并保留下来。[1]有的教师反映幼儿小组谈话的内容太多，无法进行记录，最开始的记录可以遵循以下原则：其一，记录何时、何地、和谁。时间、地点和人物信息对于我们回忆当时发生的事情有着重要的线索作用。因此，记录要记下幼儿的活动是在什么时段发生的，在什么地方发生的，和谁一起进行的。其二，简短简明，但要保证包括特定的细节。想要记下每个幼儿每句话的内容是不现实的，所以尽可能简短地记录，只需要包括能帮助教师重构发生的事情所需要的细节，即从行为发生的背景开始记录，然后记录主要观点，最后的结论以及教师当时的思考和解释等。另外，在信息技术如此发达的今天，我们还可以采用一些辅助手段，如拍照、拍短视频、对幼儿的谈话进行录音等，也可以请一位教师使用电脑进行速记等。

（二）综合探究活动的拓展和推进

探究是人类认识世界的一种基本方式。在教育领域，基于探究方式的学习活动称为探究学习（Enquiry Learning）。[2]所谓"探究学习"是指儿童通过自主地参与获得知识的过程，掌握研究自然所必需的探究能力；同时，形成认识自然的基础——科学概念，进而培养探索未知世界的积极态度。[3]综合探究活动是一种探究学习，幼儿以探究的方式认识世界，丰富自己的知识和经验，自主探究、合作探究是其主要特征。在综合探究活动过程中，教师需要采取一定的策略，保证幼儿学习活动的顺利进行，增强活动的实效性。另外，为了丰富和扩展幼儿的经验，达成一定的教育目标，教师也会采取一些措施拓展和推进一个阶段的综合探究活动向更深的阶段发展。"如何拓展和推进综合探究活动"成为教师指导综合探究活动的一个重要问题。需要指出的是，并不是每个探究都必须拓展，教师可以根据实际情况决定是否拓展一个探究。综合探究活

1 霍力岩等：《美国学前儿童观察记录系统的评价内容、实施方法与借鉴意义》，载《中国特殊教育》，2015(1)。
2 张宪冰：《幼儿探究性活动及其指导策略研究》，硕士学位论文，东北师范大学，2002。
3 钟启泉：《现代教学论发展》，363页，北京，教育科学出版社，1988。

动采用探究学习的方式，这种学习方式可以用在很小的探索活动上。例如，"调查自己家里的玩具汽车"，从而知道哪种汽车最受幼儿欢迎。一般来说，综合探究活动只需要按照确立项目—团体讨论—探索发现—经验分享—项目展示五个步骤进行，需要拓展的探究活动，往往是指时间长、次数多、内涵丰富的探究项目。在完成一次完整的探究过程后，幼儿还存有很多疑惑或者仍旧保持着浓厚的探究兴趣，教师可以采取一定的策略鼓励幼儿沿着之前探究的轨迹继续进行下去。

1. 遵循幼儿的探究兴趣

兴趣是幼儿学习活动自主进行的内在动机，它直接推动了学习活动的进行，幼儿的兴趣点是幼儿进行综合探究活动的有效起点，是幼儿自主探究和合作探究的前提。幼儿对事物产生兴趣时一般表现为以下几种情况：较长时间地观察、注视或摆弄某种东西；对某一事物产生疑惑，并试图寻求解答；主动提出参与的要求，如"我想做"或"我能不能"等；有了新发现或称赞某物；表现出兴奋的情绪等。[1]拓展和推进探究需要教师发现幼儿的兴趣和需要，这些信息可以从平时对幼儿的观察中获得，也可以从幼儿的分享和谈话中获得，教师只有认真细心，鼓励幼儿大胆表达、勇于探究，就可以获得许多拓展探究的灵感。

2. 支持幼儿的探究进程

根据综合探究活动的流程，幼儿的探究学习也大致经历了"提出问题—进行假设—探索发现—得出结论—表达和交流"这样的过程。探究的拓展和推进，从纵向上来说，需要教师关注幼儿探究的深度。为此，教师应该采取不同的方式方法以支持幼儿的探究进程。首先，问题是激发幼儿探究学习的先决条件，帮助幼儿梳理问题，有助于引发幼儿深入探索的内在动机、扩展幼儿的思维、形成问题意识、提高幼儿发现问题和解决问题的能力。同时，"问题"也是探究拓展的支撑点，幼儿的问题代表着幼儿的好奇、兴趣或者困惑，"问题"让幼儿的探究欲望更加强烈，教师可以借助幼儿的问题形成对探究拓展的新思考。其次，当教师获得一个探究拓展的想法后，可以思考采用多种形式来实现这个想法，以支持幼儿的主动学习。比如，可以发放调查表，组织幼儿参观，组织领域教学活动，投放相关的区域活动材料，设置社会实验场的游戏等，方式的多样性也是探究拓展的一个方面，它让整个探究更加丰富，让幼儿的探究过程充满趣味性和探索性。最后，教师要多与幼儿沟通交流，鼓励幼儿表达自己的想法。幼儿是学习的主人，当教师为如何拓展一个探究而绞尽脑汁时不妨问问幼儿的想法，他们是否想要继续这个主题的学习？他们想要做什么？怎么做？他们需要教师提供什么帮助？如此，教师的难题也就迎刃而解了。

---

1 张宪冰：《幼儿探究性活动及其指导策略研究》，硕士学位论文，东北师范大学，2002。

3. 引导幼儿的合作探究

探究的拓展和推进，还需要教师关注幼儿探究的横向维度，即合作探究。探究包括合作探究和个体探究，合作探究是提高幼儿认知能力和交往能力的有效方式，幼儿可以学习如何有效地表达自己的观点，以使别人采纳自己的主张；可以学习如何倾听他人的见解，借鉴他人的观点提高自己的认识；还可以学习以宽容的态度与同伴共同完成任务。[1]要引导幼儿的合作探究，首先，教师要明确幼儿合作探究的形式，如交流分享、认知冲突与协调、支持帮助等，可以根据不同的形式提供适当的合作任务，根据"组内异质、组间同质"的原则确立合作小组，鼓励幼儿进行分工合作。其次，教师要确保小组合作的民主性，尊重与众不同的思路和独到见解，吸纳与众不同的观点。最后，教师要适时引进竞争机制及激励性机制，使小组间通过竞争共同得到提高的同时，个人及小组群体也能分享成功的快乐。通过合作探究，幼儿之间思维的火花得到碰撞，会产生更多的探究点和兴趣点，为教师进行探究拓展提供思路。

（三）调查表的作用

调查表是连接幼儿园和家庭、家庭和家庭之间经验的重要桥梁，也是幼儿学习的重要工具。所谓"调查表"，就是利用表格的形式，针对某一问题，让幼儿通过自身的观察或者对家庭成员、社区人员等进行访谈和调查，从而获取信息的一种方式，它的最终目的是"开展研究性学习，培养幼儿提出问题、研究问题、解决问题的能力"。[2]它是综合探究活动有效的、特色化的实施手段之一，在综合探究活动中，教师精心设计调查表，希望家长配合，从而使之达到辅助幼儿学习、促进家园共育的作用。

调查表的作用体现在如下几个方面。首先，对于幼儿来说，调查表能丰富幼儿的学习方式和学习过程，增强学习的趣味性，激发幼儿的探究欲望。幼儿通过查阅资料、访谈他人、实际调查等方式完成调查表上的学习内容，主动获取知识，丰富了自身经验。其次，对于教师来说，调查表一方面能帮助教师及时地了解幼儿感兴趣的内容，生成相关的探究主题，或者铺垫幼儿的前期经验，为主题的顺利开展打下基础。另一方面能促进了班级家园共育工作的开展，教师可以借助这个"抓手"与家长沟通幼儿在园的学习内容、学习情况，还可以发挥和利用家长资源，更好地促进班级综合探究活动的开展等。最后，对于家长来说，调查表可以成为亲子阅读、亲子沟通、亲子陪伴的纽带，在家长与幼儿共同调查、分析、制作的过程中，营造了良好的家庭学习环境，同时建立了良好的亲子关系，形成了亲密的亲子感情。

1 冯晓霞、毛允燕：《合作研究——幼儿学习的重要途径（上）》，载《学前教育》，2000（6）。
2 冷妩：《从幼儿园调查表谈家园合作》，载《好家长》，2012（24）。

（四）教师激发幼儿探究兴趣的方法

兴趣能够引发幼儿的探究活动，并支持探究的过程。苏霍姆林斯基曾说："如果学生没有学习的愿望，那么我们所有的计划、所有的探索和理论都会成为泡影。"[1]在综合探究活动中，教师要激发幼儿的探究兴趣，可以从如下几个方面着手。

第一，教师可以提供多功能、多层次、具有选择自由度的活动形式。在多种形式的活动中，幼儿具有选择的自由，幼儿之间的差异得到尊重，容易形成心理上的安全感和自由感，这是激发探究兴趣的前提条件。多样性的活动形式可以包括调查活动、建构活动和角色游戏等，教师不要只做调查活动，可以增加自由度较高的团体讨论，让幼儿分享当时心中的想法，调和活动室气氛，调动全班幼儿的积极性，或者组织室外参观，安排一个访客，为活动的进行注入新的活力。

第二，关注和欣赏个别幼儿的行为表现。正如罗杰斯所说："唯一能避免对儿童的自我实现倾向进行干扰的方法，就是给予他们无条件的关注，即无论他们做什么都能体验到积极的尊重。"教师可以给予个别不感兴趣的幼儿较多的关注，表现出对其作品或某些行为的赞赏，使幼儿感到自己得到了尊重和重视。幼儿具有积极表现的欲望和获得别人认可的需要，教师的关注和欣赏也是幼儿积极发现问题、大胆提出问题、锲而不舍地解决问题的外部动力。

第三，接纳幼儿的态度，帮助他们寻找兴趣点。如果教师认为这是幼儿必须了解的内容，那就尽量吸引他们加入。如果不是这样，那就接纳幼儿的态度，帮助他们寻找兴趣点。例如，在"汽车"探究中，有的幼儿选择调查车牌，有的幼儿专注于了解汽车的环保设施。

（五）家长不配合的问题及对策

在综合探究活动教研会上，有的教师反映有些家长不配合工作，需要家长与幼儿一起开展的学习活动往往被敷衍了事。我们应该先了解家长不配合的原因。家长不配合的原因可能有以下几点。

第一，不理解综合探究活动的意义。

第二，操作难度较高。教师选择的主题可能与日常生活脱节，在操作性上给家长带来一定的困难。例如，在一个不太富裕的地区开展汽车探究的调查，没有私家车的家长会感到非常为难。教师提的要求太难，不适合幼儿的年龄特点，也给家长带来一定的操作困难。例如，创客教育刚刚兴起，要求家长调查"什么是创客"，并为孩子准备两个创客故事，一方面家长不理解为什么要孩子准备这些故事；另一方面，家长自

---

1 胡重光：《兴趣与数学教学》，载《湖南教育学院学报》，2001（1）。

己也不知道创客是什么，更不知道如何寻找创客故事。

第三，看不到幼儿学习的成效。教师只是要求家长配合做探究调查，但却忽视了与家长的沟通，没有及时反馈幼儿的学习近况，以致家长参与的积极性不高。

了解了这些原因，为了综合探究活动的顺利开展，我们要积极争取家长的配合。

首先，教师要让家长明白家庭和幼儿园都在幼儿的健康成长中扮演着非常重要的角色。教育孩子不只是幼儿园的事，家长也应承担相应的责任。在家庭中，父母是孩子的第一任老师，父母对孩子的教育影响具有权威性、感染性等特征。[1]只有家长配合共同做好家园共育工作，才能够增进家庭和幼儿园双方的理解，形成教育合力。如果幼儿园教育和家庭教育存在分歧，将会影响教育的影响力和效果。因此，教师应该向家长讲明白家长配合幼儿园工作的目的和重要性，一切要为了幼儿的发展。

其次，教师应该向家长解释清楚"什么是综合探究活动"以及"为什么要开展综合探究活动"。幼儿的学习是以直接经验为基础的，是在游戏和日常生活中进行的。幼儿的学习方式不同于成人，他们主要通过直接感知、实际操作和亲身体验获取经验。综合探究活动的核心价值在于培养幼儿自主、合作、探究的品质。它充分尊重幼儿的学习方式，主张自主探究和合作探究，围绕一个探究，而不是单一的知识点，展开跨领域的综合性学习。学习过程有赖于家长、幼儿、教师的多方参与，通过共享资源、合作行动、分享经验、语言交流、自主表征等途径来完成学习。教师在说明综合探究活动的意义和必要性之后，还应该及时向家长反馈探究学习的进展，包括探究开展的过程以及幼儿在学习中的表现与进步。

最后，提供难度适宜的任务，帮助家长明确工作任务。有些家长意识到综合探究活动的价值以及配合幼儿园工作的重要性，但他们不知道如何参与探究，这就需要教师提供明确的、难度适宜的任务，提出具体的工作要求并帮助家长明确工作任务。

（六）幼儿语言表达能力的培养

在儿童早期，根据加德纳的观点，儿童良好的语言能力（语言智能）有以下特点：幼儿在交流时，细心聆听，善于语言清晰、完整地表达自己的想法；理解成人的指令和说话的内容，善于记住人的名字、地点和琐事细节；乐于参与语言文字活动，如听讲故事、说顺口溜、绕口令等；具有一定的创造性，能创编故事，仿编诗歌；乐于阅读，能运用所学的字、词和句式。[2]

分享经验其实是一个语言活动，也是幼儿练习语言表达的平台。小班幼儿的年龄

1　吴云侠：《浅谈家园共育中的多方职责》，载《新课程（教师版）》，2013（3）。
2　张明红：《幼儿语言智能的发展及其教育策略》，载《早期教育》，2003（7）。

一般在3~4岁，这个年龄段的幼儿已经基本上完成他们的母语习得。有研究表明，3岁左右的幼儿已经获得了用本民族语言进行交流的基本语音。这一时期幼儿的语言主要是口头语言，听和说是他们语言能力发展的主要表现形式。[1] 3~4岁幼儿语言发展的特点主要表现在以下几个方面。[2]

第一，词汇的发展。这一时期幼儿词汇量迅速增长。国内外的一些研究表明，3岁幼儿的词汇量为1000~1100个，4岁为1600~2000个。

第二，基本语法结构的发展。这一年龄段的幼儿渐渐能够用简单句表达自己的想法，并开始用复合句，说出的句子日趋完整，表达内容方面也发生了质的变化。但对一些结构复杂的句子，如被动句和双重否定句还不能正确理解。

第三，语言表达能力的发展。小班幼儿年龄小，语言表达能力的发展还处在起步阶段。虽然幼儿已经掌握一些基本语句，但是语言表达能力方面还存在着一些问题，主要体现在一些词汇发音不准确，语句不完整，语序颠倒。

因此，小班幼儿语言能力的培养应重在激起幼儿语言表达的兴趣，为幼儿提供语言发展的情境，引导幼儿体验语言表达及语言活动的乐趣，要在实践中不断拓宽幼儿语言表达的领域，从而帮助小班幼儿不断提高语言运用及表达的能力。

教师不要对小班的幼儿提出超越年龄段的要求。小班幼儿的经验分享，要从一个个词语开始，再到完整的句子。对于不愿意表达的幼儿，教师可以鼓励他们用动作表达。此外，教师还可以对幼儿分享的经验进行总结，用图画的形式记录并展现出来，这样不仅让分享的幼儿感受到鼓励和尊重，还能够让其他的幼儿更加清晰地了解分享内容。

四、综合探究活动的组织策略

在综合探究活动中，教师不是被动跟随者，而是积极的行动者。这种行动不是干涉和把控学习的方向与进程，而是以尊重的态度聆听、合作的态度参与，体现"三人行"以"关系"为灵魂的先导理念。

瑞吉欧教育理念认为，教师的目标不是直接帮助幼儿学习，让学习过程变得顺畅或容易，而是通过让问题变得复杂和更具吸引力来刺激学习的过程。这也是综合探究活动需要秉持的理念之一。教师参与综合探究活动的基本方法是聆听、设计、合作。首先，聆听幼儿的声音，发现幼儿的兴趣与困惑，梳理学习的线索；其次，设计社会实验场的实践活动，设计有趣并有挑战的学习活动，为幼儿提供环境材料、设计学习契机，结合幼儿已有经验和尝试实践建构幼儿的现有发展；最后，与幼儿进行合作

---

1 熊伟：《小班幼儿语言能力培养的个案研究》，硕士学位论文，华中师范大学，2013。
2 李云霞：《浅谈小班幼儿语言表达能力的培养》，载《基础教育论坛（小学版）》，2015（11）。

学习和实践，成为幼儿学习的合作者，相信幼儿的能力，把幼儿能做的部分都交给幼儿。

不管综合探究活动的五个环节如何变化，都基本遵循了"立项—推进—展示"三个阶段。对于教师来说，他们需要在立项前，发现幼儿的兴趣，查找相关资料并加以具体的分析，还要对如何开展这个探究进行规划；在项目展示之后，还要进行资料整理、经验反思和交流等系列工作。因此，教师开展综合探究活动要经历三个阶段：探究准备期、探究推进期及探究总结期。在每一个阶段中，教师除了要注意五大环节之间的衔接外，还要关注综合探究活动开展的延续性，设计各个环节之间的前后关系。同时，教师要聆听幼儿的声音，结合幼儿现有发展水平共同设计下一个阶段的活动，做幼儿的合作者，鼓励幼儿之间的合作学习。

（一）探究准备期的教师组织策略

探究准备期是指探究确立环节前后的时期。这个时期会发生以下事情：基于园本课程实施的要求或有价值的事件产生开展综合探究活动的意向；通过思考、讨论，形成探究分析可行性报告，确立项目可行；产生探究规划，着手进行实施准备。

1. 产生意向，明确目标

综合探究活动的意向产生于课程需要、突发事件或者灵感触发。综合探究活动持续的时间可长可短，可以是在一周内完成的短期学习，也有可持续数月的长期学习，有时也会同时开展几个综合探究活动。

在生活中常常会遇到一些突发事件。抓住突发事件能成为幼儿学习的契机。例如，小二班的幼儿开展了"地下水管的秘密"，起因是幼儿园的地下水管爆裂了，施工人员留下的大坑引发了幼儿强烈的探索兴趣；中二班开展了"乌龟"的学习，起因是庭院的水池里新放了几只乌龟，引起幼儿好奇的围观。

探究的意向还有可能来自其他的原因，因为某些事件触发了教师的灵感，产生最初的意向。例如，教师在乘坐地铁上班的路上，突然想到如果做一个与地铁有关的探究是否会引起幼儿的兴趣。于是回到班上向幼儿和其他教师进行了解，从而促进了一个新的综合探究活动的产生。

2. 系统思考，进行可行性分析

有了做探究的意向后，就要开始对探究进行条件分析，以确定此意向是否适合于综合探究活动方式。为了能对可能发生的学习活动保持客观理性的态度，教师要通过网络、书籍等资源查找相关资料，以丰富这方面的信息。

分析探究是否可行，主要从以下两个方面思考。

（1）探究的操作性

该探究的探究性如何？有保持探究持续开展的动力吗？是否有丰富的家庭资源或社会资源可以利用？班级教师团队对此探究的认识和兴趣如何？

（2）探究的内涵价值

可以帮助幼儿获得哪些方面的学习？这个探究会给幼儿带来哪些挑战？有哪些认知节点是需要组织学科教学或其他的专项活动来解决的？

案　例

小二班"地下水管的秘密"探究的可行性分析

1. 探究源起

今天我们散步时发现门厅地板中间有一个围起来的区域，是什么呢？孩子们对这个区域产生了兴趣。我们立刻捕捉孩子们围观的画面，并现场进行了"安全警戒线"的随机教育。有的孩子问："这里面是什么？"有的孩子问："为什么这里要围起来呢？"老师请现场的何叔叔解释："因为地下水管坏了，正在维修，所以围起来了。"散步后回到班上，孩子们对此事还是很感兴趣："地下管道是直直的，黑黑的，有可能有蟑螂……"此时老师也加入孩子们的话题。于是"幼儿园地下自来水管道"这个综合探究活动就在孩子们的发现、老师的捕捉中萌芽了。

2. 探究的操作性分析

从探究性来看，地下水管正常情况下是隐蔽的，今天因为突发的事件使之暴露在孩子们面前，使孩子们感到非常诧异，同时产生了极大的好奇心。地下都隐藏着那些秘密？水管是怎样装在地下的？它是什么形状、颜色的？有虫子吗？为什么会坏？……这些问题都可能成为支持探究持续开展的动力。因此，这个探究内容形式多样，贴近幼儿的生活，能较好地激发幼儿的主动探索，具有较强的探究性。

从资源利用来看，地下管道和家庭生活息息相关，每个家庭的日常生活都离不开地下管道，如何维护地下管道的设施设备、如何节约用水等都是有价值和具有教育意义的。因此，以家庭为单位开展探究性活动也是切实可行的。

从班级教师团队的认同程度来看，三位老师都认为，这个探究的开展对于我们也是挑战，因为我们对地下管道的装备、铺设、维护也不了解，很希望和孩子共同学习。

3. 探究的内涵价值分析

（1）这个探究可以帮助幼儿获得的学习

　　了解地下水管的功能以及与人们生活的关系；了解地下管道的材料、形状、铺设方法；想象地下水管的状态，发展幼儿的想象力和抽象思维能力。

　　（2）给幼儿带来的挑战

　　理解一些抽象的事物，如想象地下水管在地下的样子；依靠想象理解地下水管的工作状态。

　　（3）需要特别解决的认知节点

　　对水管材料的探索；对水管连接方式的探索；地下的水管为什么会爆裂？

　　……

（案例提供者：蔡晓珊）

　3. 进行探究设计规划

　规划一个探究的开展，可以从以下三个方面入手。

　（1）规划内容

　用三维（人及物、空、时）思考法罗列该探究可涉及的内容。

　有哪些内容可以转换成幼儿可操作的活动？用什么形式呈现？

　可以开展哪些小组（学科）活动？

　可以开展什么专题活动？

　（2）规划步骤

　打算如何推进综合探究活动。

　（3）规划资源

　主要包括家长资源、环境资源、材料资源等。

案　例

小二班"地下水管的秘密"探究的开展规划

　1. 探究可开展的活动

　（1）家庭调查可以涉及的内容

　人：管道设计师、装修工人、幼儿园后勤修理工、幼儿园安全主任、水务局工作人员、街道办工作人员、使用水的老师和孩子等。

　物：PVC自来水管道、安全警戒线、温馨提示标语、水胶布、水阀、水龙头开关、自来水等。

　空：管道大小、粗细、管道分布位置、漏水的位置等。

　时：铺设时间、使用年限、维护时间、停水时间等。

　（2）可操作的活动

　探索材料的防锈性能；探索水管的连接；玩水管或其他管道的连接游戏。

（3）可开展的专题活动

亲子调查家庭或小区的地下自来水管道；请进专业人士（幼儿园何叔叔、水管维修工等）来园助教；走出去参观深圳自来水公司、参观工地……

（4）可开展的小组学科活动

根据幼儿的需求而定。

（5）可投放的操作材料

PVC管、水管接口；观察防锈功能的小实验材料；相关图片；相关书籍，如《揭秘地下》。

（6）其他：PVC管的操作

①PVC管的自由组合

这组材料主要是PVC管，中间连接的也是长短、粗细不同的PVC管，起到中通的作用。本组材料由易到难、由平面到立体，幼儿不断尝试新的方法。

②吸管与PVC管的组合

这组材料主要是PVC管和吸管，锻炼幼儿的穿插能力，给幼儿创造自由发挥的空间。

2．资源规划

（1）家长资源

带领幼儿调查家庭、小区的地下管道的情况；为幼儿收集各种型号的PVC管；本班有一名深圳自来水公司的家长，如果幼儿表现出这方面的兴趣，我们可以带领幼儿去实地参观。

（2）环境资源

继续跟进幼儿园水管爆裂的维修情况。

3．推进步骤规划

团体讨论—探索发现：家庭调查、防锈实验、水管操作、水管连接游戏、书籍阅读—合作分享：小组分享调查结果、绘画水管、想象画地下水管—项目展示：展示近期幼儿的调查表、绘画作品、水管搭建的立体造型，家长利用接送的时间来班级参观，也可邀请其他班级幼儿来参观。

（案例提供者：蔡晓珊）

（二）探究推进期的教师组织策略

探究推进期是综合探究活动的主要部分，是指通过团体讨论、探索发现、合作分享等环节，使学习活动得以展开，是实现自主学习、合作学习、探究学习等课程目标的时期。

1．"团体讨论"环节的组织策略

团体讨论的关键价值在于聆听幼儿的声音，以了解幼儿的已有经验、存在哪些误区，判断幼儿的兴趣所在，寻找设计下一步活动的线索和依据。

（1）聆听策略

在幼儿群体表达时，保持高度的热情和积极的兴趣。在个别幼儿表达时，保持目光注视，以点头、"嗯""我也觉得是这样"等体态或短语不时回应。

重复幼儿说过的关键词。对不常发言的幼儿表达鼓励。例如，你说得很清晰，我发现你变得更勇敢了。

在聆听个别幼儿的发言时，尽量不要打断，鼓励他完整表达。不要把太多的时间用在对幼儿纪律的组织上，只要大部分幼儿的注意力指向是一致的。

当幼儿七嘴八舌地抢答时，教师不要用"请安静"等指令强制幼儿安静，而是用看上去或听上去更有趣的话题来吸引幼儿。团讨结束时，对今天幼儿的表现进行小结。

（2）鼓励提问策略

敢于提问、善于提问是发展批判性思维的先决条件。幼儿天生是有好奇心的，但并不是每个幼儿都愿意或能够提出问题。教师应在日常生活中态度鲜明地支持幼儿提问，帮助幼儿梳理问题并表达出来。

案　例

小班团体讨论片段实录

老师：小朋友还有什么问题呢？大胆地说出来吧。

幼1：为什么幼儿园的老师要穿校服？

幼2：为什么要户外活动？

幼3：为什么中午要睡午觉？

（教师意识到幼儿开始产生跟风现象，模仿性地用"为什么……"）

师：我们还可以有很多提问的方法。比如，用"什么时候""谁""在哪里"，也可以把你想问的问题说清楚。

（案例提供者：邓腊梅）

教师在团体讨论环节应该鼓励幼儿大胆提出问题，需做到如下几个方面。

对幼儿问出的每一个问题都表示出尊重和肯定。多问：还有什么？还有吗？

在幼儿提出的问题上加以延伸，帮助幼儿澄清问题、引发幼儿深入思考。在纸上记录下幼儿的问题。

提示幼儿使用提问词开头的句子来学习提问，这些词包括：为什么、在哪里、什么时候、谁、哪一个是、有多少、是什么。

在小班，教师可以用这些词开头，让幼儿往下接。对于大班幼儿，可以将这些词以中、英双语书写在显眼的地方，方便幼儿回忆使用。

（3）发现热点策略

观察幼儿的表情，看看幼儿对话题的兴趣度。感受团体讨论的氛围，当幼儿争相举手发言、抢着表达的时候，往往是幼儿感兴趣的话题。

（4）记录策略

记录的纸张尽量要大，1开或1/2开的为好。记录的笔头要粗一些，以便所有的幼儿能看清。可用2～3种不同颜色的笔记录，以区分内容。例如，幼儿的已知经验用黑色笔记录，幼儿提出的问题用红色笔记录。

灵活使用思维导图，将幼儿讨论的内容迅速进行分类整理。可提前在大纸上进行分区，记录时迅速填入可以节省时间。小班的幼儿多用图示记录，大班则多用文字。如果人力允许，可安排一名教师专门负责记录。全程录音，以防漏掉一些重要的信息。

在团体讨论中，教师要综合应用这些策略，让幼儿在轻松自然的状态下讨论和交流，教师从中发现学习的线索。

案　例

大班综合探究活动"色拉和魔法店"的第一次团体讨论

教师："小朋友们，前两天我们一起分享了一个好听的故事，是关于柳树村的昆虫们，你们还记得故事叫什么名字吗？"

集体："记得，是'色拉和魔法店'。"

教师："故事里发生的事情还有里面的小昆虫们，哪些是让你们感兴趣的呢？或者你又有哪些疑问呢？你们先和小伙伴分享一下，然后我再请大家一个一个来说。"（幼儿自由分享两分钟。）

教师："现在谁先来说一说？"

思诚："那个蜗牛好神奇，爬过的地方会闪闪发光。"

早早："蜗牛怎么会有那个东西呢？"

诚悦："我很喜欢那个蜻蜓。"（老师追问：为什么呢？）"它长得很特别。"

画画："里面的蝴蝶结婚了，原来蝴蝶也能结婚。"

珊珊："我参加过婚礼。"

教师："那你对婚礼了解些什么呢?"（珊珊：不记得了!）

佳佳："里面还有蚂蚁的一家! 爸爸、妈妈和蚂蚁宝宝。"

教师："他们是怎样生活的?"（佳佳摇摇头。）

教师："还记得昆虫是怎么找到蝴蝶家的吗?"

想想："他们是跟着地图走的,可是地图是怎么画的?"

……

教师："这些都要你们自己去找答案! 刚才我们小朋友主要说到了三个不同方面的内容,一个是关于昆虫的,一个是与婚礼习俗有关的,还有一个是关于地图的,你们可以自己选择一个喜欢的内容再进一步调查,也可以选择和你的伙伴进行调查。"

（案例提供者：郑欣）

（5）思维策略

在综合探究活动过程中,可以在很多环节和活动中使用思维导图。例如,在团体讨论中,教师可以使用思维导图进行记录;在幼儿进行经验表述时,可以用思维导图使表达更加清晰;在调查参访时,可以用思维导图整理收集得到的信息。

思维导图有很多种,小班的幼儿可由教师主导过程,大班幼儿可以小组合作学习的方式自主展开。我园常用方法有以下几种。

①三维导图：发散性思维

从与事物有关的"人与物""空""时"三个维度进行发散性思考,一方面使思考的内容能全面覆盖,另一方面还可以此为线索对某个点进行发散和深入。

以"小区的停车场"为例,可以做如下发散性思考。

有关的人与物：停车场的工作人员,使用的人、车、摄像头、发卡设备等。

空间元素：结构、层高、容车量、车位的标记与编号等。

时间元素：停车场服务的时间、收费时段、如何计费等。

②圆圈图：定义一项事情

主要用于把一个主题展开,联想或描述细节。它有两个圆圈,小圈是主题,而大圈是和这个主题有关的细节或特征。例如,螃蟹的基本结构如图4-5所示。

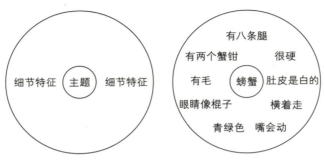

图4-5   圆圈图

③气泡图：描述事物的性质和特征

　　围绕一个主题对其性质和特征进行罗列描述，以气泡的方式清晰直观地呈现事物的基本特征，帮助幼儿直接感知并且明确有序地进行综合探究活动，如图4-6、图4-7所示。

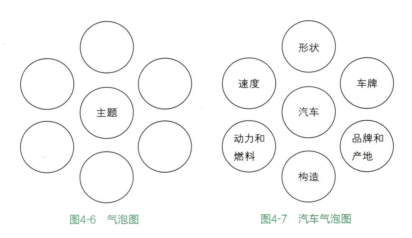

图4-6   气泡图   　　　　　　图4-7   汽车气泡图

④树状图：分类与归纳

　　这种思维策略使用的方法很灵活，如图4-8至图4-10所示。

　　这种方法提供了固有的线索，促使幼儿思考和表述。经常使用这样的方法，可以锻炼幼儿清晰的表述能力。

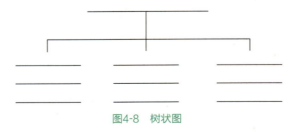

图4-8   树状图

图4-9　交通工具树状图

图4-10　动物树状图

2. "探索发现"环节的组织策略

这个环节的关键价值在于创造条件、提供机会让幼儿直接感知、实际操作、亲身体验，从而支持幼儿自主学习、合作学习、探究学习。

（1）观察与记录策略

在探索发现环节中，幼儿可以在成人的陪同下进行观察，寻找发现新的经验。这是帮助幼儿获得观察、记录能力最有效的途径。在这个过程中，幼儿需要在教师的支持下，尝试做以下的努力。

在观察前，先明确自己的目标，知道自己的主要任务是什么。

养成按顺序观察的习惯，如从左到右，从上到下，从大到小，从整体到局部等。

幼儿尝试用多种形式记录自己的发现，如绘画、文字、涂鸦、剪贴等。在有条件的情况下，学习用相机或摄像机记录自己的发现。

尝试对相似或同类的两个观察对象进行比较观察，培养幼儿的思维能力。

（2）调查表设计策略

一次调查的问题宜少不宜多。小班一次只调查1个问题。中大班可酌情增加。

版面设计尽量简洁，留出足够的空间让幼儿表征（写、画、贴均可）。

调查表上可以有部分内容留给家长填写，提示家长如果要使用文字说明的话，可以尽量使用幼儿认识的字来记录。

可以有专门写给家长的话，以帮助其了解综合探究活动的进程、内容。

调查的问题可以聚焦，也可以由幼儿选择自己想要调查的话题。因此，调查表的格式可由教师创造性地发挥。

案例

关于调查表设计与使用的思考

在跟随幼儿园的脚步结合开展三八节活动之"我爱妈妈"主题时，我制作设计了第一份调查表，表格的内容主要以"妈妈的基本信息""我对妈妈的小问号""妈妈的照片"以及"我对您说的话"这四大部分组成。接着，在开展"我家车的小秘密"的主题时，在根据幼儿团体讨论的内容再三调整表格的过程中发现，"我爱妈妈调查表"是适合主题活动的调查表，其主要特点在于内容是教师预设的，或者收集幼儿需要和可以了解的信息与内容，其主要作用在于收集信息，接着教师就能进行知识拓展。例如，根据收集的信息开展相应的语言（妈妈我有话对您说）、社会科学（妈妈的年龄——生命线）、数学（统计妈妈的基本信息）等领域方面的教学。但这只是主题教学的模式，并不同于我们的综合探究活动。所以，开展探究合作游戏所需要的调查表并非仅仅如此。

在车的主题第一阶段团体讨论活动过后，我们意识到探究合作的调查表应该是立足于孩子的疑问的，也就是把孩子们提出的诸多疑问归纳、整理后制成的表格。从浅层来看，表格的主要作用是帮助孩子收集到问题的答案；但是从更深层来看，让孩子通过完成表格，学会查找自己想要解决问题的方法，才是最终的目的。例如，让孩子通过采访专业人士、到图书馆查资料以及上互联网查找资料等多种形式完成并记录。

从以上制作和设计调查表的思考内容中可以发现，设计制作表格时应立足于幼儿的需要，他们想要了解的是什么？可以通过调查发现些什么？从而设计出真正适合幼儿操作与激发幼儿进一步探索的辅助工具。

在调查的过程中，教师和家长尽可能地引导幼儿通过体验式参与和查阅资料等方式获取自己想要的信息并尝试解决问题，让幼儿在活动中成为一个真正的积极主动探索者、研究者。在大班开展"我们的世界"主题活动时，教师、家长不仅陪同幼儿阅读了《世界》《地图》等地理绘本、旅游绘本，与幼儿一同从网络上收集了相关资料，还带幼儿到深圳著名旅游景点"世界之窗"进行直接感知，从中发现幼儿的兴趣和疑问，进而将综合探究活动推进下去。

（案例提供者：郑欣）

（3）学习资源提供策略

支持幼儿学习的资源主要有两大类：主要资源和二手资源。

主要资源是指可以为幼儿带来实际操作、亲身体验、直接感知机会的人、地点、物品、事件等，如提供咨询的专家、汽车制造厂、组织体验银行的活动等。

二手资源是指幼儿可以了解二手经验的途径，如书本、电视、互联网、图书馆、博物馆等。

主要资源和二手资源相结合，综合探究活动将开展得更加丰富多彩。

（4）自主学习支持策略

调查的内容和展开的探究活动都是基于幼儿的兴趣和需要的；为幼儿准备充分的探索材料；给幼儿充分的选择权，选择什么时间、以什么方式做这些与探究相关的事情；在教室内创设探究专区；郑重地对待幼儿反馈回来的调查表或海报，及时张贴，精心设计版面；鼓励幼儿就收集回来的信息进行随机交流；以同伴的身份参与，和幼儿共同操作材料。

（5）合作学习支持策略

相信幼儿，把幼儿能做的事都交给幼儿去做。例如，管理自己的调查表、收集材料、在电脑上导出自己拍摄的照片、在指定的范围内摆设自己带来的材料。

以合作学习的方式开展小组活动，注重幼儿的合作意识和能力的培养。注重分工合作的过程，不包办代替。

3. "经验分享"环节的支持策略

这是一个小组谈话的环节，教师要采取策略使幼儿想说、敢说、会说。分享的内容可以围绕调查表展开，但是不要拘泥于此，教师应通过谈话分享了解更多的信息。

（1）谈话组织策略

坐在与幼儿视线平行的位置谈话；准备一张展板放在一旁，用来张贴幼儿的调查表或海报；可以先让幼儿互相交流，再开始谈话；鼓励幼儿之间相互询问；记录下每个幼儿说的内容。

（2）同伴式对话策略

①教师可采取多种形式的言语和行为活动

听和观察：仔细地听幼儿说什么，观察其身体语言，看他们正在做什么。

真诚地表达兴趣：全部的注意力集中在幼儿身上，保持眼睛的接触，微笑、点头。

概括：可用这样的句式，"因此，你认为是……"

提供经验：提供成人自己的经验。例如，"当我做饭时，我也很喜欢听那段音乐……"

澄清：澄清想法。例如，"因此，你认为……是不是?"

建议：例如，"你可以用这个方法试试。"

提醒：例如，"不要忘了，你刚才说石头煮的时候会化的。"

观点：提供一个可选择的观点。例如，"也许某某在做那件事时就不是很调皮了。"

推测：例如，"你认为三只熊会喜欢某某吗，并和它成为朋友吗？"

提供场所思考：例如，"当你跳进水坑时，幸亏你穿着雨鞋，否则就全湿了。"

开放性提问："你是怎么想的？""如果……就会如何？""下面会发生什么事？为什么会这样？"

示范：做思考的示范。例如，"我一直在想，今天晚上我要做的事，我需要把我的狗带到兽医诊所去，因为它的脚发炎了；然后我要把图书馆借的书还了，还要买些晚上的食物。但是，我没时间做这些事。"

②对话中常用的词

我想、我同意、我不同意、我想知道、我喜欢、我不喜欢、我想象着应该是……

（3）记录策略

为了防止漏记重要的信息，可以全程录音以便过后整理。记录下每个幼儿说过的话语。

对谈话记录进行分析，了解幼儿的语言表达能力和习惯、认知水平、与他人互动的态度，以及他对事物的看法。

（三）探究总结期的教师组织策略

探究总结期是指探究最后的展示环节，以及展示环节之后，教师对自己工作的反思与总结，寻找改进提升的空间。

1. 项目展示支持策略

教师要有充分的设计意识和活动组织能力，力求为幼儿带来一次丰富有趣的回顾，使幼儿展示出综合探究活动中得到的经验，并为自己的学习感到骄傲。

（1）积极欣赏策略

欣赏并展示幼儿每个小的成果，如调查表、操作过程的照片、收集来的资料等；可以由幼儿自己决定以哪些内容为自己的展示重点；和幼儿一起为他的每个成果制作标签；鼓励幼儿主动为家长或他人介绍自己的展示。

（2）作品陈列策略

分类陈列，并用明显的标志分隔区域；平面展示的时候，用辅助的材料（如积木）使作品高低错落；要疏密有致；善用墙面、桌面、地面、上空等多角度的空间；标签清晰。

（3）活动的组织与策划策略

根据不同探究的内容，设计不同形式的展示方式。例如，大班可以组织一场知识竞赛，来展示对"星球"探究的探索；中班组织一场小型会演，来展示他们对深圳这个城市的探索；用一场义卖活动结束对钱币的探索等。

策划的展示活动要为幼儿提供展示经验，尤其是动手实践和技能应用经验的机会。例如，综合探究活动"银行"的展示，就是一次班级幼儿对家长"营业"的活动，家长作为客户到窗口取钱，到幼儿的跳蚤市场购买物品，使幼儿在活动中再现生活中的实践经验。

教师在策划方案时要和幼儿沟通，听取幼儿提出的改善意见。让家长和幼儿在展示活动中承担不同的角色。

（4）宣传策略

提前告知家长，邀请家长在规定的时间内到园观摩；在幼儿园内张贴海报，邀请其他班级前来观摩；尽量让更多人知道信息并参加观摩，使幼儿体验成功的喜悦。

2. 资料整理分类策略

用专门的档案夹收集综合探究活动的各种资料；档案前面附有详细的目录，方便查阅；使用过的材料要留下样本，以便将来参考使用；实物和电子文件同时收集保存。

3. 反思提升策略

对照综合探究活动的开展策略，以班级会议的方式讨论该探究实施过程中的成功与不足；写下将来需要改进的方向；对照"综合探究活动课程评价"的各项指标检查学习的质量，反思达成课程目标的效果。

4. 总结分享策略

幼儿园可定期举行综合探究活动的分享报告会，各班展示自己综合探究活动的过程与结果。

在综合探究活动过程中，探讨幼儿如何学习以及教师如何支持幼儿学习是提升综合探究活动有效性的基础，是综合探究活动真正立足于幼儿发展的必要条件。《3—6岁儿童学习与发展指南》明确指出，"幼儿的学习是以直接经验为基础"，"通过直接感知、实际操作、亲身体验"实现的，只有树立正确的幼儿学习观，才能在综合探究活动过程中促进幼儿的有效学习。结合幼儿学习与发展的特点，在综合探究活动中，要着重培养幼儿学习提问、学习思考、学习观察、学习合作四个方面的能力。

5. 环境支持策略

（1）丰富环境，让学习看得见

在明显的地方，要有探究的名称；提供让每个幼儿展示调查结果的地方；利用展板展示幼儿的谈话和讨论的结果；提供地面、桌面、墙面、空中等不同的地点，展示幼儿所收集的资源。

（2）集体创作，让探究渗入生活

教师和幼儿共同设计一些集体创作活动，使探究自然地贯穿延伸，如小二班的"家"，大四班的柳树村、蝴蝶等。

（3）投放的材料支持幼儿的操作与探究行动

在区域中投放与探究相应的材料，方便幼儿观察或操作。例如，在小二班的"地下管道的秘密"期间，设置了观察活动：哪种材料会生锈？

设置游戏专区或探究专区，给幼儿提供实践和检验经验的机会。例如，在银行探究中，设置银行；在"我要上小学"探究中，设置小学专区等。

第三节 综合探究活动的质量评价

"三人行"综合探究活动由项目教学发展而来。项目教学是师生通过共同实施一个完整的项目工作而进行的教学活动。而项目教学法是指以学生为中心，以培养学生的综合能力为目标，在建构主义理论指导下，把整个学习过程分解为具体的项目或事件，设计出项目教学方案，在教师的引导与对项目进行分解并做适当的示范下，让学生分组围绕各组的项目进行讨论、协作学习与实际操作训练，最后以共同完成项目的情况来评价学生是否达到教学目的的一种以学生为本的活动教学法。[1]"三人行"综合探究活动是围绕一个探究，而不是一个单一的知识点，展开跨领域的综合性学习活动的，也是"三人行"课程的核心学习模式。学习过程有赖于家长、幼儿、教师多方的参与，通过共享资源、分享经验、语言交流、自主表征等来完成学习。在"三人行"综合探究活动中，评价成为改进活动的工具，而不是对智力或积累的事实的测试。通过将评价融入单元教学，教师可以更加了解幼儿的需求，并相应地调整教学以提高幼儿的发展水平。

一、综合探究活动的质量标准

综合探究活动包括五个环节：确立项目—团体讨论—探索发现—经验分享—项目展示。一个综合探究活动从项目确立到项目展示，中间可能经历了多次的团体讨论、探索发现、经验分享过程。

---

1 周文华：《项目教学法在学前专业活动设计课程中的运用》，载《黑龙江教育学院学报》，2011（7）。

综合探究活动的质量评价标准包括如下几个方面。

（一）确立项目

1. 幼儿对探究主题的兴趣
2. 该项目的可探究程度
3. 该项目对家庭资源的利用程度
4. 班级教师团队对该项目的理解程度

（二）团体讨论

1. 教师倾听幼儿的程度
2. 幼儿围绕该项目展开讨论与提问的情况
3. 幼儿在探究主题上的兴趣与热情
4. 教师对每一个幼儿的关注程度

（三）探索发现

1. 调查表设计意图是否明确
2. 调查表内容是否切合在团体讨论中想要集中解决的问题
3. 探索过程是否给予幼儿自主寻求答案的机会
4. 幼儿在此阶段观察记录能力的提升程度

（四）经验分享

1. 幼儿对探究结果的理解与表达
2. 教师对幼儿分享活动的支持适宜程度
3. 教师对幼儿经验的整合与提升
4. 教师支持幼儿同伴间对话的情况

（五）项目展示

1. 幼儿参与项目展示的积极性
2. 项目展示是否体现幼儿的想象力与创造力
3. 家长参与项目展示活动的情况
4. 探究学习过程与班级环境的结合

二、综合探究活动的评价工具

"三人行"综合探究活动质量评价是通过综合探究活动的五个环节，从确立项目、团体讨论、探索发现、经验分享和项目展示来具体评价幼儿在探究过程中的表现。目的是通过综合探究活动评价幼儿的兴趣、发展水平，并同时考察教师对幼儿的支架水平，从而通过考评表实现对教师和幼儿的考量，继而促进接下来综合探究活动的开展，发展教师的支架水平，提升学前教育质量。

表4-5 "三人行"课程"综合探究活动"质量考评表

探究名称：_____   开展时间：_____

一级指标	二级指标	三级指标	考评办法	自评说明	自评分	考评分
1. 确立项目（10分）	1. 幼儿兴趣（5分）★	1. 幼儿围绕项目展开主题激烈讨论（2分） 2. 幼儿围绕探究主题积极提问（2分） 3. 幼儿主动想要了解关于探究主题的相关内容（1分）	探究实践观察			
	2. 可探究性（2分）★	4. 教师对探究主题可探究程度的分析（1分） 5. 教师对主题推进的预设（1分）	查看资料；访谈教师			
	3. 家庭资源利用（2分）	6. 教师通过调查表鼓励家庭参与综合探究活动（1分） 7. 教师鼓励家庭贡献探究主题开展资源（1分）	查看资料；访谈教师			
	4. 班级团队支持（1分）	8. 主持综合探究活动的教师经常与班级其他教师开展围绕探究主题的讨论（0.5分） 9. 班级其他教师经常配合综合探究活动开展（0.5分）	实地查看			

续表

一级指标	二级指标	三级指标	考评办法	自评说明	自评分	考评分
2. 团体讨论（20分）	5. 教师倾听幼儿（5分）★	10. 教师给予幼儿充分表达的机会（2分） 11. 教师认真倾听幼儿的表达、不打断（2分） 12. 教师可以跟随幼儿的思路合理组织讨论活动（1分）	实践观察			
	6. 幼儿围绕探究的讨论情况（5分）	13. 幼儿一直围绕探究主题展开讨论，不偏题（1分） 14. 幼儿围绕探究主题表达自己的已有经验（2分） 15. 幼儿围绕探究主题提出自己的问题或假想（2分）	实践观察			
	7. 幼儿对探究的热情与兴趣（5分）	16. 大部分幼儿的注意力一直聚焦在探究主题的讨论上（3分） 17. 大部分幼儿可以激烈地谈论探究主题（2分）	实践观察			
	8. 教师关注每一个幼儿（5分）	18. 教师给每个幼儿均等的表达机会（2分） 19. 教师关注每个幼儿对探究主题的表达并认真记录（3分）	实践观察			
3. 探索发现（30分）	9. 调查表的设计意图（5分）	20. 调查表的设计清晰地表达出此次调查的意义（2分） 21. 调查表的设计清晰地表达出调查目的与初衷（3分）	查看调查表			
	10. 调查表的设计内容（5分）★	22. 调查表的设计涵盖团体讨论所要解决的问题（3分） 23. 调查表所设计的问题表达明确（2分）	查看调查表			
	11. 幼儿自主探索过程（10分）★	24. 幼儿有机会自主探究寻求答案（4分） 25. 幼儿熟悉探究所要探索的问题（3分） 26. 幼儿积极主动地寻求问题答案（3分）	实践观察；教师访谈			

一级指标	二级指标	三级指标	考评办法	自评说明	自评分	考评分
3. 探索发现（30分）	12. 幼儿探究能力的提升（10分）★	27. 教师为幼儿提供练习提问、观察与记录等探究能力的机会（4分） 28. 教师为幼儿提供提问、观察与记录的技巧策略（3分） 29. 教师在幼儿自主探究过程中给予适时指导或支持，以提升幼儿的探究能力（3分）	实践观察；教师访谈			
4. 经验分享（20分）	13. 幼儿对探究结果的理解与表达（5分）	30. 幼儿有机会表达或表征自己的探究结果（2分） 31. 幼儿探究结果的表达有相应的记录（1分） 32. 教师聆听或观察幼儿对探究结果的表达或表征（1分） 33. 教师展开与幼儿的对话，了解幼儿对探究结果的理解情况（1分）	查看资料；教师访谈			
	14. 教师对幼儿分享过程的适宜支持（5分）	34. 教师分组组织幼儿进行分享活动（1分） 35. 教师为幼儿分享活动准备适宜的场所和时间（2分） 36. 教师在幼儿分享过程中给予适宜支持以帮助幼儿分享自己的探究学习经验（2分）	实践观察；教师访谈			
	15. 教师对幼儿经验的整合与提升（5分）	37. 教师通过提供语言或物质支持整合、提升幼儿探究学习经验（5分）	教师访谈；实践观察			
	16. 教师对幼儿同伴对话的支持（5分）	38. 教师创设民主轻松的分享氛围为同伴间的对话创造机会（3分） 39. 教师利用对话策略鼓励幼儿同伴间的对话行为（2分）	实践观察；教师访谈			

续表

一级指标	二级指标	三级指标	考评办法	自评说明	自评分	考评分
5. 项目展示（20分）	17. 幼儿积极参与展示（5分）★	40. 教师激发幼儿参与项目展示的积极性（2分） 41. 教师提供适宜的支持，帮助项目展示有困难的幼儿（3分）	教师访谈			
	18. 展示中体现幼儿的想象力与创造性（5分）★	42. 教师鼓励幼儿大胆想象项目展示的形式与内容（1分） 43. 教师提供支持，鼓励幼儿的创造性表现（2分） 44. 教师细心观察并记录幼儿在项目展示中的创造性表现（2分）	查看资料；教师访谈			
	19. 家长参与项目展示（5分）	45. 教师将进行项目展示的信息告知家长，并鼓励家长参与项目展示（2分） 46. 教师为愿意参与项目展示的家长提供支持（3分）	教师访谈			
	20. 探究学习过程在班级环境中的体现（5分）★	47. 在班级环境中可以清晰地看到探究学习过程的每一步（2分） 48. 教师为项目展示活动提供班级环境上的准备（1分） 49. 教师鼓励幼儿共同将探究学习成果展示在班级环境中（2分）	现场查看；教师访谈			
说明：带★号为必达指标，如果有一项不达标，则为不合格；综合探究活动考核得分75分为合格			总分			
综合评价意见						

三、综合探究活动质量评价实施

（一）综合探究活动开展中的评价

1. 实践观察

建立综合探究活动推进群，探究组织教师定期在群里交流综合探究活动的开展计划。

教研人员形成质量评估团队，跟进综合探究活动的开展。

观察人员使用《"三人行"课程"综合探究活动"质量考评表》到活动现场实施观察。观察内容如下。

幼儿围绕探究主题的讨论情况（是否有兴趣）；一日一议中教师团队围绕探究主题的研讨情况；教师在研讨中是否给予幼儿充足的表达机会；教师在研讨中是否认真倾听幼儿的表达，不打断；教师是否能够跟随幼儿的思路组织团体讨论；幼儿在讨论中的大部分时间是围绕探究主题进行的；幼儿在探究阶段是否具有积极主动的表现；幼儿有机会进行自主观察、记录等探究活动；幼儿有机会表达自己的探究结果；幼儿在分享活动中有积极主动的表现。

2. 教师自评

教师使用《"三人行"课程"综合探究活动"质量考评表》及时自评综合探究活动的开展质量。

教师与班级团队利用一事一议的时间研讨综合探究活动开展中的困惑以及下一个阶段的开展计划，听取他人的建议。

教师利用微信群及时与教研人员沟通交流综合探究活动的开展情况以及遇到的困惑，及时获得教研人员的指导与支持。

（二）综合探究活动结束后的评价

1. 教师访谈

教研人员使用《综合探究活动质量访谈问卷》访谈探究组织教师，获得综合探究活动开展质量的相关信息。

2. 查看资料

教研人员查看综合探究活动开展中的记录资料等，以为综合探究活动质量评价提供相应依据。教研人员需要查看的资料内容如下。

教师对探究主题可探究性的分析以及探究推进的预测资料；教师设计的调查表（亲子探究版与自主探究版）；教师对研讨过程的记录资料；教师对幼儿探究结果以及表达的记录资料；教师围绕项目展示组织班级讨论的记录资料；项目展示成果的照片资料。

3. 组织质量考评

教研人员以及相应人员组成综合探究活动质量考评小组，利用《"三人行"课程"综合探究活动"质量考评表》对每个探究主题进行质量考评。

与探究组织教师召开探究质量研讨会，将考评结果反馈给相关人员，并提供今后组织综合探究活动的指导建议。

第四节　走进儿童的综合探究活动现场

前面我们讲了很多关于综合探究活动的内容，但是儿童的综合探究活动究竟是怎样的，只有走进活动现场，我们才能获得深度感知。不同年龄班幼儿在综合探究活动中的表现也是不同的，就让我们走进不同年龄班幼儿的综合探究活动现场，体验他们在综合探究活动中不一样的精彩。

一、大班幼儿的综合探究活动现场

大班幼儿，基本上都是处于5~6岁年龄阶段的儿童。这一年龄阶段的儿童无论是自主探究学习能力还是合作探究学习能力都获得了极大的发展，他们在综合探究活动中，可以说是如鱼得水，将综合探究活动开展得有声有色，既有深度又有广度。

案　例

好玩的自行车

参与教师：杨欢、吴莹、雷惠洁、曾苏梅

时间周期：2016年11月4日至2017年1月5日

1. 探究路径

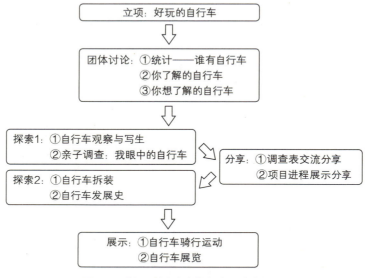

图4-11 "好玩的自行车"探究活动路径图

2. 开展过程

（1）探究准备期

①确立项目：探究源起

在一次日常谈话中，老师无意之中提到自行车，引起了孩子们的讨论，有的孩子们说："我会骑自行车"。有的孩子说："我已经开始骑两个轮子的自行车了。"关于自行车的话题真的是说也说不完。自行车是我们生活中常见的一种交通工具，再加上深圳市刚刚流行起来的共享单车，让老师们觉得，这是一个符合孩子们兴趣，又很有时代感的主题。并且，自行车的构造蕴含了许多的科学原理，很有探索价值。为了支持孩子们的学习与探索，我们决定开展这一探究学习。

②探究分析（可行性分析表和规划表）

表4-6　探究可行性分析表

项目名称：好玩的自行车	
1. 探究的可操作性	
幼儿好奇心	幼儿提出了许多关于自行车的结构、用途、种类的问题
探究材料	供观察的自行车、供拆装的自行车、拆装自行车的工具等

续表

家庭和社会资源	自行车是生活中常见的交通工具
参访场所	日常生活；共享单车停放点
开展难点	教师对自行车工作的原理需要深入了解
教师兴趣	4位教师都会骑车，并且喜欢用共享单车出行。能够有机会和孩子们一起探索，教师心里也充满了期待
2．探究的教育价值	
幼儿可获得的学习	了解自行车的构造以及包含的科学道理
幼儿可掌握的技能	螺丝刀、钳子等工具的使用方法；骑自行车的技能
幼儿可能面临的挑战	自行车拆下来可能无法安装回去；少数孩子还不会骑车，对自行车不一定有兴趣

表4-7　探究开展规划表

项目名称：好玩的自行车	
1．可能开展的内容	
操作探究活动	了解自行车的历史，了解自行车的外观、结构以及其中包含的科学道理。
领域活动	科学活动："自行车的轮子为什么是圆的" 美术活动："我设计的自行车" 安全活动："骑自行车需要哪些安全装备"
参访活动	自行车修理店、自行车停车位
表征活动	用废旧材料制作自行车
2．可能需要的资源	
人力资源	自行车修理员
环境和材料	班级展板、供观察的自行车、拆装自行车、自行车零件、工具
3．环境支持设想	
班级环境规划	操作区投放自行车
社会实验场创设	组织一场自行车比赛

（2）探究推进期

①团体讨论

主要内容包括如下。

第一，谁有自行车。

图4-12　和孩子们进行有关自行车的团体讨论

第二，你知道哪些关于自行车的事。

"自行车有刹车。"

"自行车有车条。"

"我家的自行车有四个轮子。"

"自行车有龙头。"

"自行车的车胎需要打气。"

"自行车的座椅可以升降。"

第三，你还想了解自行车的哪些秘密。

靖为："链条为什么会有机油？"

壮壮："自行车后面的铁条是用来做什么的？"

耘厚："轮胎为什么会有花纹呢？"

悦悦："为什么会有铃铛？"

凯凯："为什么轮胎要充气？"

田田："为什么会有刹车线？"

果果："车后面的把手有什么用？"

曾琪："这个弹簧用来做什么？"

小雅："为什么自行车的轮子是圆的？"

恒绰："为什么会有脚踏板？"

　　确立主题后开展团体讨论活动，一方面是了解幼儿对自行车的已知经验，另一方面是通过幼儿提出的问题思考、讨论并归纳下一阶段可以支持幼儿解决问题的探索活动。

②探索发现一

在观察写生的过程中，自行车链条突然脱落了。有的孩子直接用手去拨弄，弄得黑黑的。有的孩子用手中的画笔拨弄，差一点就成功了。"不想把自己的手弄脏，又没有合适工具，怎么办呢?""戴胶皮手套。""可是我们现在没有

图4-13　孩子们认真观察

图4-14　画最喜欢自行车的部分

图4-15　可以多层乘坐的自行车

图4-16　我眼中的自行车

图4-17　自行车辐条有28条

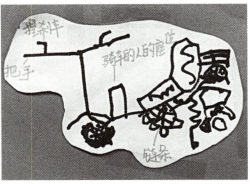

图4-18　记得捏刹车

啊!"用纸包着怎么样?"大家一致觉得这个主意不错,于是我们进行了尝试,果然把自行车链条修复好了,而且还没有把手弄脏!

图4-19　自行车链条掉了　图4-20　尝试用笔修复　图4-21　观察如何解决　图4-22　用纸包着链条

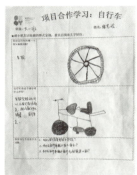
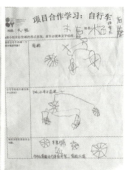
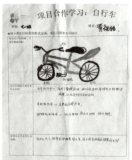
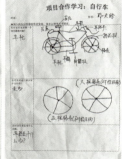

图4-23　孩子们的调查表

③合作分享

灵活采用集体、小组、随机等多种形式的分享。

图4-24　教师和孩子们进行集体分享活动　　图4-25　你调查了什么　　图4-26　再看看我的

第一，小组分享对话记录。

　　梓琪：“晴晴，我看看你的，你的自行车是红色的。”

　　晴晴：“对，你看的是自行车的踏板。”

　　梓琪：“嗯，画出来了点。”

　　晴晴：“这个是这样的，可以控制轮子向前走。”

　　梓琪：“我也写了脚踏板，还有轮胎。”

　　晴晴：“你知道轮胎可以充气吗?”

　　叮当：“我对轮胎感兴趣。”

　　潼潼：“我写的也是轮胎。”

　　叮当：“轮胎是圆的。”

　　潼潼：“对，你看，可以滚动。这里有铁丝，你的没画。”

　　叮当：“我跟你画的不一样。”

　　苗苗：“你的怎么没有画画，都是字。”

图4-27　班级探究学习展示板

图4-28　随机分享——看看我们都做了什么

珊珊："妈妈帮我写的。"

苗苗："你看我的车轮，我还涂了颜色。我还提了问题。"

珊珊："我的可不是车轮，我的是刹车，我不知道怎么画。"

苗苗："你妈妈告诉你的吗？刹车是用来做什么的？"

珊珊："让自行车停住，不然往前冲就摔跤了。"

苗苗："我家自行车也有刹车。"

第二，在环境中展示调查表，为幼儿的随机分享提供了机会。

表4-8　幼儿小组分享活动观察表

行为描述	行为表现			
	未见到	一般	好	很好
1. 能加入一个小组进行共同学习				
2. 选择自己的交流对象，并与之互动				
3. 尝试做一个小领导者				
4. 接受同伴的指导和意见				
5. 描述物体、事件和关系				
6. 认真倾听他人的表达				
7. 评价自己和他人的学习表现				

注：教师观察幼儿在合作分享过程中的表现，在"行为表现"下相应的表格中填入幼儿名字或缩写。

④探索发现二

随着综合探究活动的开展，幼儿已经不满足于对自行车外观的探索以及功能上的体验。他们提出了更难的问题：这些零件是怎么组合到一起的？

图4-29　拆自行车　　　　　　图4-30　拆自行车的工具

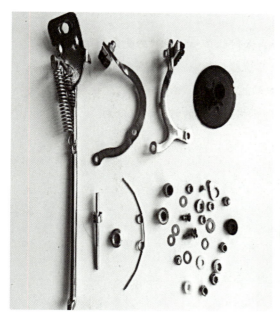

图4-31　拆下来的自行车零件　　　　　　　　图4-32　我们拆下了轮子

　　教师们经过商量，决定支持孩子们来一次更加新奇的体验——拆自行车。这个想法很快得到了一个家长朋友的响应，贡献出家里的一辆小自行车，就是为了给孩子们"拆着玩"！

　　你看，孩子们拿起工具，把自行车拆了个七零八落。

　　⑤探索发现三

　　在孩子们拆卸自行车的过程中，教师对自行车的历史产生了兴趣，通过查找资料的方式了解到，现代自行车经历了很长时间的历史演变，以前的自行车是没有链条的，慢慢地有了脚蹬，而自行车的轮子却一直都是圆形的，因为只有圆形的轮子才可以滚动起来。教师兴奋地和孩子们分享了这些知识。

图4-33　自行车的发展史（PPT图片）　　　　图4-34　了解自行车的发展历史

（3）探究总结期

丰富多彩的综合探究活动到了尾声，如何让孩子们能够感受到一起做探究的乐趣呢？如何让其他孩子能够和我们分享这些乐趣呢？我们准备开展一个探究学习的展示活动。活动开始前，我们组织幼儿进行了讨论，解决"展示什么""邀请谁来观看""怎样邀请"等问题，教师根据孩子们的讨论制订计划。

①展示活动方案

大一班"探究学习——自行车"展示方案

活动时间：2017年1月5日上午10点

活动地点：幼儿园大操场

总负责人：吴莹

活动准备：

①设计绘制宣传海报和邀请函。

准备：幼儿自己设计的宣传海报和邀请函。

负责人：吴莹

②布置展板。

准备：布置好的展板搬到操场。

负责人：雷惠洁

③自行车的装备进行展示。

准备：骑自行车的装备。

负责人：杨欢

④作品集中在一起进行展示。

准备：作品用卡通版画上马路、商店，把孩子做的自行车集中在卡通版上。

负责人：吴莹

⑤拆开的自行车展示。

准备：拆开的自行车。

负责人：曾苏梅

⑥调查表展示。

负责人：杨欢

⑦举行骑自行车比赛活动。

准备：分6组，比两轮。

负责人：雷惠洁

⑧小小解说员准备解说词。

⑨座位安排。

活动流程：

①参观的教师和家长10点进入长廊观看展板，听小解说员介绍。

②参观的教师和家长集中入座。

③自行车比赛。

热身；两轮自行车单项比赛；四轮自行车接力比赛；比赛结束，颁奖仪式。

图4-35　孩子介绍

图4-36　这是我们拆的自行车

图4-37　我们自己做的自行车

图4-38　整装待发

②展示活动过程及现场照片

图4-39　先来热个身

图4-40　自行车接力赛

案例分析： 该探究可以从以下几个方面进行分析。

首先，幼儿在该探究中获得的经验与技能。

第一，了解自行车的结构和工作原理。

第二，体验了自主学习的方法和过程。

第三，提升了骑自行车的技能。

第四，体验了使用扳手、螺丝刀等工具的使用。

……

其次，反思该探究的组织成效。

此次探究的内容是幼儿非常关注和喜欢的。从观察、体验到操作，幼儿围绕"自行车"开展了由浅入深的探索活动和多样化的表征活动，尤其是组织自行车赛深得幼儿的喜爱，得到了有别于日常生活的有趣体验。但是由于与全园活动艺术节时间重叠，时间上安排不周，造成了探究的中断，有些幼儿的兴趣也因此受到影响。

最后，针对该探究的改进建议。

教师可将更多自主权交给幼儿，真正追随幼儿的兴趣来开展活动，使探索得以更加深入，内容更加丰富。还可以开展以下的探索活动。

第一，引导幼儿做更深入的观察，探究自行车的齿轮、换挡、刹车等原理。

第二，课外组织幼儿现场参观共享单车的使用方式，观察几种不同的共享单车异同。

第三，请进修车技术员，为幼儿演示讲解自行车零件的功能。

第四，设置实验活动，探索自行车轮胎上的秘密。

案　例

行在深圳——机场探秘

参与人员：姜楠、黄超、胡叶歆、黎敏锋

时间周期：2016年11月1日至2016年12月26日

1. 探究路径

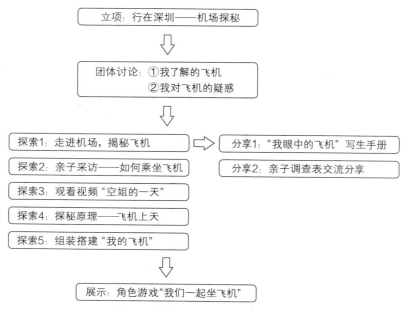

图4-41　"机场探秘"探究活动路径图

2. 开展过程

（1）探究准备期

①确立项目：探究源起

在中班的混班区域中，孩子们对建构特别感兴趣，经常在建构区搭建飞机、飞机场，并开展相关的角色扮演游戏，教师及时发现了孩子的兴趣。通过和孩子的个别交流，我们发现班级中有几个"飞机迷"。正巧，教师们商量之后觉得自己也对飞机起飞、飞机场的秘密很有兴趣。于是，我们决定开展机场探秘这一探究学习。

图4-42　孩子们自主搭建飞机

②探究分析（可行性分析表和规划表）

表4-9　探究可行性分析表

项目名称：行在深圳——机场探秘	
1. 探究的可操作性	
幼儿好奇心	在中班的混班区域中，孩子们对建构特别感兴趣，经常在建构区搭建飞机、飞机场，并开展相关的角色扮演游戏
探究材料	大型建构材料、各类飞机模型
家庭和社会资源	提供参访深航基地、塔台的资源
参访场所	深航基地、老机场塔台
开展难点	临时不能参观机场候机楼
教师兴趣	教师对"机场探秘"主题非常感兴趣，其中一名教师从小在飞机制造厂长大，可以帮助孩子更好地了解飞机，同时对于孩子们间的有关于机场和飞机的问题，教师们也非常好奇，想和孩子一同探索

2．探究的教育价值	
幼儿可获得的学习	对飞机和机场有了更深入的了解，不仅对现在飞机的外观，还对飞机的构造、发动机、构架等都有了深入了解；还能充分地发挥自己的想象力去搭建不同的飞机和机场；在探究学习过程中，幼儿也从五大领域中得到了提升
幼儿可掌握的技能	出去游玩时自己可以换取登机牌登机
幼儿可能面临的挑战	遇到问题怎么解决；如何与他人合作

表4-10　探究开展规划表

项目名称：行在深圳——机场探秘	
1．可能开展的内容	
操作探究活动	搭建机场、拆装飞机模型、大型建构、美工活动制作机票等
领域活动	数学：认识航班号数字、时间 语言：制作绘本并讲述工作人员和乘客的交流与对话 社会：模拟坐飞机流程 艺术：制作机票、身份证
参访活动	深航基地：近距离接触和了解飞机和发动机等 老机场塔台：观看停机坪，观察飞机如何起飞
表征活动	写生：在深航基地席地而坐进行写生活动 建构：将看到的和了解到的机场进行搭建 绘本：结合读书月活动制作参访绘本
2．可能需要的资源	
人力资源	家长提供参访地资源，外出参观时家长助教
环境和材料	大型建构积木、创客室各材料、各种飞机模型、探究学习展板等。
3．环境支持设想	
班级环境规划	调查表展览，探究开展过程以照片和文字呈现，搭建成果展示
社会实验场创设	以社会交往游戏呈现，角色扮演有机长、副机长、空乘、塔台工作人员、安检工作人员等

③探究网络图

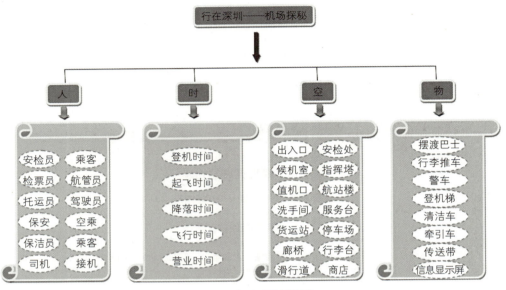

图4-43　探究实施网络图

（2）探究推进期

①团体讨论

确立项目主题后，教师需要对孩子们的兴趣点和孩子们想知道的问题做一个全面的"摸底"，这就需要我们开展一个团讨活动，让孩子们来针对自己想要了解的问题提问。

图4-44　第一次团体讨论

通过第一次的团体讨论，我们发现孩子们的问题主要集中在飞机是怎么起飞的，与直升机的区别，飞机是怎么加油的等，那么我们可以如何去支持孩子的探索和考察呢？我们准备带领孩子开展一系列的探索活动。

②实地参访

在团体讨论的过程中，孩子们问了许多关于飞机的问题。那么最好的办法就是看一看真正的飞机。让孩子们实地观察、问一问专业的人士以解决自己内心的疑问。教师的力量是有限的，和爱心家长沟通后，我们找到了可以带领孩子们去参访和实践的地方——深航基地和旧的深圳机场的塔台。

到达深航基地之后，解说员叔叔给我们介绍了飞机的发动机，解释了我们常常乘坐的飞机是如何飞起来的。孩子们还近距离地观察了真正的飞机，在真的飞机面前，孩子们举起小手，一个问题接一个问题，问解说员叔叔。比如，"飞机的尾翼会动吗""飞机起飞的时候为什么要把轮子收起来"等。解说员叔叔都为我们耐心做了解答。然后，教师请孩子们自由观察飞机，画一画自己最感兴趣的部分，有问题可以随时向专业的解说员叔叔进行提问。教师和解说员还一起在孩子们画的飞机上做了简单的标注，说明飞机的外部结构。

为了更好地解决孩子们的问题，离开了深航基地之后，我们又来到了旧的机场的塔台。在这里，我们可以真正看到飞机的起飞和降落。孩子们兴奋地数着，到底飞机起飞几秒后，轮子会被收起来呢？飞机是怎样起飞，怎样降落的呢？从高处看，机场还有一些什么？

图4-45 发动机上的图案

图4-46 讲解发动机工作原理

图4-47   询问专业人士

图4-48   这是什么

图4-49   我眼中的飞机

图4-50   飞机的结构

图4-51   站的高，看得远

图4-52   机场里面的物流车

图4-53　一起数一数什么时候收轮子

图4-54　机场飞机的起飞降落络绎不绝

③集体分享

实地参访后，教师并没有给孩子们设计特别的调查表，而是希望孩子们能够用自己的画来和大家分享在参访活动中最快乐的事情。让教师觉得惊讶的是，班里面很多孩子都画出了我们这一天的参访活动，甚至连细节都画得非常传神。我们知道，在这样的一个活动中，孩子是开心、快乐的。

图4-55（1）　参访记录绘本

图4-55（2）参访记录绘本

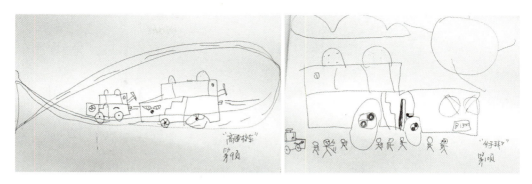

图4-55（3） 参访记录绘本

图4-56 分享开心一刻

④分头调查

在前期团体讨论的时候，有的孩子也问到了应该如何乘坐飞机这样的问题。那么乘坐飞机究竟需要哪些材料，安检的时候，还需要注意一些什么呢？教师根据这个问题，设计了关于乘坐飞机的调查表，请孩子们回家采访爸爸妈妈，共同调查完成。

图4-57（1） 调查表展示

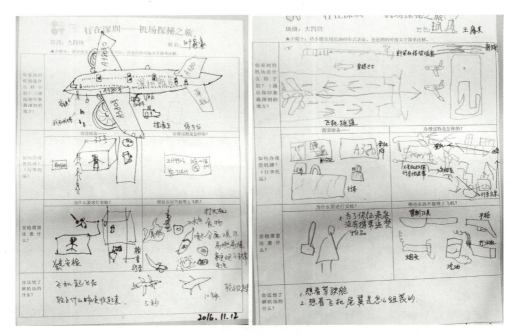

图4-57（2）　调查表展示

⑤小组分享

此次调查结束后，我们采取了小组分享的形式，让孩子和孩子之间能够更好地交流自己调查的内容。孩子们都非常喜欢这种和自己的小伙伴一起分享的形式。

图4-58　让我看看你的调查

图4-59　我来讲讲我的调查

⑥观看视频

分享完调查表后，有一个孩子问道："老师，我们在飞机场遇到的那些人叫作地勤，飞机上的服务员叫作空姐，那么空姐是做什么的呢？"孩子们七嘴八舌地开始讨论起来，有人说："空姐是提醒你系好安全带的。"有人说："空姐是提供食物的。"孩子们看到的都是空姐工作中的一部分，那么空姐的一天到底是什么样的呢？教师上网找到了关于空姐职业介绍的"空姐的一天"播放给孩子们看，孩子们看得津津有味。

图4-60　观看"空姐的一天"

⑦探索发现

为了解决孩子们关于直升机和普通飞机究竟有什么区别的问题，教师除了给孩子们看了相关的视频以外，还巧妙地用竹蜻蜓向孩子们解释了直升机上升的原理。孩子们在这个过程中，通过亲身实践体验了直升机上升的原理。

图4-61　观看直升机上升视频　　　　　　图4-62　体验竹蜻蜓

⑧实践场的建立

我们将学习分为深度学习和浅层学习，深度的学习除了探究和探索以外，还有一个非常重要的特点，就是能够应用所学到的认知经验。于是，我们给孩子们提供了充分的自由，能够让他们在建构区进行拼搭、扮演和游戏。

图4-63　孩子们拼搭的飞机

图4-64　孩子们的角色扮演

（3）探究总结期

①展示活动

综合探究活动的进行接近尾声。怎样给孩子一种关于探究结题的"仪式感"，如何让他们向其他的孩子展示自己在探究中的收获呢？我们需要开展项目展示活动。和孩子们商量之后，孩子们想搭建一架最好的飞机，还要用表演机场不同的工作人员这样的方式来进行展示。孩子们还自己制作了机票、身份证和手机。

图4-65　自制身份证

图4-66　自制机票

图4-67　搭建最好的飞机

图4-68　搭建塔台

图4-69　换登机牌

图4-70　安检认真负责

图4-71　安全带的替代品

图4-72　飞机起飞（塔台指挥）

图4-73　空少介绍乘坐飞机规则

图4-74　空姐认真负责

　　案例分析：该探究可以从以下几个方面进行分析。

　　首先，幼儿在该探究中获得的经验与技能。

　　对飞机和机场有了更深入的了解，不仅仅是现在飞机的外观，在飞机的构造、发动机、构架等方面也都有了深入了解，不仅如此，幼儿还能充分地发挥自己想象力去搭建不同的飞机和机场，在探究学习过程中，幼儿也从以下领域中得到了提升。

　　数学：认识航班号数字、时间。

　　语言：制作绘本并讲述、工作人员和乘客的交流与对话。

　　社会：模拟坐飞机流程。

　　艺术：制作机票、身份证。

　　其次，反思该探究的组织成效。

　　最初因为幼儿在中班混班区域中对搭建各种类型的飞机、飞机场产生了浓厚的兴趣，并且善于观察和发现的他们也找到很多问题来思考、探究，他们的兴趣引领着课程发展的方向。

　　幼儿从传统的学习模式转变为现在的积极合作学习，不仅在同伴之间建立了良好的互动，还在轻松有趣的氛围中玩得开心，玩得积极主动，玩得有成效。在活动中不仅幼儿自己得到了提升，教师在活动中也有了更多的思考，有了更多的时间反思自己的教育行为，不断调整自己的谈话方式，也促进了教师的专业成长。

　　最后，针对该探究的改进建议。

　　需要更进一步了解驾驶舱、驾驶舱的作用。可以亲眼让幼儿看到直升机和客机的区别。

二、中班幼儿的综合探究活动现场

中班幼儿基本上都是处于4～5岁年龄阶段的儿童。这一阶段的儿童喜欢与同伴交往，处于合作能力的飞速发展期，同时他们的自主探究能力也获得了极大的发展。因此，中班幼儿在综合探究活动中，他们的自主探究能力和合作探究能力都将进入由量变到质变的发展阶段。我们要重视这个年龄阶段的幼儿在综合探究活动中的学习行为，给予适当支持。走进他们的活动现场，我们将感受到这种活动形式对儿童学习的支架作用。

案 例

职业大咖秀

参与人员：吕玉琴 柯茜 林小斐 温映红

时间周期：2016年10月至2016年12月

1. 探究路径

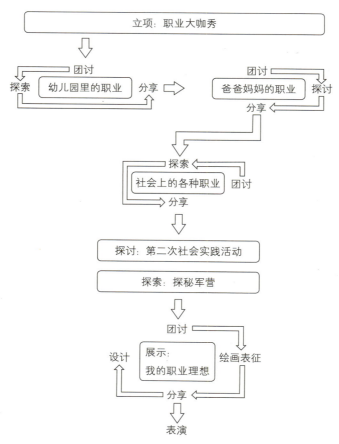

图4-75 "职业大咖秀"探究活动路径图

2. 开展过程

（1）探究准备期

①确立项目：探究源起

十月份，我班开展了本学期晨会活动，结合我班混班区域活动特色区域——"角色体验馆"，本次晨会以"职业大咖秀"为主题开展。晨会充分发挥我园"三人行"的教育理念，邀请家长参与扮演各种职业工作人员，让幼儿了解并尊敬热爱各行各业的人。晨会结束，孩子们纷纷讨论起来。

和："那个医生是我妈妈演的。"

图："我妈妈演清洁工人。"

桓："我爸爸演的是警察。"

霖："我妈妈演交警，我长大了也要当交警。"

宝："我是快乐舞台的演员，我要当演员。"

……

图4-76　晨会表演：职业大咖秀

这场由晨会引发的讨论引起了孩子们的极大兴趣，他们围绕"幼儿园里都有哪些工作人员""大家的工作性质是不是一样""社会上都有哪些职业"的话题持续讨论了很长一段时间。根据孩子们的兴趣点，我班决定以"职业大咖秀"为主题开展综合探究活动，从"你认识什么职业的工作人员""幼儿园里有哪些工作人员""不同职业的工作具体是做什么的""我的理想"四大方面组织幼儿开展探索学习活动。

②探究分析（可行性分析表和规划表）

表4-11　探究可行性分析表

项目名称：职业大咖秀	
1. 探究的可操作性	
幼儿好奇心	晨会之后，再次引起了幼儿对"职业"的讨论、探究兴趣；他们围绕"不同的职业做什么""哪种职业最厉害"产生了激烈的争论，"幼儿园里都有哪些工作人员""大家的工作是不是都一样""生活中都有哪些职业"对幼儿来说是一个持续讨论的话题
探究材料	班级以"角色扮演"为主题的职业体验馆，提供各种支持游戏开展的材料
家庭和社会资源	1. 家长来自各行各业，便于幼儿对职业的认识 2. 个别家长开餐厅，可提供厨师、服务员、点餐员等多种职业体验 3. 深圳麦鲁小城角色体验馆可以为幼儿提供体验、实践的机会；安全基地、幼儿园等社会体验场可以让幼儿对个别职业做深入了解
参访场所	"麦鲁小城"角色体验馆、深圳实验幼儿园、深圳市安全教育基地、龙岗武警部队分部、咖啡厅、麦德龙、麦当劳餐厅、肯德基餐厅、沃尔玛
开展难点	幼儿通过社会实践将有关职业的经验转化为自身的认识，运用于班级角色游戏的开展，从而提高幼儿的社会交往能力
教师兴趣	职业体验馆的设立和幼儿对各行各业的探究兴趣相辅相成，有利于中班混班分区活动的开展
2. 探究的教育价值	
幼儿可获得的学习	1. 知识技能方面：了解各行各业的工作人员、工作性质、职业用语等 2. 情感方面：增加亲子之间的互动，增进亲子感情 3. 能力方面：促进幼儿的社会交往能力，提高对事物的探索能力
幼儿可掌握的技能	1. 学会各行各业专用的职业用语，如"欢迎光临""请问您需要什么"等 2. 提高大胆主动与他人沟通、交流的能力
幼儿可能面临的挑战	家长能够提供的职业体验探究有限，幼儿的学习局限于职业类型、工作时间、工作地点等表层内容，如何才能让幼儿获得更多经验是需要进一步思考的

表4-12　探究开展规划表

探究名称：职业大咖秀	
1. 可能开展的内容	
操作探究活动	"我知道的职业""幼儿园里的工作人员""爸爸妈妈的职业""跟着爸爸妈妈去上班""我喜欢的职业"
领域活动	社会活动"特殊工种知多少"、音乐活动"小海军"、语言活动"消防车吉普达""我妈妈上班去了"
参访活动	"麦鲁小城体验活动""探秘军营""参议安全教育基地""我去上班"

续表

表征活动	美术活动"我设计的职业服装"、综合活动"我是大咖——服装T台秀"
2. 可能需要的资源	
人力资源	家长资源、同事资源、幼儿园资源
环境和材料	打造职业体验馆，增添各种职业服饰，提供各种角色游戏相关材料
3. 环境支持设想	
班级环境规划	创设麦当劳、沃尔玛、实验银行、果语花茶、潮流前线、星光舞台、造型屋、亲亲书吧、育婴坊、便民中心等角色扮演区域
社会实验场创设	参访"麦鲁小城体验活动""探秘军营""参议安全教育基地"等社会实践场地

（2）探究推进期

①幼儿园里的工作人员

团讨："幼儿园里的工作人员"。第一次聊起各行各业的人时，有个别孩子谈到沃尔玛的保安，将话题引到了"幼儿园的门卫官伯伯"身上，孩子们一下子讨论起来：除了官伯伯以外，还有唐伯伯，唐伯伯不是门卫，他是什么呢？是老师吗……看来，孩子们对幼儿园里不同岗位的工作人员有一定的疑问和好奇心。

图4-77　团讨活动"幼儿园里的工作人员"

探索："幼儿园职业岗位调查"。为了让幼儿通过亲身实践、运用自己的方式了解不同职位的工作人员都做些什么，团讨之后，我们决定以"跟岗调查"和"采访调查"两种方式帮助幼儿深入了解这些职业。

表4-13　"幼儿园职业"跟岗调查表

姓名：_____　调查对象：_____　日期：_____

工作时间	
工作地点	
工作内容	
你还了解到……	

图4-78　对园长的访谈

图4-79　对幼儿园教师的访谈（1）

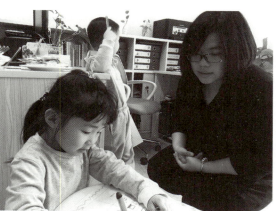

图4-80　对幼儿园教师的访谈（2）

图4-81　对门卫叔叔的访谈

分享交流：对幼儿园里工作人员的各个岗位、职责进行调查后的分享交流。

图4-82　分享交流"幼儿园里的职业"

②跟着爸爸妈妈去上班

团讨：爸爸妈妈的工作。"幼儿园里的工作人员"分享结束后，孩子们再次提出"幼儿园的教师工作岗位和职业不同，所有爸爸妈妈的工作是不是也不同"于是，我们将孩子感兴趣的"上班时间、上班地点、出行方式、工作内容"几个问题制作成调查表，让幼儿"跟着爸爸妈妈去上班"，通过跟班观察和记录的方式了解爸爸妈妈的工作。

图4-83　团讨活动"跟着爸爸妈妈去上班"

探索：调查"爸爸妈妈的工作"。

图4-84　跟着爸爸去上班

分享交流：爸爸妈妈的工作。

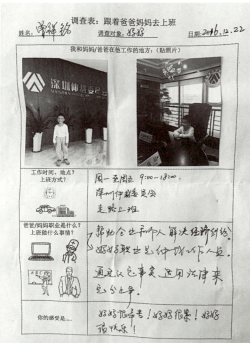
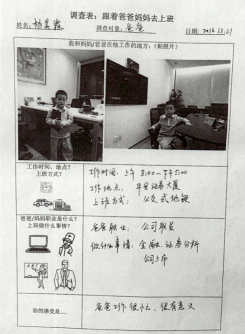

图4-85　分享交流"爸爸妈妈的工作"

蛋挞一家的感言

　　蛋挞：我觉得爸爸好伟大，爸爸要做好多事。但是，公务员到底是做什么的呢？还有，我觉得爸爸的办公室好乱，比我的小房间还要乱。我上次去爸爸的办公室，发现了两个乐高玩具，这次去就没有了，原来，是我过生日的时候，爸爸把那两个玩具给我了。

　　蛋挞爸爸：其实，蛋挞不是第一次到我办公室了，不过，在上班时间到我办公室却是第一次，他是第一次看到在工作状态中的爸爸。我的日常工作，需要接听很多电话，与不同的人或单位进行沟通，要处理大量的文件，要进行很多的政策解读，办公室里会堆放很多的材料。这些对于一个孩子来说，他确实很难理解爸爸在做什么，尤其是当爸爸对着电话或者来访的人说着那些他听不懂的话的时候。所以，蛋挞在我的办公室，很快就把注意力转移到怎么能给自己找点乐子上去了。公务员的工作，不像公安、消防、军队的工作那么直观，尤其像我的工作，更多的是进行内部管理，就更加无法一下子让孩子理解。所以，蛋挞只能看到爸爸很忙，忙得没空陪他玩，但是忙的是什么，他不知道。他觉得爸爸的办公室很乱，那上面的东西他也看不懂，只好自己找了笔和纸去画画。

　　蛋挞妈妈：对于幼儿园开展这样的活动，我是由衷地表示支持。无论孩子们是否能够理解爸爸的工作，至少，他看到了工作中的爸爸，这是日常生活中他看不到的。这样的活动，对于孩子们理解父母，了解社会是非常有帮助的。

　　③走向社会——各行各业的职业体验

　　源起：在分享爸爸妈妈职业的时候，有的孩子说："我都想去上班了，特别好玩。"我们了解了孩子们想体验的各种职业，借助家长资源，鼓励各小组寻找可以让孩子们实践的"职业"体验活动。

　　团讨：在谈论最想了解的工作人员时，孩子们纷纷给"沃尔玛"和"麦当劳"投上了一票。班级区域开设了沃尔玛和麦当劳的角色区，刚刚投入游戏的时候，孩子们对于预先有的收银员、厨师具体做些什么不清晰，顾客来点餐不知道如何互动。我们通过这个工作场地的调查，不但可以扩充孩子们对于麦当劳、沃尔玛这两个地方的工作人员以及点餐、购物流程的了解，也有利于班级游戏区域活动的开展。

　　于是我们借助孩子们的这个兴趣点来设计调查表。让孩子们围绕"你所了解的麦当劳（沃尔玛）""麦当劳（沃尔玛）里的工作人员""麦当劳（沃尔玛）点餐（购物）流程是怎么样的""你希望我们班的麦当劳（沃尔玛）增设什么材料"四个幼儿比较感兴趣的问题开展调查活动。

探索：绿色食品含什么？怎么做绿色麦当劳？

图4-86　麦当劳职业体验与调查

分享交流：孩子们到了麦当劳亲身体验了当厨师做汉堡的过程，并提到"麦当劳里的食物都是油炸的，不健康"。那什么样的食物才是健康的呢？我们班上的麦当劳店可不可以做"绿色麦当劳食物"呢？我们展开了新的调查任务。

班级幼儿根据探究兴趣和家长资源，选择不同地方体验，有咖啡厅、肯德基、社区工作站、麦德龙、军营等地方，体验了服务员、厨师、清洁工、搬货员、导购员、咖啡调配员、送餐员等职业。另外，全班孩子还一起走进"麦鲁小城职业体验馆"，体验多元职业类型。这次活动的调查重在幼儿参与的体验和感受，所以没有过多的关于工作内容的限制，以照片分享和感受记录为主。

图4-87　围绕"工作职责"的团讨活动（1）

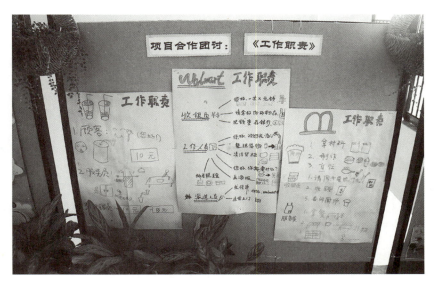

图4-88 围绕"工作职责"的团讨活动（2）

图4-89 认真工作的服务员

图4-90 山姆店里的搬货工

图4-91 小小财会师

图4-92 咖啡厅里的送餐员

④安全教育基地参访活动

图4-93   参访深圳市安全教育基地

图4-94   体验灭火器的用法

⑤军营探秘活动

图4-95   军营探秘前的讨论与拓展活动

图4-96   参访坪地反恐训练基地

图4-97   查看武器

图4-98   了解解放军战士

图4-99   学习军人叠被子

"阳光之旅，探秘军营"亲子活动方案

活动时间：2016年12月7日

活动地点：深圳市龙岗区坪地反恐训练基地

活动主题：阳光之旅，探秘军营

活动目标：增强中二班幼儿的"阳刚之气"，培养"军人"气质和"纪律意识"，增强幼儿的自我管理能力，结合中二班探究主题"职业大咖秀"了解"军人"的工作性质，提升正能量。

活动方式：自愿参加，自驾，统一组织参观。

活动内容：

①观看部队队列、拳术、特种战术演示。

②向部队战士献花并合影。

③参观部队营房宿舍，学习整理内务。

④参观部队荣誉室。

⑤参观反恐武器装备展示，并与战士单独合影。

活动准备：

①丁伟桓爸爸与部队沟通，完善活动细节。

②制订活动方案，发出活动邀请。

③准备好鲜花。

活动分工：

①总策划具体分工：小琴老师出活动方案，斐斐老师出安全预案，茜茜老师负责后勤工作。

②活动流程及组织由丁伟桓爸爸负责。

③专业摄影由蛋挞妈妈负责。

注意事项：

①班主任提前做好班级各项分工，教师相互协调，全力配合。

②丁伟桓爸爸提前将活动流程告知家长，家委配合做好相关工作，家长提前熟悉路线。

③安全第一位，所有活动严格按流程，听从教师指挥，不得随意离开、走动。

④活动流程紧凑，请准时参加，不迟到，不拖延，并做好保密工作。

活动流程：

①9:20~9:30反恐基地门口集合统一进入营区。

②9:30~10:00观礼台观看部队队列、擒敌术、特种战术表演。

③10:00～10:20向表演战士献花，并集体合影。

④10:20～10:50参观军营宿舍，学习整理内务。

⑤10:50～11:20参观部队荣誉室。

⑥11:20～11:50参观反恐装备演示，幼儿与弓弩手、狙击手合影留念。

⑦11:50活动结束，自行返回。

（3）探究总结期

①展示活动——我的理想

第一，说说我的理想。

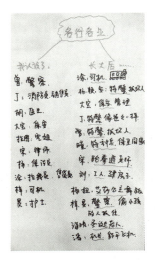

图4-100　说说我了解的职业

第二，画出我的理想。

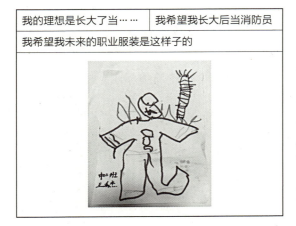

图4-101　画出我的职业理想

第三，分享我的理想。

图4-102 分享我的职业理想

第四，结合"我的理想"设计"未来的职业服装"。

图4-103 "爱心消防员"

第五，秀出我的理想。

图4-104　邀请家长们前来观看

图4-105　主持人介绍活动流程

图4-106　一起回顾探究活动开展的点点滴滴

图4-107　走秀开始

图4-108　我们是警察、特种兵

图4-109　我是老师

图4-110　我是舞蹈家

图4-111　我是演员

图4-112　来个大合影

"我是大咖"职业服装T台秀活动方案

活动时间：2016年12月25日

活动地点：实验幼儿园二楼小剧场

活动主题："我是大咖"职业服装T台

活动目标：

①通过PPT向家长和幼儿展示整个综合探究活动开展的过程，梳理关于"各行各业"的知识、活动，提高对各行各业的认识。

②通过职业服装T台秀的方式展示幼儿对"职业"的理解。在幼儿展示自制职业服装的同时，用一两句话说出自己对这个职业的感受、认识。

参加人员：

全体中二班幼儿、家长、教师；有兴趣前来观看的其他教师、幼儿。

活动准备：

①与幼儿进行"我的理想"团讨活动。

②组织幼儿开展"我未来的职业服装"美工绘画活动。

③幼儿自行准备T台秀的服装。

活动分工：

①晓斐老师负责主持人的排练。

②吕老师负责T台秀的排练。

③柯茜老师和温老师负责协助。

活动流程：

①班主任致欢迎词，感谢综合探究活动开展过程中家长的配合。

②观看"职业大咖秀"探究活动开展以来的点滴进程。

③小主持人致欢迎词，宣布T台秀开始。

④幼儿走秀。

⑤全体大合影。

⑥班主任总结本次活动的开展情况，宣布活动结束。

②来自家庭的声音

第一，米乐妈妈陪同孩子参访沃尔玛后的感言。

米乐体验了沃尔玛的自助式购物，开心极了。在超市中，孩子不停地往购物车中放着自己喜欢的物品，兴奋极了："好多东西，太富有了。"我提醒："这些东西可是要付钱的。""在哪里付钱？"推着小车，我们来到了收银台，看到了许多工作人员，孩子发现在超市收银台的工作人员最多，还有很多防盗器。在沃尔玛的购物体验中，米乐发现超市是喜欢什么就可以挑选什么的地方，超市里的工作人员有收银员、保安人员，还有食品制作工人。孩子在超市中认识了相关的职业人员，懂得了购物的方式，小世界大教育，孩子的教育就在生活的点滴之中，感谢老师引导了家长，让我们在习以为常的生活中找到教育的契机。

第二，张洋妈妈陪同孩子完成"绿色麦当劳"调查表后的感想。

有感于"绿色麦当劳"探究合作学习活动

1. 孩子的收获

知识：懂得了很多关于绿色食品的知识。

能力：知道如何与别人合作、探究。

情感态度、价值观：环保意识、合作精神、科学态度、选择有益健康的食品。

2. 对班级开展此次活动的认识

探究性学习具有鲜明的实践体验、探索感悟的求知特点，符合孩子的身心发展规律。

教师在探究性学习活动中创设一种类似科学探究的情境，提供一个自我发现、自主学习以及和妈妈合作切磋的机会，让孩子通过主动的探索、发现和体验，学会观察、分析、比较、判断，获取知识和应用知识，提高思考力和创造力。培养孩子的合作精神，养成科学的态度，增强社会责任感和道德意识。

例如，此探究的合作探究学习，引发了孩子持续探究的兴趣。

洋洋："为什么人们喜欢选择'绿色食品'？"

妈妈："环境污染、生活水平提高等。"

妈妈："你知道环境污染是怎么造成的吗？"

洋洋："工厂的废水、烟囱冒烟。"

妈妈："环境污染会造成什么影响？"

洋洋："小动物都生病了，人们都戴上了防毒面具。"

妈妈："如何保护环境？"

洋洋："工厂不排废水、不冒烟。"

妈妈："洋洋应该怎么做？"

洋洋："我会去告诉管理处。"

妈妈："还有呢？"

洋洋："不知道了。"

妈妈："做环保宣传员，提高人们的环保意识；从小事做起：人走灯灭，洗手、洗澡要节约用水，不攀折花草树木等。"

妈妈："我们画一幅环保的宣传画吧！"

洋洋："好啊，我们一起画。"

（以前讲过的绘本《巴巴爸爸》里曾经介绍过工业污染造成的影响，给洋洋留下了深刻的印象。）

班级开展的综合探究活动，充分体现了教师先进的教学理念，家长为孩子能够在这样的引领下感知和探索世界而感到由衷的欣慰。我们一定会配合教师把综合探究活动开展好，为孩子成长的助力！

第三，禹杰妈妈在孩子设计自制消防员服装后的感言。

每个男孩子心里都住着一个英雄，禹杰的职业理想是当一名优秀的消防员，从班级区域活动的体验、警察开放日的参观学习、绘本阅读分享，更是萌发了那颗想当英雄的心。在设计服装过程中，他希望消防员是勇猛直前、无所畏惧的，所以服装的颜色以红色为主，结合实际情况加上了反光条，还给服装配上了火焰造型，以示威武。禹杰说，着火的时候要拨打119，消防员就会穿着这样的衣服，坐着消防车来灭火了！

麦当劳里的绿色食物

"小琴老师，今天我要去麦当劳当厨师。"区域活动时，祥铭开心地跑到我的面前告诉我这个好消息，我被他的兴奋感染了。只见他进到麦当劳，熟练地找到了厨师的服装穿上，再戴上帽子，低下头取出柜子里的汉堡笑眯眯地对我说："老师，请你吃。"我显得有些为难地说："谢谢你的邀请，可是我这几天喉咙痛，不能吃这些油炸食品。"他环视了一圈麦当劳里的操作台，思考了片刻，然后把汉堡送回柜子里，开心地拿起操作台旁边的用绿色轻黏土捏成的薯条放到锅里煮起来。然后他小心翼翼地用锅铲铲到碟子里，双手递给我说："老师，这是绿色食品，你快来尝尝吧。"我吃惊地说："这个绿色食品是什么做的？"他说："是轻黏土，绿色的是青菜叶子做的。"

在这个故事中，祥铭有可能在学什么

祥铭在一开始进区的时候，就明确地知道自己今天要去玩什么游戏，我对他有明确的计划性感到惊讶。他盛情地邀请我吃麦当劳的汉堡，还自创出了"绿色薯条"食品，这真是一个了不起的创举。他面对困难时不断地自我反思，然后想出解决的对策，这是他在不断发展自己，不断独立学习的表现，我真为他骄傲。

机会和可能性

"绿色麦当劳"这个话题在前天进行过讨论，孩子们有些不太能理解，以为绿色食品的颜色是绿的，但是我今天问祥铭的时候，他明确地告诉我："这是青菜叶子"，说明他对"绿色食品"已经有了自己的一些见解。在盛装食物的时候，他会小心地用锅铲和碟子装而不是直接用手拿，这不正像一名专业的厨师吗？我相信未来他一定会成为孩子们学习的榜样，变成一位厨师！

教师的反思

孩子的学习不是单纯地靠手把手地教才学会的，他们在日常的生活中就已经不断地学习大人的模样，并加入自己的思考。其他在麦当劳里玩游戏的孩子经常会出现用手拿食物的情况，祥铭这样子算是加入了自己的思考。对于"绿色食品"，有些孩子还不能理解，祥铭基本懂得了一些，可以让他还当小老师，深入探索"绿色食物难道全部都是绿色的吗"。老师不用过多解释，孩子可能会有一套自己研究出来的东西。

③后续观察

有了这次获得的成就，我发现祥铭这周一直都在麦当劳当厨师，他扮演厨师的工作技能已经越来越熟练了。

图4-113　用锅铲装薯条

图4-114　又来扮演厨师

案例分析：该探究可以从以下几个方面进行分析。

首先，幼儿在该探究中获得的经验与技能。

知道各个行业的不同的工作性质及重要性，懂得热爱各行各业的人；了解父母工作的辛苦，能够体谅关心爸爸妈妈；能将观察、体验到的经验运用到班级角色区的创建，对班级角色游戏提出可行性建议，并参与材料的准备，推动游戏的开展；幼儿萌发理想，知道自己的喜好；能提出想要探究解决的问题，乐于分享交流；能有礼貌地主动与人交流，知道采访、记录的方法；能用不同表征、美工形式表现自己的想法；乐于在集体中展示自己，获得自信与成功感；幼儿的自主性、探究能力、解决问题能力得到一定发展；幼儿积累了一定的安全知识，增强了自我保护能力。

其次，反思该探究的组织成效。

幼儿在探究中积极思考、主动发问，乐于参加实践活动，自主学习能力大有提升；幼儿将参访中所获得的经验迁移运用到班级角色区游戏的开展，能提出可行性建议，参与材料投放，推动游戏开展；家长深度参与，提供大量参访资源，成为教师的好帮手，使团队更有凝聚力，家园合作促进幼儿成长。

最后，针对该探究的改进建议。

多利用社区资源，组织幼儿走向社会，在体验中学习；"走出去""请进来"，将一些具有职业特点的家长请进班级，为幼儿讲解职业的具体工作，拓展幼儿的知识面；采用探究学习方式创设班级区域，将此作为与幼儿共同建构、学习的过程，让幼儿参与区域的规划、材料的准备、规则的制定及游戏的推进，让幼儿成为班级环境的主人。

三、小班幼儿的综合探究活动现场

小班幼儿一般都是处于3～4岁年龄阶段的儿童。这一年龄阶段的儿童在游戏中开始出现了合作行为，可以说这一年龄阶段是自主探究学习与合作探究学习的萌芽期。他们可不可以开展综合探究活动呢？很多教师提出了疑义。但是经过深圳实验幼儿园教师们的实践探究，他们发现小班幼儿也可以开展综合探究活动。

案　例

叶　子

参与人员：王小敏、付影、黄曼丽、洪敏芳及小一班全体幼儿和家长

时间周期：3个月

1. 探究路径

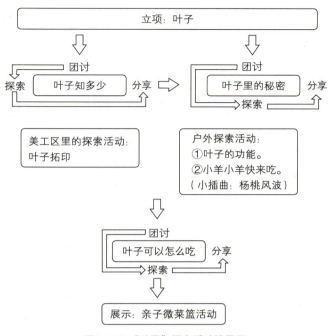

图4-115 "叶子"探究活动路径图

2. 开展过程

（1）探究准备期

①确立项目：探究源起

秋天是落叶缤纷的季节。为了丰富班级的自然物材料，我们利用户外的时间带领孩子们捡地上的落叶，然后带到班级供孩子们操作探索。有了第一次的全班集体捡树叶的经验以后，很多孩子一到户外时间就开始寻找地上的落叶，有的孩子在上学路上、放学后甚至周末都会去捡一些树叶带到班级，并且每次都会兴奋地说："我今天捡的叶子很漂亮，跟以前捡到的不一样，颜色也很特别"。当我们发现孩子们对叶子很感兴趣后，就萌生了叶子这一探究的主题。

②探究分析

探究主题选择后，班级教师利用一日一议的时间讨论"叶子"主题开展的可能性以及主题的基本走向。

图4-116　孩子正在捡小草、落叶

图4-117　孩子们围观唐叔叔修建花草　　图4-118　班级教师共同研讨探究主题走向

第一，探究可行性分析。

表4-14　探究可行性分析表

项目名称：叶子	
1. 探究的可操作性	
幼儿好奇心	落叶的季节收集叶子，在户外玩的时候特别喜欢捡叶子来进行观察
探究材料	各类叶子
家庭和社会资源	家庭买菜、炒菜，社会资源光明农场微菜篮
参访场所	莲花山公园、光明农场微菜篮
开展难点	小班幼儿的深入操作探究、兴趣的持续性
教师兴趣	叶子在幼儿眼里的多种可能性，叶子的童言童语
2. 探究的教育价值	
幼儿可获得的学习	叶子的颜色、形状、名称、内部和外部构造、生活环境、功用
幼儿可掌握的技能	叶子的拓印，分享买菜、择菜、洗菜、炒菜的过程
幼儿可能面临的挑战	认识很多绿叶植物，多吃绿叶蔬菜对身体好

第二，探究开展规划。

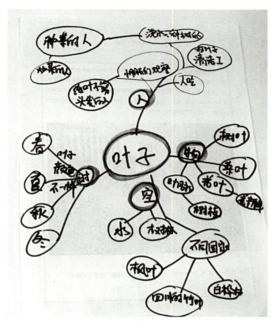

图4-119　探究走向的思维导图

表4-15　探究开展规划表

项目名称：叶子	
1. 可能开展的内容	
操作探究活动	叶子里的秘密
领域活动	美术：叶子拓印，叶子变颜色，叶子拼贴画 语言：分享调查表 音乐：落叶 科学：叶子的种类、数叶子
参访活动	参访光明农场微菜篮
表征活动	《我见过的叶子》调查表，幼儿的《树叶拓印画》《树叶创意拼贴》
2. 可能需要的资源	
人力资源	家庭成员参与买菜过程
环境和材料	环境：户外有落叶的地方、公园、小区、回家的路上 材料：各类叶子

续表

3. 环境支持设想	
班级环境规划	展示幼儿的讨论记录、叶子美工作品，交流调查表照片和我爱青菜、买菜、炒菜、吃菜的照片以及微菜篮活动海报
社会实验场创设	去超市买菜、微菜篮活动

（2）探究推进期

①第一次团体讨论：叶子知多少

为了了解孩子们关于"叶子"的已有经验，我们与孩子们开始了第一次的团讨。主要内容围绕叶子的颜色、形状、生长地、作用等方面进行，孩子们用自己对叶子已有的经验进行表达。

图4-120　围绕"叶子"已有经验的团体讨论

②关于叶子的亲子调查

通过和孩子讨论叶子的相关信息：颜色、形状，发现孩子对颜色形状有很多想法，但对叶子名称和生活环境的了解相对少，我们决定设计调查表，通过把叶子的颜色、形状和叶子的名称联系起来，这样孩子就可以结合自己熟悉的叶子在生活中去发现，寻找叶子的名称及生活环境。

图4-121　教师团队头脑风暴

在"叶子"探究活动的第一次团讨中，孩子们对"叶子"的形状、颜色、生长环境产生了很大的兴趣。家长配合"小记者"的工作，帮助孩子完成如下调查表。

表4-16　《我见过的叶子》亲子调查表

小记者：_____　　被采访人：_____　　时间：_____

小记者问题	叶子颜色	叶子的形状	生长环境	名称
被采访人回答				

③调查表的分享

收集完调查表以后，尝试了一次集体分享，用投影的方式请孩子分享，但是听的孩子不是特别感兴趣，分享的孩子也有点胆怯。针对这一点，教师及时进行了改进，利用午餐后的自由时间，和孩子说可以拿着自己的调查表与小伙伴分享。在这个过程中，孩子是自主的，可以选择与一个小伙伴分享，也可以选择与多个小伙伴分享。在分享的过程中，孩子的表述对象和形式变了，表达起来更大胆自信了，像和朋友聊天一样。

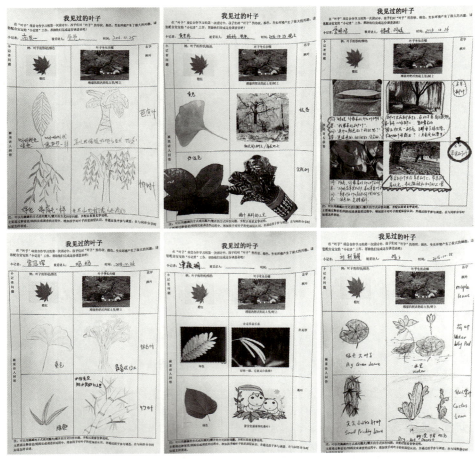

图4-122　《我见过的叶子》亲子调查表

图4-123　这片叶子生长在树上，
　　　　　是绿色的

图4-124　这是我观察的叶子，你们见过吗

图4-125　这片叶子像把大扇子

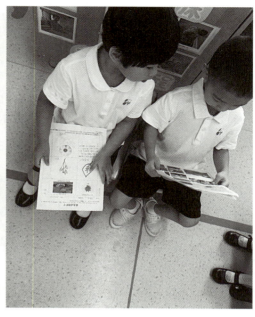

图4-126　我观察了四种叶子，每种叶子形状都不一样

　　为了支持孩子的随机分享，我们使用展板展示孩子探索的过程与内容；在班级固定区域存放孩子的调查表，并使用透明包装，使其内容清晰可见，便于孩子识别取放；美工区投放孩子探索的作品，支持孩子随时分享自己的探索过程与成果。

　　④发生在美工区的探索活动

　　自从班级开展了"叶子"的探究活动之后，孩子们每次来幼儿园都会带来很多各种各样的叶子。为了将这些叶子利用起来，我们在美工区进行了一系列的活动。比如，我们进行了叶子拼贴画活动，以及利用美工区材料对叶子进行拓印活动。

图4-127（1）　我们的新爱好——拓印叶子

图4-127（2）　我们的新爱好——拓印叶子

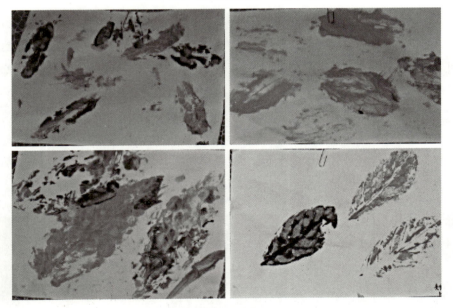

图4-128　孩子的叶子拓印作品

⑤关于叶子里秘密的团讨

由于拓印时孩子会戳破叶子，发现孩子很想探索叶子里的秘密，我们把有兴趣参与叶子秘密探索的孩子组织起来进行了第二次讨论：叶子里有什么秘密，我们怎样才能发现它的秘密。孩子们集思广益，想出了很多探索的方法："用树枝戳一个洞""用剪刀剪""用脚踩""用手撕"。

图4-129　讨论叶子的秘密

⑥探索叶子里的小秘密

　　讨论完后直接用孩子们想出的办法操作验证。豆豆用树枝戳了洞后把眼睛凑到洞上仔细观看，依依更是用剪刀剪开树叶后发现主叶脉的上面有一排排列均匀的毛刷样的小叶脉……

　　孩子尝试的办法如下：用剪刀剪一个洞；用树枝戳一个洞；用脚踩；用手撕……

图4-130　剪叶子　　　　　　　图4-131　用行动来验证自己的想法

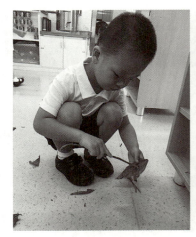

图4-132　先用剪刀剪开再把树枝穿进去　　　　图4-133　木棍插到叶子里观察

图4-134　用眼睛观察叶子的秘密　　　　　图4-135　集体探索叶子的秘密

图4-136　发现主叶脉上有好多像　　图4-137　将剪碎的叶子放到　　图4-138　清理剩余的叶子
　　　　牙刷一样的小叶脉　　　　　　　　　瓶子里

⑦户外叶子探索活动

第一，叶子可以做什么。

自从围绕叶子开展探究活动之后，孩子们在户外活动时间捡自己喜欢的叶子已经成为习惯，他们捡到自己喜欢的叶子会过来给教师挡太阳，有的孩子拿着两片一样的叶子有创意地说："老师，你长兔子耳朵了。"欢声笑语一片，孩子们的创意真是无极限。

图4-139　遮太阳　　　　　　图4-140　扮兔子耳朵　　　　　图4-141　扮演主持人

孩子们捡了一片自己喜欢的小树叶做话筒，有模有样地开始主持节目了。"大家好，我是小一班的玥玥，我是小一班的桐桐，今天的晨会由我们来主持。"孩子们忘我地进行自我表演。

第二，一个杨桃引起的风波。

由于开展了叶子探究，孩子们在户外活动时间都会发现很多稀奇的珍宝，有一次竟在大型玩具西侧一角捡到了一个小杨桃，嘉嘉激动地跑过来，说："你看我捡到了什么？""是杨桃，我们幼儿园竟然有杨桃树？"如果不是通过捡叶子爱上了发现，我们也许现在还不知道幼儿园有一棵杨桃树。可以说捡叶子培养了孩子拥有一双爱发现爱探索的眼睛。于是我们把杨桃带回教室进行了随机教育，一节关于杨桃的营养课就在餐前分享了。小小的杨桃因为没有吸收足够的养分所以变得瘪瘪的，仔细看还有一小部分已经坏了。孩子在拿上来的路上已经忍不住在那块坏了的地方用手指戳了一个洞。教师启发孩子：青菜、肉和米饭要都爱吃，这样营养才均衡，才不会像小杨桃一样长不大就掉下来，甚至生病坏掉了。孩子们那天中午吃饭速度比平时快了5分钟，而且从不吃青菜的豆豆也把青菜吃完了。杨桃魔力可真不小。

第二，小羊小羊快来吃。

在户外捡叶子喂小羊是孩子们最喜欢的事情，他们在喂小羊的过程中发现小羊不是什么叶子都吃的，有喜欢吃的叶子，也有不喜欢吃的叶子。孩子们捡的树

图4-142　捡到杨桃

图4-143　分享捡到杨桃的喜悦

图4-144　关于"杨桃为什么坏了"的餐前分享活动

图4-145　喂小羊

叶喂不到羊嘴里，从羊头追到羊尾，孩子就是不放弃，小羊无奈咬到嘴里，嚼了两下又吐出来，孩子们说："小羊也挑食呢。"我说："也许小羊吃饱了"。小羊有爱吃的叶子也有不爱吃的叶子，我们小朋友爱吃什么叶子呢？

⑧第三次团讨：叶子怎么吃

哪些叶子人爱吃？可以怎么吃？说起吃，孩子都不陌生，三言两语说了很多：煮着吃、炒着吃、凉拌吃、加油加醋、蘸酱。

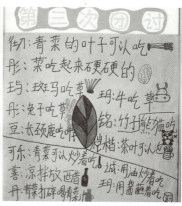

图4-146　讨论叶子的吃法

⑨亲子探索活动：吃叶子

经过对"叶子怎么吃"问题的讨论，我们发动家长资源，请爸爸妈妈和孩子一起去超市或菜市场买菜、认菜、择菜、洗菜、炒菜。以照片或小视频的形式记录和孩子一起参与的过程。

图4-147　我们一起去买青菜　　　　　　图4-148　我和妈妈去买菜

图4-149　抱着大白菜回家

图4-150　今天我来买单

图4-151　我来观察油麦菜长什么样

图4-152　我家的青菜不用买

⑩关于买菜经历的分享

图4-153　这是我第一次洗菜，它的名字叫红薯叶

图4-154　我洗的菜叫油麦菜，它长得长长的

图4-155　过渡时间自由分享

（3）探究总结期

①展示活动：亲子微菜篮活动

图4-156　亲子微菜篮活动

第一，展示活动的精彩片段。

图4-157　苹果组：蔬菜沙拉

图4-158　草莓组：菜叶火锅

图4-159　西瓜组：喂食小动物

图4-160　葡萄组：叶子创意拼图

第二，展示活动方案。

"微菜篮"活动方案

活动主题：微菜篮

活动时间：2016年12月4日10:00～14:00

活动地点：深圳光明新区

活动内容：快乐采摘草莓、认识蔬菜—清洗草莓—磨豆浆—大家一起洗菜—围着大锅吃柴火鸡—喂养动物—爬网、秋千、骑木马、踩高跷—制作水果沙拉—喝豆浆—返程

活动形式：户外、集体

活动准备：活动通知、音响、横幅

活动分工：总策划—王小敏　活动方案—付影　安全预案—黄曼丽　活动流程—洪敏芳　后勤—专业摄影—李明鸿爸爸妈妈

注意事项：

①班主任提前做好班级各项分工，班级教师相互协调，全力配合。

②家委成员提前知晓活动流程，配合做好相关工作。

③安全第一位，所有活动听从教师的指挥，不随意跑动。

④活动流程紧凑，不拖延时间，家委配合教师完成收尾工作。

活动流程：

①8:30～9:30自驾前往农场、采摘草莓、蔬菜。

②9:30～10:00磨豆浆、洗菜。

③10:00～12:00开始吃柴火鸡自助餐。

④12:00～12:30户外运动（踩高跷、两人三足、攀岩、秋千、爬网）。

⑤12:30～13:00喂养小动物、制作水果沙拉。

⑥13:00～14:00喝豆浆、返程。

第三，来自家庭的声音。

一片小叶子 生活大百科
陈鹏俊、陈鹏杰爸爸

实验幼儿园小一班以叶子为主题开展了探究活动，没想到一片小叶子，在老师的精心组织下，串联起了日常生活的方方面面，活动内容丰富多彩，孩子收获满满，既增长了生活知识，又激发了探索自然、了解生活、主动学习的热情；作为家长，这样的活动从日常生活和细节做起，接地气，很自然地融入与投入其中，与孩子一起学习，一起沟通，一起实践，一起成长，真心为实验幼儿园的"三人行"教育理念和活动策划点赞。

叶子探究活动从收集各种叶子开始，自由探索叶子的秘密，基于孩子的兴趣延伸到平时吃的蔬菜，通过与家人一起去菜市场买菜，回家洗菜，细致观察菜叶子，并与家人一起烹饪蔬菜，品尝自己的劳动成果，在班级分享自己认识的蔬菜，赴微菜篮进行采摘活动等。在这个主题学习的过程中，我们欣喜地发现了孩子的认知、情感与能力变化。

1. 我见过的叶子

"大家好！我们是小一班的陈鹏俊、陈鹏杰，今天跟大家分享水果的叶子。这片绿色长长的像扇子的叶子是香蕉树的叶子，叶子底下开花了，长出了香蕉宝宝。香蕉宝宝长大了，成熟了，就变成黄色的，最后一张图片就是我们在幼儿园开心地吃香蕉，真好吃！谢谢大家！"通过主题学习，孩子们大胆地展示与分享自己的知识，锻炼了自己。

图4-161　我见过的叶子

2. 会跳舞的树叶

周末，我们一家四口到莲花山公园去放风筝。休息间歇，兄弟俩似乎在不远处的草地上发现了什么，捡了两片大小差不多的树叶跑来对我说："爸爸，这两片树叶为什么有片是黄褐色的，而这片是绿色的呢？"我反问道："你们说呢？"兄弟俩侧着小脑袋，回忆老师教过的知识，恍然大悟地说道："我想起来了，老师说过黄褐色的应该是干枯的叶子，绿色的还没有完全干枯，老师还说叶子的颜色除了绿色、黄色以外，还有红色……"兄弟俩开心地回忆着老师和同学上课团讨时说过的关于叶子的种种，你一句，我一句，把学到的知识分享给我们。

过了一会儿，他俩拿着这两片叶子朝着太阳的方向看了看，比了比，然后甩了甩叶子，又抬头看了看。突然微微地用力把两片叶子往空中抛，掉在地上，再来一次，又微微地用力继续往空中抛，看着两片叶子从自己的眼前掉落下来，兄弟俩开心地笑了起来，"爸爸你看，这两片树叶会跳舞呢""是啊，舞姿还不一样呢。"他俩高兴地重复捡起树叶，抛向空中，看着落叶慢慢掉落……此刻，仿佛这个世界没有比抛叶子更令人开心的事情了。

几分钟后，他俩好像又找到了新的玩法，跑去找了块小石头。把枯叶放在地上，用石头砸了下，枯叶碎成了好几块，弟弟又去找了几片枯叶，哥哥继续砸，枯叶全碎了。他俩用手抓了抓小脑袋，突然小眼睛一亮，把绿叶也放在地上，用石头也砸了砸。绿叶没有发出"咔嚓"的声音，但是却在地上留下了一块湿湿的痕迹。他俩蹲下若有所思，眉头紧锁，嘴里好像在嘟囔着什么，哥哥伸出手指头，摸了摸地上湿湿的痕迹，开心地笑着，弟弟也学着摸了摸。

图4-162　发现叶子的秘密

我走到他俩身边，一起观察地上被他们砸得碎碎的以及留下一块绿色痕迹的叶子，问道："你俩有什么新发现吗？""爸爸，你看这两片叶子为什么会这样呢？"他俩问。"那是因为枯叶里面没有水分了，所以一捏或一砸就碎了，但是还没有完全干枯的叶子，里面还有水分，所以地上才会留下湿湿的叶汁痕迹。"兄弟俩恍然大悟。

他俩不仅通过自己的观察和实验，加深了老师和孩子们上课讨论过的知识，同时也在不断地探索和得到新的重大发现：干叶子很脆弱，比较薄，湿叶子比较厚，有水分。他俩持续观察和学习的精神令我赞许。孩子，爸爸、妈妈、老师……我们会一直帮助你们，让你们去探索，坚持你们的爱好，让你们发现自然界中更为奇妙的地方。

3. 让我们试试吧

随着叶子的主题学习延伸到日常生活中的蔬菜，这段时间，兄弟俩下午放学

图4-163　到超市买菜

后总是和妈妈一起到超市买菜，每到超市，兄弟俩就开始说起了自己这段时间以来新认识到的一些青菜，并且一一说出它们的一些特征，还能说出各种吃法：炒着吃，蘸酱油拌着吃，煮着吃。

"妈妈，你看这是什么菜啊？"孩子指着菜架上的一种红颜色的菜，兴奋地问。妈妈看了看："是红心汗菜。""红心汗菜"，孩子挠了挠小脑袋。他俩抓起一把红心汗菜，看了看说："妈妈，它的叶子中间是红色的呢？""它好不好吃呢？"妈妈顺口说道："不如我们今天选择这种青菜来试试吧，好吗？"哥哥赶忙回复："不要不要，应该不好吃吧。"弟弟紧接着说："我也不要。"

虽说孩子不算挑食，肉、蛋、蔬菜、水果都爱吃，但平常爱吃的蔬菜也就只有那么几种，屈指可数：油麦菜、空心菜、芹菜梗、芥蓝。对于一些新的蔬菜，兄弟俩平时总是不太愿意尝试。

图4-164　今天我们做主厨

"它的叶子颜色可真有意思，我还没有看到过这种颜色叶子的蔬菜呢。你看看他的叶子是什么形状的呢？它闻起来有股味道，不知道它炒起来是什么颜色的，会不会也是红色的呢？"妈妈试图让兄弟俩继续观察。哥哥说："可能是红色的吧。"弟弟说："应该不会是红色的。"妈妈赶紧回复："既然这样，我们还是买回去试试吧。"在好奇心的驱使下，兄弟俩决定买回家试试。

到家后，兄弟俩就迫不及待地开始洗菜，剥蒜头，炒菜……红心汗菜新鲜出炉了！

兄弟俩拿起筷子开始观察新出炉的菜品，"妈妈，我说对了，它炒出来是红色的。"兴奋胜利的喜悦挂在哥哥脸上。"那我们尝尝它的味道吧。"妈妈说。兄弟俩拿起筷子，夹起来用舌尖舔了舔，然后慢慢放入嘴里嚼了嚼。"有点甜。""像空心菜的味道。""不对，像油麦菜的味道。"兄弟俩七嘴八舌地讨论着。

妈妈微笑着告诉他们汗菜的学名叫苋菜，是一种营养价值非常高的蔬菜，含有丰富的铁、钙和维生素K，能使牙齿更坚固，长得高……孩子们一边听，一边愉快地品尝着红心汗菜。

孩子从开始的不接受，不愿意尝试到最后的愉快品尝，有了很大的进步。这种勇于尝试新事物，勇于探索，勇敢地迈出第一步，让我们感动。希望孩子们能继续不断努力，积极尝试新事物，面对新挑战。

4. 一个都不能少

周日，班级组织微菜篮采摘活动。我们一家四口早早地就出发到达目的地。此次采摘活动流程是体验从菜地里采摘蔬菜、洗菜，并烹饪自己的胜利果实。

图4-165　亲子微菜篮

兄弟俩很兴奋地来到了菜地，东瞧瞧，西看看。"爸爸，你看，这是麦菜吧？""爸爸，这是茼蒿，原来他们是这样种出来的啊！"兄弟俩兴奋地说。

"爸爸，你看这是什么？"他们指着一种在超市他们从来没见过的蔬菜问道。

"茄子。"我回答道。

　　"这个茄子怎么是白色的呢?""茄子不是紫色的吗?""原来茄子也有白色的。"兄弟俩又讨论了起来。

　　"那它是什么味道的呢,和紫茄子会不会不一样?""煮出来是什么颜色的呢?"兄弟俩的好奇心又被激发起来了。

　　"想知道吗,那我们先开始采摘吧。"我说。

　　摘了满满的一筐茄子,兄弟俩心满意足地准备打道回府。"慢着,这个茄子太小了,不要了。这个茄子长得有点歪歪的,应该不是很好吃,也不要了。"我从他俩手里的筐中挑出了一些不太好的茄子,顺势扔到了一旁。只见兄弟俩立刻急了:"不行,这是我们摘的。""不行,你不能扔掉!"

　　"这个茄子不太好,不好吃的,我们不要了,筐里还有这么多。"我回答。

　　"爸爸,这是农民伯伯种的,老师说农民伯伯很辛苦的,我们不能随便浪费粮食。"他俩振振有词地说。

　　兄弟俩的话让我瞬间感到惭愧,是啊,我们一直在教育孩子不能浪费,可是自己却在孩子面前上演着浪费的一幕。于是,我把这两个扔掉的茄子又捡了回来,他俩开心地笑了。

　　我说:"好吧,那我们就把他们都吃掉,一个都不能少。不过下次咱们就不采摘太小的茄子,让它们长大点我们再采摘吧,好吗?"

　　"嗯,好的,一个不能少。"兄弟俩异口同声地答应着。

图4-166　摘菜的体验与乐趣

　　接着,我们一起讨论着茄子的做法,蒜香茄子,煮茄子……

　　茄子虽小,但也不能浪费。谁知盘中餐,粒粒皆辛苦。看来孩子们已经理解了这句话的含义。节约是一种美德,希望孩子们能继续保持这种美德,珍惜粮食，远离浪费，快乐成长。

　　叶子主题学习活动结束了，在孩子、学校与家长的共同参与下，兄弟俩掌握了各种各样的叶子知识，对日常生活中的水果、蔬菜、植物等有了更为直观的认识，在各类活动形式中，锻炼了探索自然的感知能力、语言表达能力、承担家务的动手能力、团结协作的团队能力以及好的行为习惯的判断能力，快乐健康地成长。后续实验幼儿园还将有其他主题活动，作为家长，我们将一如既往地积极参与其中，家园共建，为孩子种下一生幸福的种子。

案例分析：该探究可以从以下几个方面进行分析。

首先，幼儿在该探究中获得的经验与技能。

获得的经验：了解叶子有不同颜色；根据季节的变化叶子的颜色也不同；叶子的形状多种多样；叶子的生长环境各不相同；叶子的构造有叶肉和叶脉；多肉植物的叶子都是叶肉；叶子有动物喜欢吃的，也有人喜欢吃的；蔬菜的品种、名称和各种食用方法。

获得的技能：会使用剪刀剪叶子，制作叶子手工剪贴创意画；使用颜料刷选择自己喜欢的颜料装扮叶子；知道并能说出常见的蔬菜名称；清洗菜叶的基本方法；会用捡到的树叶进行简单的创意拼图；会用正确的方法把菜叶从地里摘下来；会将各种蔬菜挑选制作蔬菜沙拉；会在生活区用蒜臼捣菜叶，剥蒜，制作菜叶汁。

其次，反思该探究的组织成效。

通过探究开展，幼儿更愿意吃青菜了；通过探究开展，幼儿更爱观察事物，有一双发现的眼睛。

最后，针对该探究的改进建议

可以多些社会实践去参观植物园等，让幼儿走进自然去体验；可以拓展一些叶子的种类，如多肉的、水生的等；希望能有更多幼儿参与的痕迹、自主探索及自主展示成果的机会。

案　例

鞋　子

参与人员：唐欢、孟阳、李真敏、杨秀红

时间周期：2016年10月至2016年12月

1. 探究路径

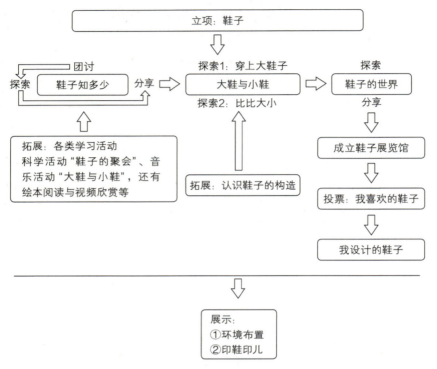

图4-167 "鞋子"探究活动路径图

2. 开展过程

（1）探究准备期

①确立项目：探究源起

在平时的一日活动中，我们发现午睡起床后有些孩子会不小心把鞋子穿反，这时候就会有人好奇地问：为什么鞋子会有正反呢？周一晨会结束，孩子们在换鞋时，也会有人疑惑，为什么鞋子要分这么多种？为什么要换鞋呢？关于鞋子的种种问题都涌现在小四班。于是在下午放学后的一日一议中，我们趁热打铁，根据我们观察的现象，追随孩子的兴趣点展开了关于鞋子的讨论，并确定了探究主题——鞋子。

图4-168 围绕"鞋子"的头脑风暴

②探究分析

第一，探究可行性分析。

表4-17　探究可行性分析表

项目名称：鞋子	
1．探究的可操作性	
幼儿好奇心	在平时的一日活动中，午睡起床后会不小心把鞋子穿反，这时候就会有人好奇地问：为什么鞋子会有正反呢，我这么穿不对吗；周一晨会结束，在换鞋时，也会有人疑惑：为什么鞋子要分这么多种，为什么要换鞋呢
探究材料	各种各样的鞋子、大量鞋子的图片
家庭和社会资源	家里的鞋柜、鞋店、商场
参访场所	各类鞋店
开展难点	鞋子的种类如何更清晰地划分，如何更好地展示探究的成果
教师兴趣	鞋子的构造，什么样的场合需要穿什么样的鞋子，鞋子的季节性
2．探究的教育价值	
幼儿可获得的学习	鞋子的构造、鞋子的种类、认识各种各样的鞋子
幼儿可掌握的技能	语言的表达能力、观察能力、手部肌肉的发展、自主选择能力
幼儿可能面临的挑战	有想法地设计自己的鞋子、比较鞋子长短的方法

第二，探究开展规划。

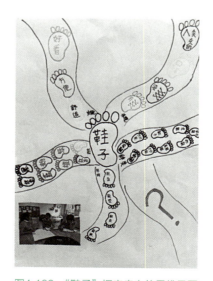

图4-169　"鞋子"探究走向的思维导图

表4-18　探究开展规划表

项目名称：鞋子	
1. 可能开展的内容	
操作探究活动	"大鞋与小鞋"的体验活动、"我设计的鞋子""好玩的鞋印""鞋子展览馆"
领域活动	开展美术活动"鞋子的颜色""我设计的鞋子"、科学活动"好玩的鞋子""鞋子的聚会"、音乐活动"大鞋和小鞋"、综合活动"鞋子的秘密"
参访活动	分发调查表"鞋子的世界"，在家长的陪伴下到各大商场、鞋店，进行一场鞋子之旅，观看各种卖场的鞋子，发现许多造型奇特的鞋子
表征活动	"我设计的鞋子""有趣的鞋印""鞋子展览馆"
2. 可能需要的资源	
人力资源	教师对鞋子的深入了解，如鞋子的种类、鞋子的构造、鞋子的季节性、鞋子的作用等
环境和材料	大张皮纹纸、各类彩色大头笔、各种各样的鞋子、美工类装饰材料、大量鞋子的图片
3. 环境支持设想	
班级环境规划	将幼儿的讨论内容进行分类，用图文并茂的形式制作成海报张贴在教室，可供幼儿观看
社会实验场创设	创设班级鞋子展览馆，让幼儿将自己喜欢的、造型各异的鞋子带到展览馆进行展示

（2）探究推进期

①团体讨论：鞋子知多少

利用餐前时间，我们以小组的形式进行了关于"鞋子"的第一次讨论，主要围绕"你见过的鞋子""鞋子的作用"两个话题展开讨论。说到鞋子，孩子们有说不完的话题，从常有的毛毛虫鞋、洞洞鞋一直聊到滑冰鞋、高跟鞋以及鞋子的作用等，想到的、想不到的应有尽有。

图4-170　围绕"鞋子"的第一次讨论

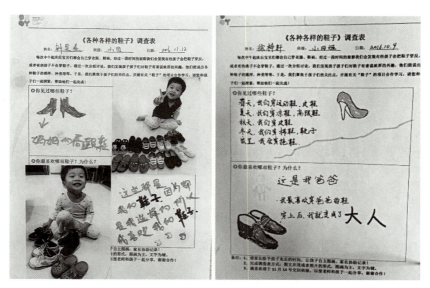

图4-171　关于"鞋子"的调查表

　　根据孩子们的谈话，我们将它总结成了三点：一是鞋子的种类，孩子们说出来的大多数是自己的鞋或者见过的鞋子。例如，有的孩子会说自己有凉鞋、运动鞋、滑冰鞋等。二是鞋子的外形特征，分别从颜色、造型两个方面进行描述。例如，阳阳说自己有双蜘蛛侠的鞋子，灵灵说自己有双蓝色爱莎公主鞋等。三是鞋子的作用。有的孩子说不穿鞋会把袜子弄脏，有的孩子说不穿鞋踩在玻璃上会流血，从孩子们的话语中我们发现他们平时对鞋子的观察还真仔细！

　　②调查各种各样的鞋子

　　从第一次的讨论中我们发现，孩子们对鞋子有着浓厚的兴趣。但是由于孩子的年龄较小，能力和已有经验都不足，所以在讨论中他们说的鞋子的种类大致相同，作用局限于保护脚的方面。为了扩充孩子们的知识面，认识更多的鞋子，具体了解鞋子的作用，我们发动了家长的力量，邀请大朋友参与到我们的探究中来，陪伴孩子一同探索更多有关鞋子的秘密。

　　③经验拓展活动

　　为了追随孩子的兴趣，让他们了解更多和鞋子有关的事情，我们还开展了多种形式的经验拓展活动。例如，与孩子阅读观看大量和鞋子有关的绘本和视频，了解不同种类的鞋子，开展美术活动"鞋子的颜色""我设计的鞋子"、科学活动"好玩的鞋子""鞋子的聚会"、音乐活动"大鞋和小鞋"等，在提升孩子们经验的同时，更让他们感受到了活动所带来的快乐，体验鞋子世界里的奥秘。

图4-172　关于"鞋子"的学习活动

④探索活动：穿大鞋的体验

在一次音乐活动中，我们学习了大鞋与小鞋这首歌，孩子们对大人的鞋充满了兴趣，都想尝试一下穿大鞋的感受。为了满足孩子们的好奇心，我们举办了一场大鞋与小鞋的体验活动，让孩子们回家以后分别试穿家里大人的鞋子，与爸爸妈妈谈一谈自己穿过后的感受。

孩子们回到家后，分别试穿了爸爸、妈妈的鞋子，因为有了实际的体验，孩子们在第二天的分享过程中已经能从软硬、高矮等不同的角度来分析，有的孩子说爸爸的皮鞋像小船，硬硬的，穿着有点头晕；有的女孩子说，我最喜欢妈妈的高跟鞋，很漂亮，穿在脚上还能发出咯咯的声音。

⑤经验拓展活动

活动开展至此，孩子们对鞋子有了一定的了解与认识，针对之前的活动，我们对孩子的已有经验进行了整理。利用餐前活动时间对鞋子的构造进行了深入了解，通过观察图片、实物，孩子明白了鞋子由鞋底、鞋带、鞋帮、鞋舌、鞋头等多个部分组成。鞋底有鞋码，不同鞋子的鞋码出现的地方也不同，有的在鞋底，有的在鞋垫上，有的孩子发现鞋码还会出现在鞋标上。经过一定的引导，现在孩

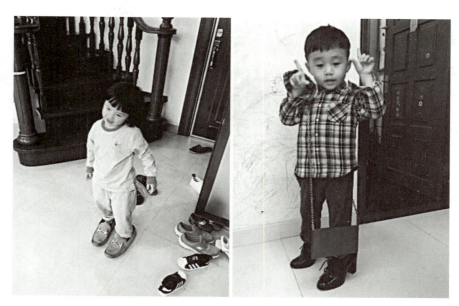

图4-173　体验穿大鞋子的感觉

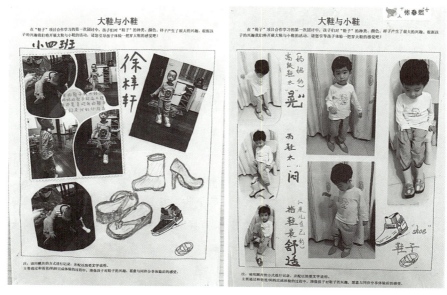

图4-174　《大鞋与小鞋》调查表

子们已经能明确说出自己的鞋码，学会了如何看鞋标。

在观察鞋底的时候，有的孩子发现了鞋底上有数字，于是就提问："这个数字是做什么用的？"我告诉他这个数字叫作鞋码，是记录鞋子大小的号码，他听完点了点头。他又说："那么大家的鞋子号码都一样吗？有没有人的鞋子比我的

图4-175　讨论鞋子的大小

图4-176　比较鞋子的大小

大?"此时他产生了疑惑,想知道大家的鞋码是否都一样,于是想出了一个方法,那就是进行比较。他拉着牛牛哥哥,用小脚对小脚的方法进行比较。他通过比较发现原来大家鞋子的码数大小都是不一样的,牛牛哥哥的要比自己的大很多。为此,我们又深入地对鞋码进行了了解,学习如何看鞋码。

⑥亲子探索:鞋子的世界

经过前段时间的学习与探索,孩子们对鞋子已经有了一定的认识,观察到了许多各种各样的鞋子。那么鞋子究竟有哪些种类呢?在哪里可以买到鞋子呢?孩子们出现了种种疑惑。为了解决他们的困惑,我们设计了"鞋子的世界"调查表,让爸爸妈妈利用3天假期的时间带领孩子实际走进各大卖场和鞋店,通过实物的观察和参访了解鞋子的种类以及在哪里可以买到鞋子。

图4-177　"鞋子的世界"调查表

"鞋子的世界"亲子活动方案

活动时间：2016年11月17日

活动地点：深圳市各种大型商场和鞋店

活动主题：鞋子的世界

活动目标：

①实地参访各大鞋店，观察各种各样的鞋子。

②了解鞋子的种类，了解在哪里能够买到鞋子。

活动方式：自愿参加，自驾，统一组织参观。

活动内容：

①在父母的陪伴下自行前往各大商场和鞋店。

②观察各家鞋店的布局和鞋子的摆放。

③了解鞋店鞋子种类的划分。

④拍照记录活动。

活动准备：

"鞋子的世界"调查表、照相机。

活动分工：

①欢欢老师策划调查表。

②孟老师编辑信息通知家长时间、活动内容。

③李老师发放调查表。

注意事项：

①班主任提前告知各位家长，发放调查表。

②安全第一位，在前往的过程中注意安全。

③利用照片的形式将活动进行记录，按时上交。

⑦"鞋子的世界"调查分享

活动以调查表和孩子们的作品为主进行分享展示，让孩子分享自己在调查过程中的感受与乐趣。

考虑到小班幼儿的语言描述能力和表达能力相对较弱，所以主要以教师主导的形式进行分享，但在活动中我们发现孩子对于自己感兴趣的东西有着强烈的表达欲望，于是我们从教师主导的"集体分享""小组分享"传统模式变成"幼儿自主分享""三人小组分享""一对一分享"的创新模式。不仅如此，随着活动的深入调查，一直在幕后支持着我们工作的人，同时也是孩子的学习合作者——家长们也成了孩子们分享的对象，于是有了"幼儿与家长"这样有趣的分享形式。

⑧成立鞋子展览馆

环境在幼儿的学习中十分重要，它能潜移默化地主导幼儿的学习方向，起到促进幼儿学习的作用。

班级设立了"探究学习墙"，将在探究学习中的"发现""团讨""探索""体验""设计""实践"等过程，变成一面大墙，让孩子们一眼就能看到，可以随时随地进行交流。

图4-178（1）　教师主导的集体分享

图4-178（2）　教师主导的集体分享

图4-179（1）　三人小组分享　　　图4-179（2）　三人小组分享　　　图4-180　一对一亲子分享

　　我们同时开创了"鞋子展览馆"，孩子从家中带来各种各样、造型各异的鞋子。每天只要一有时间，孩子们都会跑到展览馆前看一看、摸一摸自己喜欢的鞋子。因此，孩子们不仅能够参观到各种不同的鞋子，还能够亲手去触摸、试穿等。亲身体验的美妙环境让他们每天都有着和小伙伴说不完的话与分享不完的乐趣。

　　⑨为"我喜欢的鞋子"投票

　　经过几天的观察，我们经常会看到孩子们围在展览馆前说：我最喜欢我的毛毛虫鞋；我喜欢穿洞洞鞋，洞洞鞋穿起来舒服；我喜欢滑轮鞋，它穿起来酷酷的……孩子们都有自己喜欢的鞋子，那我们给鞋子来场投票吧！雨鞋、足球鞋、

图4-181　成立鞋子展览馆

舞蹈鞋、黑皮鞋、毛毛虫鞋、洞洞鞋、滑轮鞋都来参赛了，孩子们纷纷投上了自己神圣的一票，最终滑轮鞋以自己酷炫的外观赢得了冠军的宝座，在投票结束后的日子里，我们时常可以看到有一群孩子围在一起，时不时地跑到投票的海报前，向旁边的伙伴说着自己的票投给了谁。

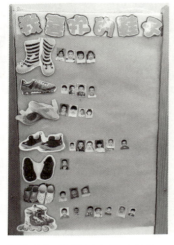

图4-182　选择自己最喜欢的鞋子

图4-183　投票进行中

⑩我设计的鞋子

　　有了自己喜欢的鞋子，孩子们表示还想设计一双属于自己的鞋子。在美工区内，鞋子工厂夜以继日地忙碌着，我们提供了大量的手工材料，通过画、粘、贴等方式，他们终于制作出了一批又一批精美、独特、创意无限的鞋子。

图4-184　我设计的鞋子

（3）探究总结期

①展示活动

第一，环境中的展示。

图4-185　发现幼儿的兴趣

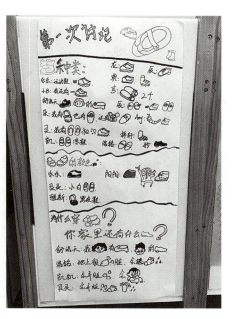

图4-186　记录团讨内容

图4-187　探索活动过程（1）

图4-188　探索活动过程（2）

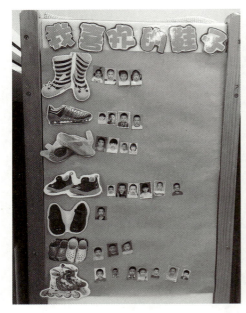 

图4-189 自主进行选择   图4-190 成果进行展示

第二，活动展示：好玩的鞋印。

当大家都在关注鞋子的外观构造时，细心的点点发现了鞋底的奥秘，她说我的鞋底有好多好多的小足球，她的这一举动吸引到了许多的孩子，大家纷纷观察起了自己的鞋底。经过商量我们决定带领孩子开展一场印鞋印的活动。我们准备好漂亮的水粉颜料和大白纸，孩子们在有序的组织下带着自己的鞋子在纸上走出这世界上独一无二的作品来，看着孩子们脸上洋溢的笑容，我们觉得他们在"鞋子"这个探究活动中越走越快乐，越走越有趣了！

图4-191 好玩的鞋印

"好玩的鞋印"展示活动方案

活动名称：好玩的鞋印

设计者：唐欢

活动形式：集体

适用范围：3~4岁

预定目标：

①乐意参与鞋底印画的活动，能大胆参与活动，体验印画的喜悦。

②感知鞋底花纹的多样性和对称美。

活动准备：

①已印好的鞋底画。

②鞋底有各种图案的鞋子（幼儿每人一双）。

③蘸有颜料的海绵、地毯、白纸等。

活动过程：

1. 欣赏鞋底印画

师："今天老师给小朋友带来了几幅漂亮的图画，我们一起来欣赏（出示印好的鞋底画），画上有些什么？你们知道这些漂亮的画是怎么画出来的吗？"（幼儿讨论。）

2. 鞋底印花，感知鞋底花纹的多样性和对称美

师："原来我们的鞋底这么漂亮，看到鞋底印画那么漂亮，老师也好想来玩一玩。"老师边玩边让幼儿注意印画的要求。

①印画时脚不能移动。

②印完后把鞋子在边上的地毯上擦干净。

师："我发现很多小朋友已经快坐不住了，赶紧要去玩印画了，印画的时候可要小心，要在空白的地方印，不要踩在别人的脚印上，我们大家一起合作，印一幅最漂亮的作品。"

教师与幼儿一起参与操作，体验鞋底印花的乐趣。

展示幼儿作品，请幼儿说说自己最喜欢的鞋底印花，感知鞋底花纹的多样性。

教师总结：原来我们的鞋底还有这么多小秘密，有花朵、星星、小兔子，还有机器人，真有趣。

②来自家庭的声音

第一，果果妈妈。

果果在完成"探索鞋子"的活动后，我欣喜地发现，果果自从上小班后，在老师们细心、专业的引导下，无意识中渐渐地懂得了生活中的礼仪，鞋子的不同功能，而且还会表达内心喜爱的情感。

我问果果："你见过哪些鞋子？"果果告诉我：周一晨会时穿着"皮鞋"；玩他最喜欢的滑滑梯时穿着"运动鞋"；雨天穿着"雨鞋"。

果果的回答在告诉我，不同场合、不同场景穿着不同的鞋子。我能感受到果果内心已经开始萌芽，懂得了一些生活礼仪及鞋子的不同功能。

我问果果："你最喜欢那双鞋子？为什么？"果果告诉我：他最喜欢外婆给他买的鞋子，因为是外婆买的，上面有小白兔。

果果的回答在告诉我，他喜欢外婆，他喜欢小白兔。我能感受到果果对他爱的人及爱他的人的情感表达，而且他还喜欢小动物。希望在果果内心中这颗懂得"爱"、珍惜"爱"的种子继续萌芽成长。

第二，有楚杰爸爸。

有楚杰1岁多开始从社会学常识概念中认识鞋子，2岁开始自己挑不同颜色的鞋子。现在已经拥有了西红柿炒鸡蛋（一双红黄相间的运动鞋）、酷飞（蓝色的洞洞鞋）等各种喜欢的鞋子，并且我永远不知道这小脑袋是按照什么逻辑来运行的，使得他每次穿鞋时都会坚持要穿某一双而不要其他的。

这次按照活动内容的指引，我带着他去商场，看各种鞋。有楚杰兴奋地从一家店窜到另一家店，面对扑面而来琳琅满目的各种款式、颜色的鞋子，兴奋不已。天性多动的他，像猴子掰玉米一样把自己看得上的鞋子抓在手里，然后看到其他喜欢的就把手里的扔掉奔向新的目标。唯一能抓住机会照几张照片的，永远是强行让他停下来的摆拍，他极不情愿地配合3秒，又继续进入他自己的探索模式。

原本我的打算是让他认识鞋子家族中的各种分类，运动鞋、休闲鞋、功能鞋、户外室内等。后来我猛然意识到，这是成年人以系统思维模式设定的一种攻略型的计划。在孩子这里，特别是有楚杰的思维模式中，根本行不通。真实情况是，孩子先从鞋子的颜色着手进行分类，这是他对这个世界把握最熟练的一种认知方式。然后从鞋子的外观和大小来分。比如，长得很奇怪的动物状的棉拖鞋，颜色很鲜艳的跑步鞋，会一下子吸引住他的眼球。

让人欣喜的是，在整个探索过程中，我发现有楚杰虽然大部分时间遵循他自己的行为模式，但在整个行动结束之后，他并未像一贯的置之不顾，而是在回去的路上，仍然不断地思考与追问。

"为什么那个尖尖的黄色的鞋（高跟鞋）不能给爸爸穿？"

"去上学能穿那个绿色的动物鞋子吗？"

"我想把那些全部的黄色鞋子都给小四班小朋友买下来穿。"

这些看似简单的问题，从成年人的角度来理解，可能只是孩子一时的话题，但要深入理解，这是思维模式的转变。以前在家的教育多半是灌输型的，凡事都是有标准答案的。看似保护，实际却抹杀了孩子无限想象力天性的发挥。但这一次的活动所不同的是，命题以"探索"为主旨，自然是让孩子自己去看，去摸，去思考。没有标准答案，没有教条。孩子通过自己的各种行为收集到的信息，转化为思考的素材，从自己的角度去想象，去理解和求证，这是从来没有过的进步。

不但如此，他学会了适应群体和分享。不但有了集体意识，而且在他的世界，除了父母亲人之外，有了老师和其他孩子们。3岁的孩子，很自然地联想到要与人分享和协作，这更是作为独生子的我也十分诧异的地方。

想到这里不禁自叹，这难道不是我们自己探索世界的规则吗？幸运的是，在这个年代，我们的物质生活是如此的丰富，让有楚杰在孩提时代，对鞋子的脑中印象，便是一批又一批、应接不暇的展柜上摆着的可以随便拿来玩的物品。

有楚杰对世界的认知从五官开始，逐渐发展。现阶段，他学会了用手摸，用脚走，运用一切感官去丈量他的世界，探索和扩大他的知识与信息的版图。

大学时曾经看过一篇文章讲的一个案例，某些孩子（指当时的）对于苹果的概念不是红红圆圆的图片上的，而是切成方块形的白色的物体，以至于看到真的苹果时不认识。当时就觉得这样的孩子，确实十分可怜。这个三维的、如此丰润的世界在他们的眼里，竟成了二维的和单调无趣的，失去了多少色彩和多样。曾经我奋笔疾书写了一篇批判文章，怒斥应试教育，指其教育的本质是真实世界虚拟化，培养了多少温室中的花朵而耐不住风寒。

时至今日，我仍然持此观点。如果想让孩子认识苹果，就给他一个真的苹果（指水果）。真的苹果有大有小，有不同颜色，有温度，有重量，有气味，可以洗、切、品尝，同样也会被虫蛀，会腐烂变质。这才是真实世界中的真实现象，而不只是图册中的红色二维图像。

我曾极度担心孩子在3～6岁这个大脑探索期，会由于教育环境的恶劣和落后，所学的知识和信息没法与真实世界相结合，也变成案例中的那个孩子。幸运的是，实验幼儿园的教育理念与我所想一致。从各种活动的设定中，我看到的是这样的教育理念，是让孩子们通过看、感觉、体验去探索这个世界，去感知它的真实性，再去思考它的美妙之处。体验而不是传达，引导而不是灌输，培养而不是嫁接，这正是我一直认同的，并认为是唯一有用的教育方式。

对成年人来说，对于未知世界的了解和探索，一般遵循："知道是什么""知道怎么做""知道为什么"三个阶段。比如，人类从知道熟肉比生肉好吃，用了大约400万年；从偶尔吃到森林大火烤熟的肉，到熟练使用火用了大约100万年；从熟练用火，到热传导理论的提出，只用了不到3 000年。可见，"知道是什么"这个过程是最为漫长和缓慢的。

无论古今中外，鞋子的典故、比喻数不胜数："等着另一只鞋子落地""合不合脚只有自己知道""穿小鞋""光脚的不怕穿鞋的""步履蹒跚"等。鞋子走入人类文明不到5 000年，发展到今日，已是千类万款。细细想来，孩子们对于鞋子的认识，先从看到、摸到、感觉到各式各样的鞋子起，然后逐渐积累、深入发现什么样的鞋子是什么样的感觉，最后知道哪些鞋子如何搭配更合适。对于孩子们来说，去了解现在世界的鞋子，正如当初茹毛饮血的智人去了解自然界的火一样。孩子们对于鞋子世界的探索，同样也是遵循这三个阶段规律的。

更重要的是，在陪同孩子探索世界的过程中，对于成年人，也是一种探索和学习。我们也在探索孩子们的想法和与他们之间的沟通逻辑，更加在探索我们自身的深度与广度，是否能够适应和满足孩子们越来越快的学习能力。所以，探索鞋子的世界这个主题，是给有楚杰做的题目，同样从另一个角度，更是给我和所有家长朋友们做的一个题目。这类的题目越多，孩子们的成长方向会越健康，对于家长朋友们来说，对于自己以及亲子教育的思考机会也会越多，收获也会越大。

第三，龙奕言妈妈。

言言总是喜欢说："穿妈妈的大高跟鞋会滑倒！"回想第一次看着孩子穿高跟鞋站不稳、根本迈不出步伐、小心翼翼的样子，自己想笑却又怕伤到孩子，结果他自己脚一扭摔倒坐着，突然开心得大笑，边笑边扶着墙站起来。通过这次大鞋和小鞋的实践活动，我更认同孩子的成长是多方面的，对于孩子们来说，在这个世界里，所有事情都是新鲜和令人惊奇的，他们会通过自己的方式发现和了解。父母一方面要注重孩子的阅读认知，另一方面要重视孩子的实践体验，这个过程不仅让孩子心情愉悦，同时也发挥孩子的想象力、创造性，让他们在自己的幼儿世界中尽情享受。

第四，姜淞畯爸爸。

阳阳静静地坐在那里，小手托着腮帮，全神贯注地注视着调查表上的图画和文字，并和我一起筛选在商场和溜冰场拍到的各式鞋子的照片。他很认真，能正确地说出每类鞋子的用途和特点，从旁边欣赏他认真思考的样子，真是一副唯美的画面，像天使一般。我不断地对他的选择给予鼓励和肯定，也能感受到他表情上的自信和对自我的满意。我觉得和孩子在一起的每一刻都是那么幸福，和孩子一起成长真好，赞赏和激励是沐浴孩子成长最好的养分。

案例分析：该探究可以从以下几个方面进行分析。

首先，幼儿在该探究中获得的经验与技能。

对鞋子有了更深入的了解，不仅仅只是浅显的外观，在鞋子的构造、功能、鞋码、舒适度、软硬、穿着场合都有了更为具体的经验。不仅如此，幼儿还能充分发挥创意按照自己的想法设计鞋子。

在探究的分享过程中，幼儿的语言表达能力得到了提升，更乐于分享自己所知道的，关于"鞋子"的生活经验也得到了提升。

其次，反思该探究的组织成效。

该探究的开展基于幼儿的兴趣点，因此能得到幼儿的明显回应。在家园合作的过程中，家长、幼儿的参与性很高，在项目展示的尾声，大家以印鞋印、设计鞋子以及鞋子展览馆的方式为探究画上了圆满的句号。

最后，针对该探究的改进建议。

可以在探究中融入更多的元素。比如，关于情感的提升，这个世界上还有没有鞋子穿的人，我们能为他们做些什么呢？继续延伸鞋子的作用，如果没有鞋子穿我们会怎么样？还可以研究古代到现代鞋子产生了哪些变化。

走进儿童的活动现场，发现儿童探究的秘密，体验儿童学习的精彩，支持儿童的自主探究与合作探究，与儿童一起成长！

第五章 "三人行"之儿童发展评价

评价是对事物价值的判断，是一种与价值标准、价值判断相关的活动。每一类评价都会有相应的评价标准，都是对评价对象的功效进行量化和质性的价值判断的准则和尺度。霍力岩提出，学前教育评价是对学前教育的社会价值做出判断的过程，它以学前教育为对象，对其效用给以价值上的判断。虞永平提出，幼儿园课程评价是对幼儿园课程进行考察和分析，以确定其价值和适宜性的过程。而儿童学习与发展评价，是依据儿童教育目标以及与此相适应的发展目标，运用评价的理论和方法对儿童身体、认知、品德与社会性等方面的发展进行价值判断的过程。

本章将回答"三人行"课程关于儿童发展评价的价值取向如何？围绕这一价值取向，"三人行"课程将采取怎样的评价标准与工具、评价策略去评价儿童的学习与发展？

第一节 儿童发展评价的价值取向

在20世纪80年代至90年代初期，当我国幼儿教育界开始进行幼儿园评价工作时，还较多偏重于对幼儿园房舍设备和师资条件等幼儿受教育条件的评价。后来，大家逐渐趋向于一种共识，认为在评价幼儿园工作时，还必须注重评价幼儿的发展。"关注幼儿的发展"这一重要评价内容已充分体现在我国的多项政策文本中。《幼儿园工作规程》提出："幼儿园应当关注幼儿心理健康，注重满足幼儿的发展需要"[1]。《幼儿园教育指导纲要（试行）》强调："教育评价是幼儿园教育工作的重要组成部分，是了解教育的适宜性、有效性，调整和改进工作，促进每一个幼儿发展，提高教育质量的必要手段。""幼儿的行为表现和发展变化具有重要的评价意义，教师应视之为重要的评价信息和改进工作的依据。"[2]《幼儿园教师专业标准（试行）》提

---

1 中华人民共和国教育部：《幼儿园工作规程》，http://www.moe.edu.cn/srcsite/Aoz/s5911/moe_621/201602/t20160229_231184.html，2016-06-16。
2 中华人民共和国教育部：《幼儿园教育指导纲要（试行）》，12页，北京，北京师范大学出版社，2001。

出："关注幼儿日常表现，及时发现和赏识每个幼儿的点滴进步，注重激发和保护幼儿的积极性、自信心；有效运用观察、谈话、家园联系、作品分析等多种方法，客观地、全面地了解和评价幼儿；有效运用评价结果，指导下一步教育活动的开展"[1]。可见，我国从国家层面强调了幼儿发展评价的重要性，强调观察与分析幼儿，这成为幼儿园课程评价的重要方面。

"三人行"课程尤其重视儿童学习与发展的评价，跟随时代的发展，形成了具有前瞻性、发展性以及儿童主体性的评价取向。

一、评价目的的价值取向

20世纪90年代初，早期的教育评价主要是选拔一些优秀的儿童，通过测验测查来评价。当今教育界普遍认为，评价的目的是促进儿童的学习与发展。"三人行"课程的评价目的主要有四个方面：一是便于教师更好地观察与分析儿童，提升教师观察与评价儿童的胜任力。让每一名教师都可以成为好的评价者。二是促进儿童的发展，提升学前教育质量。在观察与分析儿童中了解儿童，在评价与发展儿童中提升教育品质。三是改善课程质量，提升课程品质。评价的同时回收数据，指导课程的完善修改，从而提升课程品质。四是实时反馈，保障家园联系。教师对儿童的观察与分析要实时与家长沟通，及时发现问题，解决问题，从而促进家园的紧密合作，保障儿童的发展。

二、评价内容的价值取向

过去对儿童学习与发展的评价主要集中在儿童智力的评价上。例如，通过各种测验测查与评价儿童的认知、语言等方面。现在不仅仅局限在智力评价上，而是充分注意到了儿童发展的各个方面，如体能、社会性、情绪情感等。

"三人行"课程对幼儿的学习与发展的评价，不仅仅是了解幼儿自身的状况，更重要的是，了解教育计划和教育活动的目标是否建立在了解本班幼儿现状的基础上；教育的内容、方式、策略、环境条件是否能调动幼儿学习的积极性；教育过程是否能为幼儿提供有益的学习经验，并符合其发展需要；教育内容、要求能否兼顾群体需要和个体差异，使每个幼儿都有成功感；教师的指导是否有利于幼儿主动、有效地学习。如果不对幼儿的学习与发展做出评价，教师就无法了解幼儿的实际发展需要，也就无

---

1 中华人民共和国教育部：《教育部关于印发〈幼儿园教师专业标准（试行）〉的通知》，http://www.gov.cn/zwgk/2012-09-14/content_2224534.htm，2016-06-16。

法做出有效的课程计划，从而也就无法执行课程计划。评价幼儿的发展可以促使教师再学习，了解关于幼儿学习与发展的知识，进而促进教师的专业成长。

三、评价方法的价值取向

随着教育评价活动的广泛开展和普及，人们逐渐意识到，儿童的学习与发展是一种极为复杂的现象，是由多种因素相互作用的结果。因此，片面追求用客观的、定量的方法进行学前教育评价，容易把复杂的社会现象简单化，或者导致评价者忽视较难定量的和缺乏客观资料的因素，从而使儿童学习与发展的评价过于片面。与早期阶段人们使用的定量方法不同，"三人行"课程评价在方法上非常重视定性评价的运用，如自然观察法和访谈法等，力图把定量分析的方法与定性分析的方法结合起来，综合运用，更加全面、系统地评价幼儿。

四、评价实施的价值取向

以前幼儿园课程更重视结果，往往以幼儿画出来什么、说出来什么等的表面成绩来作为评价的结果，并且教师关注结果，轻视教育过程。"三人行"课程打破了传统的重结果轻过程的评价观念，更加重视评价的过程，注重形成性评价，教师关注幼儿一点一滴的表现，用轶事记录的方式记录幼儿的发展变化，保存幼儿的成长手册。结果固然重要，但是更加重要的是幼儿发展过程中的观察、评价与支持。

第二节　儿童发展评价的指标与工具

在"三人行"课程理念，尤其是"三人行"课程的儿童发展评价取向的指引下，"三人行"课程形成了自己特定的儿童学习与发展的评价指标与评价工具。

一、基于社会期待的评价指标与工具

（一）评价指标

深圳实验幼儿园"三人行"课程的目标是为孩子种下身心健康、习惯良好、情感积极、睿智创新的种子。这些种子是基于对深圳实验幼儿园历届儿童特质的解读，也是深圳实验幼儿园教育实践者们对于儿童在3~6岁阶段发展的共性期待。深圳实验幼儿园给予的四颗幸福种子会融入儿童学习与生活的方方面面，经过三年的积累最终形成

儿童的三大核心品质，即能自主、愿合作、爱探究。"能自主"这一品质与幼儿自我意识、自我控制及专注度相关，这与幼儿良好行为习惯的养成以及身心健康发展之间都是息息相关的。"愿合作"这一品质主要体现在幼儿在同伴交往之间的能力，是幼儿社会性的体现，包括同伴之间的沟通交流，既能够体现幼儿现阶段的发展，又是幼儿未来具备良好人际关系和适应能力的前提，让幼儿最终获得"情感积极"的种子。而"爱探究"这一品质支持着幼儿向睿智创新这一远大目标迈进。

"三人行"课程通过尊重儿童的自主深度探究与合作多元探究两种核心学习方式，支持儿童形成能自主、愿合作、爱探究的三大核心品质，最终为儿童种下身心健康、习惯良好、情感积极、睿智创新四颗种子，为儿童幸福能力的获得奠基坚实的基础。

根据能自主、愿合作、爱探究这三大核心品质，教师通过观察、记录幼儿的典型行为表现等方式分析并总结出了一些具体的行为指标，以此来作为对幼儿的行为进行评量的依据，进而解读幼儿的学习与发展状况。

"三人行"课程关于儿童学习与发展的评价指标具体阐述如下。

1. "能自主"品质的评价指标

（1）能够主动选择并专注于活动

（2）具有一定解决问题的能力

（3）愿意为自己的行为负责

（4）主动寻找资源满足个人需求

（5）主动参与体能锻炼活动

（6）愿意为形成良好习惯而努力

（7）能够管理自己的各种情绪

（8）能够管理自己的物品

（9）能够独立完成任务

（10）具有一定的生活自理能力

2. "愿合作"品质的评价指标

（1）配合或支持同伴的行为

（2）选择自己的合作对象，并与之互动

（3）尝试做一个小领导者

（4）尝试分解任务

（5）接受同伴的指导和帮助

（6）认真倾听他人的表达

（7）评价自己和他人的学习表现

（8）使用多种交往策略与同伴交往，如共赢、协调、退让、轮流等

（9）遵守团队的规则

（10）为达成团队的共同目标而努力

3. "爱探究"品质的评价指标

（1）敢于并善于向他人提问

（2）运用多种感官体验、探索事物

（3）掌握一定的观察与记录策略

（4）会借助工具、材料进行制作或实验活动

（5）对客观世界好奇，并尝试用不同的方式体验事物

（6）能根据图形、音乐或动作进行联想，并借助图画、音乐或动作表达出来

（7）可以进行拆装、拼接以及实验操作活动

（8）能比较事物的异同，并根据一定标准对事物进行分类

（9）具有一定的推理能力，可以提出假设类型的问题

（10）有一定的数概念与运算能力，可以进行统计、计数、估算等活动

（二）评价工具

基于以上评价指标，在"三人行"课程中，一般使用儿童核心品质检核表来评价儿童被期待品质的发展状况。评价工具如表5-1至表5-3所示。

表5-1　"三人行"课程之儿童学习与发展核心品质检核表（初级）

1. 自主品质		开　学	学期末	学年末
（1）能在教师的引导下在本班范围内选择自己的游戏区域				
	尚未发展	☐	☐	☐
	发展中	☐	☐	☐
	熟　练	☐	☐	☐
（2）能在成人的支持下尝试解决遇到的问题				
	尚未发展	☐	☐	☐
	发展中	☐	☐	☐
	熟　练	☐	☐	☐
（3）在提醒下能够遵守班级规则和游戏规则				
	尚未发展	☐	☐	☐
	发展中	☐	☐	☐
	熟　练	☐	☐	☐

续表

（4）在教师的支持下知道自己对资源的需求				
	尚未发展	☐	☐	☐
	发展中	☐	☐	☐
	熟　练	☐	☐	☐
（5）在教师的激励下，愿意参与体能锻炼活动				
	尚未发展	☐	☐	☐
	发展中	☐	☐	☐
	熟　练	☐	☐	☐
（6）愿意为形成良好生活习惯而努力				
	尚未发展	☐	☐	☐
	发展中	☐	☐	☐
	熟　练	☐	☐	☐
（7）情绪比较稳定，有较强的情绪反应时，能在成人的安抚下逐渐平静下来				
	尚未发展	☐	☐	☐
	发展中	☐	☐	☐
	熟　练	☐	☐	☐
（8）能在提示下整理自己的物品				
	尚未发展	☐	☐	☐
	发展中	☐	☐	☐
	熟　练	☐	☐	☐
（9）在教师的支持和鼓励下能够乐于接受任务				
	尚未发展	☐	☐	☐
	发展中	☐	☐	☐
	熟　练	☐	☐	☐
（10）在帮助下能穿脱衣服或鞋袜				
	尚未发展	☐	☐	☐
	发展中	☐	☐	☐
	熟　练	☐	☐	☐
2．合作品质		开　学	学期末	学年末
（1）在游戏中不争抢独霸玩具				
	尚未发展	☐	☐	☐
	发展中	☐	☐	☐
	熟　练	☐	☐	☐

（2）能够提出加入同伴游戏的请求

	尚未发展	☐	☐	☐
	发展中	☐	☐	☐
	熟　练	☐	☐	☐

（3）在教师鼓励下，愿意为集体服务

	尚未发展	☐	☐	☐
	发展中	☐	☐	☐
	熟　练	☐	☐	☐

（4）愿意和小朋友一起游戏

	尚未发展	☐	☐	☐
	发展中	☐	☐	☐
	熟　练	☐	☐	☐

（5）与同伴发生冲突时，能够听从成人的劝解

	尚未发展	☐	☐	☐
	发展中	☐	☐	☐
	熟　练	☐	☐	☐

（6）别人对自己说话时能注意听并做出回应

	尚未发展	☐	☐	☐
	发展中	☐	☐	☐
	熟　练	☐	☐	☐

（7）在教师的引导下知道自己行为的优势与不足

	尚未发展	☐	☐	☐
	发展中	☐	☐	☐
	熟　练	☐	☐	☐

（8）身边的人生病或不开心时表示同情

	尚未发展	☐	☐	☐
	发展中	☐	☐	☐
	熟　练	☐	☐	☐

（9）对群体生活有兴趣

	尚未发展	☐	☐	☐
	发展中	☐	☐	☐
	熟　练	☐	☐	☐

续表

（10）知道和自己一起生活的家庭成员及与自己的关系，体会到自己是家庭的一员				
	尚未发展	□	□	□
	发展中	□	□	□
	熟　练	□	□	□
3. 探究品质		开　学	学期末	学年末
（1）经常问各种问题				
	尚未发展	□	□	□
	发展中	□	□	□
	熟　练	□	□	□
（2）喜欢好奇地摆弄物品				
	尚未发展	□	□	□
	发展中	□	□	□
	熟　练	□	□	□
（3）对感兴趣的事物能仔细观察，发现其明显特征				
	尚未发展	□	□	□
	发展中	□	□	□
	熟　练	□	□	□
（4）愿意参加科学活动，能发现身边的科学现象				
	尚未发展	□	□	□
	发展中	□	□	□
	熟　练	□	□	□
（5）喜欢接触大自然，对周围的事物和现象感兴趣，能用多种感官去探索物体				
	尚未发展	□	□	□
	发展中	□	□	□
	熟　练	□	□	□
（6）能用声音、动作模拟自然事物或生活情境，能用简单的线条、色彩表达自己想画的人或物				
	尚未发展	□	□	□
	发展中	□	□	□
	熟　练	□	□	□

（7）能够拼搭、拆装简单的建构玩具

	尚未发展	□	□	□
	发展中	□	□	□
	熟　练	□	□	□

（8）初步运用感官来学习分类、比较的基本方法

	尚未发展	□	□	□
	发展中	□	□	□
	熟　练	□	□	□

（9）具有一定的推理能力，可以提出假设类型的问题

	尚未发展	□	□	□
	发展中	□	□	□
	熟　练	□	□	□

（10）能用数词描述事物或动作，能够手口一致地点数5个以内的物体，并能说出总数，能按数取物

	尚未发展	□	□	□
	发展中	□	□	□
	熟　练	□	□	□

表5-2　"三人行"课程之儿童学习与发展核心品质检核表（中级）

1. 自主品质		开　学	学期末	学年末
（1）能自主在全年级范围内选择自己的游戏活动				
	尚未发展	□	□	□
	发展中	□	□	□
	熟　练	□	□	□
（2）能够解决部分问题，解决不了的问题能主动寻求帮助				
	尚未发展	□	□	□
	发展中	□	□	□
	熟　练	□	□	□

续表

（3）感受规则的意义，能自觉遵守规则			
	尚未发展	☐	☐	☐
	发展中	☐	☐	☐
	熟　练	☐	☐	☐
（4）知道自己对资源的需求，并能主动寻找资源			
	尚未发展	☐	☐	☐
	发展中	☐	☐	☐
	熟　练	☐	☐	☐
（5）能主动参与自己喜欢的体能锻炼活动			
	尚未发展	☐	☐	☐
	发展中	☐	☐	☐
	熟　练	☐	☐	☐
（6）愿意为形成良好的文明习惯而努力			
	尚未发展	☐	☐	☐
	发展中	☐	☐	☐
	熟　练	☐	☐	☐
（7）经常保持愉快的情绪，愿意把自己的情绪告诉亲近的人			
	尚未发展	☐	☐	☐
	发展中	☐	☐	☐
	熟　练	☐	☐	☐
（8）能自主整理自己的物品			
	尚未发展	☐	☐	☐
	发展中	☐	☐	☐
	熟　练	☐	☐	☐
（9）知道接受了的任务要努力完成			
	尚未发展	☐	☐	☐
	发展中	☐	☐	☐
	熟　练	☐	☐	☐
（10）能自己穿脱衣服、鞋袜、扣纽扣			
	尚未发展	☐	☐	☐
	发展中	☐	☐	☐
	熟　练	☐	☐	☐

2. 合作品质		开　学	学期末	学年末
（1）能够轮流、分享玩具				
	尚未发展	□	□	□
	发展中	□	□	□
	熟　练	□	□	□
（2）能够使用简单技巧加入同伴游戏				
	尚未发展	□	□	□
	发展中	□	□	□
	熟　练	□	□	□
（3）能够发起吸引其他幼儿参与的游戏				
	尚未发展	□	□	□
	发展中	□	□	□
	熟　练	□	□	□
（4）喜欢和小朋友一起游戏，有经常一起玩的小伙伴				
	尚未发展	□	□	□
	发展中	□	□	□
	熟　练	□	□	□
（5）活动时愿意接受同伴的意见和建议				
	尚未发展	□	□	□
	发展中	□	□	□
	熟　练	□	□	□
（6）在群体中能有意识地听与自己有关的信息				
	尚未发展	□	□	□
	发展中	□	□	□
	熟　练	□	□	□
（7）能用简单的评价语言表达对自己或他人行为的认识				
	尚未发展	□	□	□
	发展中	□	□	□
	熟　练	□	□	□
（8）能注意到别人的情绪，并有关心、体贴的表现				
	尚未发展	□	□	□
	发展中	□	□	□
	熟　练	□	□	□

续表

（9）愿意并主动参与群体活动				
	尚未发展	☐	☐	☐
	发展中	☐	☐	☐
	熟　练	☐	☐	☐
（10）喜欢自己所在的幼儿园和班级，积极参加集体活动				
	尚未发展	☐	☐	☐
	发展中	☐	☐	☐
	熟　练	☐	☐	☐
3．探究品质		开　学	学期末	学年末
（1）经常问一些与新事物有关的问题				
	尚未发展	☐	☐	☐
	发展中	☐	☐	☐
	熟　练	☐	☐	☐
（2）常常动手动脑探索物体和材料，并乐在其中				
	尚未发展	☐	☐	☐
	发展中	☐	☐	☐
	熟　练	☐	☐	☐
（3）能对事物或现象进行观察比较，发现其相同与不同，能用图画或符号进行记录				
	尚未发展	☐	☐	☐
	发展中	☐	☐	☐
	熟　练	☐	☐	☐
（4）学习使用简单的科学实验用具				
	尚未发展	☐	☐	☐
	发展中	☐	☐	☐
	熟　练	☐	☐	☐
（5）能够感知事物的变化、性质以及对人的影响				
	尚未发展	☐	☐	☐
	发展中	☐	☐	☐
	熟　练	☐	☐	☐

（6）能用绘画、手工制作等表现自己观察或想象到的事物				
	尚未发展	☐	☐	☐
	发展中	☐	☐	☐
	熟　练	☐	☐	☐
（7）能够使用叠高、延伸等策略搭建更复杂的建构作品				
	尚未发展	☐	☐	☐
	发展中	☐	☐	☐
	熟　练	☐	☐	☐
（8）用各种方法了解数、形的实际意义				
	尚未发展	☐	☐	☐
	发展中	☐	☐	☐
	熟　练	☐	☐	☐
（9）能感知物体形体结构特征，能发现常见几何图形的基本特征，能使用多种方位词描述位置和运动				
	尚未发展	☐	☐	☐
	发展中	☐	☐	☐
	熟　练	☐	☐	☐
（10）会用数字描述事物的排列顺序和位置，能够通过数数比较两组物体的多少				
	尚未发展	☐	☐	☐
	发展中	☐	☐	☐
	熟　练	☐	☐	☐

表5-3　"三人行"课程之儿童学习与发展核心品质检核表（高级）

1. 自主品质		开　学	学期末	学年末
（1）能自主创设游戏环境，准备游戏材料，选择游戏内容				
	尚未发展	☐	☐	☐
	发展中	☐	☐	☐
	熟　练	☐	☐	☐
（2）能解决大部分问题，解决不了的问题愿意主动思考				
	尚未发展	☐	☐	☐
	发展中	☐	☐	☐
	熟　练	☐	☐	☐

续表

（3）理解规则的意义，能与同伴协商制定游戏和活动规则				
	尚未发展	☐	☐	☐
	发展中	☐	☐	☐
	熟　练	☐	☐	☐
（4）能想办法找到自己需要的资源，并尝试分配				
	尚未发展	☐	☐	☐
	发展中	☐	☐	☐
	熟　练	☐	☐	☐
（5）知道体能锻炼活动的意义，并能主动参与				
	尚未发展	☐	☐	☐
	发展中	☐	☐	☐
	熟　练	☐	☐	☐
（6）愿意为形成良好的学习习惯而努力				
	尚未发展	☐	☐	☐
	发展中	☐	☐	☐
	熟　练	☐	☐	☐
（7）表达情绪的方式比较适度，能随着活动的需要转换情绪和注意				
	尚未发展	☐	☐	☐
	发展中	☐	☐	☐
	熟　练	☐	☐	☐
（8）能按类别整理好自己的物品，能主动承担物品管理的任务				
	尚未发展	☐	☐	☐
	发展中	☐	☐	☐
	熟　练	☐	☐	☐
（9）能认真负责地完成自己所接受的任务				
	尚未发展	☐	☐	☐
	发展中	☐	☐	☐
	熟　练	☐	☐	☐
（10）能根据冷热增减衣服，会自己系鞋带				
	尚未发展	☐	☐	☐
	发展中	☐	☐	☐
	熟　练	☐	☐	☐

2. 合作品质		开　学	学期末	学年末
（1）能想办法吸引同伴与自己一起游戏，在游戏中能够与同伴分工合作				
	尚未发展	□	□	□
	发展中	□	□	□
	熟　练	□	□	□
（2）能够与大部分同伴合作，并有相对固定的合作对象				
	尚未发展	□	□	□
	发展中	□	□	□
	熟　练	□	□	□
（3）能够在游戏中分配任务并引导同伴之间的合作				
	尚未发展	□	□	□
	发展中	□	□	□
	熟　练	□	□	□
（4）有自己的好朋友，也喜欢结交新朋友				
	尚未发展	□	□	□
	发展中	□	□	□
	熟　练	□	□	□
（5）知道别人的想法有时和自己不一样，能倾听和接受别人的意见，不接受时会说明理由				
	尚未发展	□	□	□
	发展中	□	□	□
	熟　练	□	□	□
（6）在集体中能注意听教师或其他人讲话				
	尚未发展	□	□	□
	发展中	□	□	□
	熟　练	□	□	□
（7）能使用简单的评价方法表达对自己与他人的认识				
	尚未发展	□	□	□
	发展中	□	□	□
	熟　练	□	□	□
（8）能关注别人的情绪和需要，并给予力所能及的帮助				
	尚未发展	□	□	□
	发展中	□	□	□
	熟　练	□	□	□

续表

（9）在群体活动中积极、快乐				
	尚未发展	☐	☐	☐
	发展中	☐	☐	☐
	熟　练	☐	☐	☐
（10）愿意为集体做事，为集体的成绩感到高兴				
	尚未发展	☐	☐	☐
	发展中	☐	☐	☐
	熟　练	☐	☐	☐
3．探究品质		开　学	学期末	学年末
（1）对自己感兴趣的问题经常刨根问底				
	尚未发展	☐	☐	☐
	发展中	☐	☐	☐
	熟　练	☐	☐	☐
（2）经常动手动脑寻找问题的答案				
	尚未发展	☐	☐	☐
	发展中	☐	☐	☐
	熟　练	☐	☐	☐
（3）能通过观察、比较与分析发现并描述不同种类事物，能用数字、图画、图表或其他符号记录				
	尚未发展	☐	☐	☐
	发展中	☐	☐	☐
	熟　练	☐	☐	☐
（4）运用实验工具和操作方法，解决发生在生活中的问题				
	尚未发展	☐	☐	☐
	发展中	☐	☐	☐
	熟　练	☐	☐	☐
（5）能够发现物体结构与功能之间的关系，探索发现物理现象的条件和影响因素				
	尚未发展	☐	☐	☐
	发展中	☐	☐	☐
	熟　练	☐	☐	☐
（6）能自编自演故事，并为表演选择和搭配简单的服饰、道具或布景				
	尚未发展	☐	☐	☐
	发展中	☐	☐	☐
	熟　练	☐	☐	☐

续表

（7）能进行一些实物拆装活动，能使用工具进行简单的实验操作活动				
	尚未发展	□	□	□
	发展中	□	□	□
	熟　练	□	□	□
（8）在多种操作过程中理解数量、时间、空间的关系，会应用比较推理等方法进行探索				
	尚未发展	□	□	□
	发展中	□	□	□
	熟　练	□	□	□
（9）能用常见的几何形体有创意地拼搭造型，能按语言或根据简单的意图取放物品				
	尚未发展	□	□	□
	发展中	□	□	□
	熟　练	□	□	□
（10）能通过实物操作或其他方法进行10以内的加减运算，理解加或减的实际意义，能用简单的记录表、统计图等表示简单的数量关系				
	尚未发展	□	□	□
	发展中	□	□	□
	熟　练	□	□	□

二、基于儿童个性化发展的评价指标与工具

　　深圳实验幼儿园的儿童观是每一个孩子都是一个多彩的世界……可以说，在"三人行"课程中，儿童应该是千差万别的、独特的发展个体，有着自己不同的发展路径与方向。那么如何通过评价来支持儿童成为一个独特的自己呢？对儿童发展的共性期待并不能实现这一目标。因此，"三人行"课程对儿童学习与发展的评价，除了前文儿童自主、合作、探究三种核心品质的评价内容之外，还包括对儿童气质特质以及经验发展水平的评价。通过后者的评价与分析，教师可以实现对儿童特有的支持方式。

（一）评价指标

1. 儿童气质特质的评价指标

气质是指一个人特有的心理活动的动力特质，它使人的整个心理活动都带上

个人独特的色彩，并会制约心理活动进行的特点。在儿童的发展过程中，气质是相对变化比较缓慢的个性心理特征，它没有好坏之分，但却会影响到儿童全部的心理活动与行为。因此，不同气质特质的儿童会有不同的行为表现，会有不同的与他人互动的方式。所以，适宜性教育的前提应该是了解、尊重儿童特有的气质特质。

表5-4　儿童的四种气质类型

神经类型	气质类型	心理表现	典型行为举例
弱	抑郁质	敏感、畏缩、孤僻	易于察觉别人不注意的细节；不喜欢说话，喜欢一个人玩；情绪不易外露；行为安静，动作幅度微小；行为细致，如午睡时会将衣服叠放整齐等
强、不平衡	胆汁质	反应快、易冲动、难约束	脾性急躁，没有耐心；喜欢活动量大的活动，喜欢创造性游戏，如玩打仗、丢沙包等游戏；喜欢出风头；不喜欢安静，坐不住，如总会在集体活动中动来动去、制造声音；不喜欢安静倾听，很难克制自己
强、平衡、惰性	黏液质	安静、迟缓、有耐性	自制力强，能在一项活动中持续很久；比较安静；动作比较慢
强、平衡、灵活	多血质	活泼、灵活、好交际	动作反应快；只对感兴趣的事物保持长时间注意力；在教师提醒下能够克制自己；能快速适应新环境；喜欢和同伴玩，善于与他人交往，不喜欢一个人独处

2. 儿童经验等级的评价指标

儿童的学习与发展可以从很多不同角度进行分类。比如，可以从儿童个体的身心发展与社会性发展的角度分类；也可以依据《3—6岁儿童学习与发展指南》提出的五个领域，从健康、语言、社会、科学、艺术等维度进行分类。"三人行"课程认为，儿童学习与发展的经验领域包含四个方面：安全与健康、社会与情感、语言与思维、审美与创造。这些领域经验的获得可以帮助他们成为身心健康、习惯良好、情感积极、睿智创新的儿童。那么在这些领域中，儿童需要获得的关键经验有哪些呢？依据对儿童学习与发展过程的观察与分析，当前我们提出了对儿童学习与发展至关重要的12条关键经验。表5-5呈现了这些关键经验的发展过程。每个儿童都需要一些关键经验去支持他们主动学习与发展，而且每个儿童的关键经验都可能会按照不同的速度进行着发展，有着不同的行为表现。我们需要通过观察他们的行为表现去分析他们可能的发展阶段，预测他们下一个阶段的发展任务，以便能够提供适宜的支持。

表5-5　3~6岁儿童各学习领域关键经验的发展

学习领域	关键经验	发展阶段		
		初级	中级	高级
安全与健康	自我保护	1. 不吃陌生人给的东西，不跟陌生人走 2. 在提醒下能注意安全，不做危险的事 3. 在公共场所走失时，能向警察或有关人员说出自己和家长的名字、电话号码等简单信息	1. 知道在公共场合不远离成人的视线单独活动 2. 认识常见的安全标志，能遵守安全规则 3. 运动时能主动躲避危险 4. 知道简单的求助方式	1. 未经成人允许不给陌生人开门 2. 能自觉遵守基本的安全规则和交通规则 3. 运动时能注意安全，不给他人造成危险 4. 知道一些基本的防灾知识
	健康生活	1. 身高与体重适宜 2. 在提醒下能自然坐直、站直 3. 在提醒下，按时睡觉和起床，并能坚持午睡 4. 喜欢参加体育活动 5. 在引导下，不偏食、挑食。喜欢吃瓜果、蔬菜等新鲜食品 6. 愿意饮用白开水，不贪喝饮料 7. 不用脏手揉眼睛，连续看电视等不超过15分钟 8. 在提醒下，每天早晚刷牙、饭前便后洗手 9. 在帮助下能穿脱衣服或鞋袜 10. 能将玩具和图书放回原处	1. 身高和体重适宜 2. 在提醒下能保持正确的站、坐和行走姿势 3. 每天按时睡觉和起床，并能坚持午睡 4. 喜欢参加体育活动 5. 不偏食、挑食，不暴饮暴食；喜欢吃瓜果、蔬菜等新鲜食品 6. 常喝白开水，不贪喝饮料 7. 知道保护眼睛，不在光线过强或过暗的地方看书，连续看电视等不超过20分钟 8. 每天早晚刷牙，饭前便后洗手，方法基本正确 9. 能自己穿脱衣服、鞋袜，扣纽扣 10. 能整理自己的物品	1. 身高和体重适宜 2. 经常保持正确的站、坐和行走姿势 3. 养成每天按时睡觉和起床的习惯 4. 能主动参加体育活动 5. 吃东西时细嚼慢咽 6. 主动饮用白开水，不贪喝饮料 7. 主动保护眼睛；不在光线过强或过暗的地方看书，连续看电视等不超过30分钟 8. 每天早晚主动刷牙，饭前便后主动洗手，方法正确 9. 能知道根据冷热增减衣服 10. 会自己系鞋带 11. 能按类别整理好自己的物品

学习领域	关键经验	发展阶段		
		初级	中级	高级
安全与健康	动作发展	1. 能沿地面直线或在较窄的低矮物体上走一段距离 2. 能双脚灵活交替上下楼梯 3. 能身体平稳地双脚连续向前跳 4. 分散跑时能躲避他人的碰撞 5. 能双手向上抛球 6. 能双手抓杠悬空吊起10秒左右 7. 能单手将沙包向前投掷2米左右 8. 能单脚连续向前跳2米左右 9. 能快跑15米左右 10. 能行走1千米左右（途中可适当停歇） 11. 能用笔涂涂画画 12. 能熟练地用勺子吃饭 13. 能用剪刀沿直线剪，边线基本吻合	1. 能在较窄的低矮物体上平稳地走一段距离 2. 能以匍匐、膝盖悬空等多种方式钻爬 3. 能助跑跨跳过一定距离，或助跑跨跳过一定高度的物体 4. 能与他人玩追逐、躲闪跑的游戏 5. 能连续自抛自接球 6. 能双手抓杠悬空吊起15秒左右 7. 能单手将沙包向前投掷4米左右 8. 能单脚连续向前跳5米左右 9. 能快跑20米左右 10. 能连续行走1.5千米左右（途中可适当停歇） 11. 能沿边线较直地画出简单图形，或能沿边线基本对齐地折纸 12. 会用筷子吃饭 13. 能沿轮廓线剪出由直线构成的简单图形，边线吻合	1. 能在斜坡、荡桥和有一定间隔的物体上较平稳地行走 2. 能以手脚并用的方式安全地爬攀登架、网等 3. 能连续跳绳 4. 能躲避他人滚过来的球或扔过来的沙包 5. 能连续拍球 6. 能双手抓杠悬空吊起20秒左右 7. 能单手将沙包向前投掷5米左右 8. 能单脚连续向前跳8米左右 9. 能快跑25米左右 10. 能连续行走1.5千米以上（途中可适当停歇） 11. 能根据需要画出图形，线条基本平滑 12. 能熟练使用筷子 13. 能沿轮廓线剪出由曲线构成的简单图形，边线吻合且平滑 14. 能使用简单的劳动工具或用具
社会与情感	自我认识	1. 能根据自己的兴趣选择游戏或其他活动 2. 为自己的好行为或活动成果感到高兴 3. 自己能做的事情愿意自己做 4. 喜欢承担一些小任务 5. 情绪比较稳定，很少因一点小事哭闹不止 6. 有比较强烈的情绪反应时，能在成人的安抚下逐渐平静下来	1. 能按自己的想法进行游戏或其他活动 2. 知道自己的一些优点和长处，并对此感到满意 3. 自己的事情尽量自己做，不愿意依赖别人 4. 敢于尝试有一定难度的活动和任务 5. 经常保持愉快的情绪，不高兴时能较快缓解 6. 有比较强烈情绪反应时，能在成人提醒下逐渐平静下来 7. 8. 愿意把自己的情绪告诉亲近的人，一起分享快乐或求得安慰	1. 能主动发起活动或在活动中出主意、想办法 2. 做了好事或取得了成功后还想做得更好 3. 自己的事情自己做，不会的愿意学 4. 主动承担任务，遇到困难能够坚持而不轻易求助 5. 与别人的看法不同时，敢于坚持自己的意见并说出理由 6. 经常保持愉快的情绪；知道引起自己某种情绪的原因，并努力缓解 7. 表达情绪的方式比较适度，不乱发脾气 8. 能随着活动的需要转换情绪和注意

续表

学习领域	关键经验	发展阶段		
		初级	中级	高级
社会与情感	社会适应	1. 知道和自己一起生活的家庭成员及与自己的关系，体会到自己是家庭的一员 2. 能感受到家庭生活的温暖，爱父母，亲近与信赖长辈 3. 能说出自己家所在街道、小区（乡镇、村）的名称 4. 认识国旗，知道国歌 5. 能在较热或较冷的户外环境中活动 6. 换新环境时情绪能较快稳定，睡眠、饮食基本正常 7. 在帮助下能较快适应集体生活 8. 对群体活动有兴趣 9. 对幼儿园的生活好奇，喜欢去幼儿园 10. 在提醒下，能遵守游戏和公共场所的规则 11. 知道不经允许不能拿别人的东西，借别人的东西要归还 12. 在成人提醒下，爱护玩具和其他物品	1. 喜欢自己所在的幼儿园和班级，积极参加集体活动 2. 能说出自己家所在地的省、市、县（区）名称，知道当地有代表性的物产或景观 3. 知道自己是中国人 4. 奏国歌、升国旗时能自动站好 5. 能在较热或较冷的户外环境中连续活动半小时左右 6. 换新环境时较少出现身体不适 7. 能较快适应人际环境中发生的变化 8. 愿意并主动参加群体活动 9. 愿意与家长一起参加社区的一些群体活动 10. 感受规则的意义，并能基本遵守规则 11. 不私自拿不属于自己的东西 12. 知道说谎是不对的 13. 知道接受了的任务要努力完成 14. 在提醒下，能节约粮食、水电等	1. 愿意为集体做事，为集体的成绩感到高兴 2. 能感受到家乡的发展变化并为此感到高兴 3. 知道自己的民族，知道中国是一个多民族的大家庭，各民族之间要互相尊重，团结友爱 4. 知道国家一些重大成就，爱祖国，为自己是中国人感到自豪 5. 能在较热或较冷的户外环境中连续活动半小时以上 6. 天气变化时较少感冒，能适应车、船等交通工具造成的轻微颠簸 7. 能较快融入新的人际关系环境 8. 在群体活动中积极、快乐 9. 对小学生活有好奇和向往 10. 理解规则的意义，能与同伴协商制定游戏和活动规则 11. 爱惜物品，用别人的东西时也知道爱护 12. 做了错事敢于承认，不说谎 13. 能认真负责地完成自己所接受的任务 14. 爱护身边的环境，注意节约资源
	社会交往	1. 愿意和小朋友一起游戏 2. 愿意与熟悉的长辈一起活动 3. 想加入同伴的游戏时，能友好地提出请求 4. 在成人指导下，不争抢、不独霸玩具 5. 与同伴发生冲突时，能听从成人的劝解 6. 长辈讲话时能认真听，并能听从长辈的要求 7. 身边的人生病或不开心时表示同情	1. 喜欢和小朋友一起游戏，有经常一起玩的小伙伴 2. 喜欢和长辈交谈，有事愿意告诉长辈 3. 会运用介绍自己、交换玩具等简单技巧加入同伴游戏 4. 对大家都喜欢的东西能轮流、分享 5. 与同伴发生冲突时，能在他人帮助下和平解决 6. 活动时愿意接受同伴的意见和建议	1. 有自己的好朋友，也喜欢结交新朋友 2. 有问题愿意向别人请教 3. 有高兴的或有趣的事愿意与大家分享 4. 能想办法吸引同伴和自己一起游戏 5. 活动时能与同伴分工合作，遇到困难时能一起克服 6. 与同伴发生冲突时能自己协商解决 7. 知道别人的想法有时和自己不一样，能倾听和接受别人的意见，不能接受时会说明理由

续表

学习领域	关键经验	发展阶段		
		初级	中级	高级
社会与情感	社会交往	8. 在提醒下能做到不打扰别人	7. 不欺负弱小 8. 会用礼貌的方式向长辈表达自己的要求和想法 9. 能注意到别人的情绪，并有关心、体贴的表现 10. 知道父母的职业，能体会到父母为养育自己所付出的辛劳	8. 不欺负别人，也不允许别人欺负自己 9. 能有礼貌地与人交往 10. 能关注别人的情绪和需要，并能给予力所能及的帮助 11. 尊重为大家提供服务的人，珍惜他们的劳动成果 12. 接纳、尊重与自己的生活方式或习惯不同的人
语言与思维	语言应用	1. 别人对自己说话时能注意听并做出回应 2. 能听懂日常会话 3. 愿意在熟悉的人面前说话，能大方地与人打招呼 4. 基本会说本民族或本地区的语言 5. 愿意表达自己的需要和想法，必要时能配以手势动作 6. 能口齿清楚地说儿歌、童谣或复述简短的故事 7. 和别人讲话时知道眼睛要看着对方 8. 说话自然，声音大小适中 9. 能在成人的提醒下使用恰当的礼貌用语 10. 主动要求成人讲故事、读图书 11. 喜欢跟读韵律感强的儿歌、童谣 12. 爱护图书，不乱撕、乱扔 13. 能听懂短小的儿歌或故事 14. 会看画面，能根据画面说出图中有什么、发生了什么事等	1. 在群体中能有意识地听与自己有关的信息 2. 能结合情境感受到不同语气、语调所表达的不同意思 3. 方言地区和少数民族幼儿能基本听懂普通话 4. 愿意与他人交谈，喜欢谈论自己感兴趣的话题 5. 会说本民族或本地区的语言，基本会说普通话；少数民族聚居地区幼儿会用普通话进行日常会话 6. 能基本完整地讲述自己的所见所闻和经历的事情 7. 讲述比较连贯 8. 别人对自己讲话时能回应 9. 能根据场合调节自己说话声音的大小 10. 能主动使用礼貌用语，不说脏话、粗话 11. 反复看自己喜欢的图书 12. 喜欢把听过的故事或看过的图书讲给别人听 13. 对生活中常见的标识、符号感兴趣，知道它们表示一定的意义 14. 能大体讲出所听故事的主要内容	1. 在集体中能注意听教师或其他人讲话 2. 听不懂或有疑问时能主动提问 3. 能结合情境理解一些表示因果、假设等相对复杂的句子 4. 愿意与他人讨论问题，敢在众人面前说话 5. 会说本民族或本地区的语言和普通话，发音正确清晰。少数民族聚居地区幼儿基本会说普通话 6. 能有序、连贯、清楚地讲述一件事情 7. 讲述时能使用常见的形容词、同义词等，语言比较生动 8. 别人讲话时能积极主动地回应 9. 能根据谈话对象和需要，调整说话的语气 10. 懂得按次序轮流讲话，不随意打断别人 11. 能依据所处情境使用恰当的语言 12. 专注地阅读图书 13. 喜欢与他人一起谈论图书和故事的有关内容 14. 对图书和生活情境中的文字符号感兴趣，知道文字表示一定的意义

续表

学习领域	关键经验	发展阶段		
		初级	中级	高级
语言	语言应用	15. 能理解图书上的文字是和画面对应的，是用来表达画面意义的 16. 喜欢用涂涂画画表达一定的意思	15. 能根据连续画面提供的信息，大致说出故事的情节 16. 能随着作品的展开产生喜悦、担忧等相应的情绪反应，体会作品所表达的情绪情感 17. 愿意用图画和符号表达自己的愿望和想法 18. 在成人提醒下，写写画画时姿势正确	15. 能说出所阅读的幼儿文学作品的主要内容 16. 能根据故事的部分情节或图书画面的线索猜想故事情节的发展，或续编、创编故事 17. 对看过的图书、听过的故事能说出自己的看法 18. 能初步感受文学语言的美 19. 愿意用图画和符号表现事物或故事 20. 会正确书写自己的名字 21. 写画时姿势正确
语言与思维	数学认知	1. 感知和发现周围物体的形状是多种多样的，对不同的形状感兴趣 2. 体验和发现生活中很多地方都用到数 3. 能感知和区分物体的大小、多少、高矮、长短等量方面的特点，并能用相应的词语表示 4. 能通过一一对应的方法比较两组物体的多少 5. 能手口一致地点数5个以内的物体，并能说出总数；能按数取物 6. 能用数词描述事物或动作 7. 能注意物体较明显的形状特征，并能用自己的语言描述 8. 能感知物体基本的空间位置与方位，理解上下、前后、里外等方位词	1. 在指导下，感知和体会有些事物可以用形状来描述 2. 在指导下，感知和体会有些事物可以用数来描述，对环境中各种数字的含义有进一步探究的兴趣 3. 能感知和区分物体的粗细、厚薄、轻重等量方面的特点，并能用相应的词语描述 4. 能通过数数比较两组物体的多少 5. 能通过实际操作理解数与数之间的关系 6. 会用数词描述事物的排列顺序和位置 7. 能感知物体的形体结构特征，画出或拼搭出该物体的造型 8. 能感知和发现常见几何图形的基本特征，并能进行分类 9. 能使用上下、前后、里外、中间、旁边等方位词描述物体的位置和运动方向	1. 能发现事物简单的排列规律，并尝试创造新的排列规律 2. 能发现生活中许多问题都可以用数学的方法来解决，体验解决问题的乐趣 3. 初步理解量的相对性 4. 借助实际情境和操作理解"加"和"减"的实际意义 5. 能通过实物操作或其他方法进行10以内的加减运算 6. 能用简单的记录表、统计图等表示简单的数量关系 7. 能用常见的几何形体有创意地拼搭和画出物体的造型 8. 能按语言指示或根据简单示意图正确取放物品 9. 能辨别自己的左右

续表

学习领域	关键经验	发展阶段		
		初级	中级	高级
语言与思维	科学探索	1. 喜欢接触大自然，对周围的很多事物和现象感兴趣 2. 经常问各种问题，或好奇地摆弄物品 3. 对感兴趣的事物能仔细观察，发现其明显特征 4. 能用多种感官或动作去探索物体，关注动作所产生的结果 5. 认识常见的动植物，能注意并发现周围的动植物是多种多样的 6. 能感知、发现物体和材料的软硬、光滑、粗糙等特性 7. 能感知和体验天气对自己生活和活动的影响 8. 初步了解和体会动植物与人们生活的关系	1. 喜欢接触新事物，经常问一些与新事物有关的问题 2. 常常动手动脑探索物体和材料，并乐在其中 3. 能对事物或现象进行观察比较，发现其相同与不同 4. 能根据观察结果提出问题，并大胆猜测答案 5. 能通过简单的调查收集信息 6. 能用图画或其他符号进行记录 7. 能感知和发现动植物的生长变化及其基本条件 8. 能感知和发现常见材料的溶解、传热等性质或用途 9. 能感知和发现简单物理现象 10. 能感知和发现不同季节的特点，体验季节对动植物和人的影响 11. 初步感知常用科技产品与自己生活的关系，知道科技产品有利也有弊	1. 对自己感兴趣的问题总是刨根问底 2. 能经常动手动脑寻找问题的答案 3. 探索中有所发现时感到兴奋和满足 4. 能通过观察、比较与分析，发现并描述不同种类物体的特征或某个事物前后的变化 5. 能用一定的方法验证自己的猜测 6. 在成人的帮助下能制订简单的调查计划并执行 7. 能用数字、图画、图表或其他符号记录 8. 探究中能与他人合作交流 9. 能察觉到动植物的外形特征、习性与生存环境的适应关系 10. 能发现常见物体的结构与功能之间的关系 11. 能探索并发现常见的物理现象产生的条件或影响因素 12. 感知并了解季节变化的周期性，知道变化的顺序 13. 初步了解人们的生活与自然环境的密切关系，知道尊重和珍惜生命，保护环境
审美与创造	艺术欣赏	1. 喜欢观看花草树木、日月星空等大自然中美的事物 2. 容易被自然界中的鸟鸣、风声、雨声等好听的声音所吸引 3. 喜欢听音乐或观看舞蹈、戏剧等表演 4. 乐于观看绘画、泥塑或其他艺术形式的作品	1. 在欣赏自然界和生活环境中美的事物时，关注其色彩、形态等特征 2. 喜欢倾听各种好听的声音，感知声音的高低、长短、强弱等变化 3. 能够专心地观看自己喜欢的文艺演出或艺术品，有模仿和参与的愿望 4. 欣赏艺术作品时会产生相应的联想和情绪反应	1. 乐于收集美的物品或向别人介绍所发现的美的事物 2. 乐于模仿自然界和生活环境中有特点的声音，并产生相应的联想 3. 艺术欣赏时常常用表情、动作、语言等方式表达自己的理解 4. 愿意和别人分享、交流自己喜爱的艺术作品和美感体验

续表

学习领域	关键经验	发展阶段		
		初级	中级	高级
审美与创造	艺术表现	1. 经常自哼自唱或模仿有趣的动作、表情和声调 2. 经常涂涂画画、粘粘贴贴并乐在其中	1. 经常唱唱跳跳，愿意参加歌唱、律动、舞蹈、表演等活动 2. 经常用绘画、捏泥、手工制作等多种方式表现自己的所见所想	1. 积极参与艺术活动，有自己比较喜欢的活动形式 2. 能用多种工具、材料或不同的表现手法表达自己的感受和想象 3. 艺术活动中能与他人相互配合，也能独立表现
	创新创美	1. 能模仿学唱短小歌曲 2. 能跟随熟悉的音乐做身体动作 3. 能用声音、动作、姿态模拟自然界的事物和生活情景 4. 能用简单的线条和色彩大体画出自己想画的人或事物	1. 能用自然的、音量适中的声音基本准确地唱歌 2. 能通过即兴哼唱、即兴表演或给熟悉的歌曲编词来表达自己的心情 3. 能用拍手、踏脚等身体动作或可敲击的物品敲打节拍和基本节奏 4. 能运用绘画、手工制作等表现自己观察到或想象的事物	1. 能用基本准确的节奏和音调唱歌 2. 能用律动或简单的舞蹈动作表现自己的情绪或自然界的情景 3. 能自编自演故事，并为表演选择和搭配简单的服饰、道具或布景 4. 能用自己制作的美术作品布置环境、美化生活

（二）评价工具

以上两类评价指标可以帮助教师了解儿童的个性特征以及经验发展水平，支持教师给予儿童更加适宜的支持策略。

教师对于儿童个性化发展的评价并不需要很严格的测查性工具，教师主要通过观察—分析—决策—实施四个步骤，来使用以上的评价指标。因此，这一部分的评价工具就是幼儿行为观察记录表，如表5-6所示。

表5-6　幼儿行为观察记录表

观察主题			
观察目的			
幼儿基本信息	幼儿数：	性别：	
	年龄：	其他：	
观察：第X次			
观察日期：	观察开始时间：	观察结束时间：	

续表

观察记录		
行为分析		
回应与支持		
观察：第X+1次		
观察日期：	观察开始时间：	观察结束时间：
观察记录		
行为分析		
回应与支持		

第三节　儿童发展评价的实施

　　"三人行"课程对于儿童学习与发展的评价，主要采用过程性评价。过程性评价又称为形成性评价，是与诊断性评价和终结性评价相区分的概念，是按照评价实施的时间来区分的。诊断性评价是在教育计划制订之前进行的测量或预测性的评价；终结性评价是在完成某个阶段的教育活动之后对结果做出的判定；而过程性评价，顾名思义是在教育过程中进行的评价。过程性评价能够及时地评价并鼓励儿童，提高儿童自身的学习动机水平，同时又能够让教师及时地改变教育策略，提高教育活动的质量。

什么是"过程性评价"呢？过程性评价是一个对学习过程的价值进行建构的过程；过程性评价是在学习过程中完成的；过程性评价强调学习者适当的主体参与；过程性评价是一个促进学习者发展的过程。

该定义本身表明了过程性评价不可能通过一次评价来完成，它应该是在学习过程中发生的、学习者参与的、渐进的价值建构过程。这里的"过程"是两个不同的概念：首先强调评价本身就是一个价值认知并建构的过程，其次强调学习活动过程中的评价。

过程性评价常用的方式包括：表格、学习故事、照片拍摄、录音、录像、日记、书信、发微信朋友圈等。无论是哪种方式的记录，其首要的条件应该是建立在儿童"自主学习"空间下的学习与发展。

儿童学习与发展评价的实施，即儿童学习与发展评价的实践行为主要包括以下四种：第一，关注每一个儿童的发展；第二，记录儿童的成长轨迹；第三，不可忽视非正式评价；第四，邀请家长参与评价。

一、实施计划

（一）检核表评价计划

第一，制订班级幼儿观察计划，每天两位教师配合观察5~6个幼儿，连续追踪两天，完成一份检核表，两个星期完成对班级所有幼儿的评价。

第二，追踪观察1个幼儿后马上进行资料整理与检核工作。

第三，在一事一议时间，研讨幼儿的行为表现，并分析回应与支持策略。

（二）观察记录计划

教育的本质就是发现孩子的优点，记录便是一种有效的途径。在自主学习和社会建构学习的模式中，教师以观察幼儿的行为为主，会利用拍照、录音、录像等手段捕捉幼儿的精彩瞬间，然后在提升环节进行分组小结，主要是幼儿对已经经历或者已经实现的事情进行回忆、重现活动的过程。

幼儿被分为两组。一组配合大型投影仪将之前拍摄的音像资料进行播放，同时邀请被拍摄的对象上台与大家分享自己在操作过程中所做的事情、遇到的困难、解决的方法、得到的收获等，另外一组更多用语言、动作、作品展示等丰富多样的方式来表达。我们鼓励幼儿之间相互补充、自主表达、讨论和交流，着重培养幼儿的概括能力和表达能力，提高幼儿自我解决问题的能力。

二、实施重点

（一）关注每一个儿童的发展

教育应具有公平性，每一个儿童都值得被尊重。作为幼儿的启蒙教师，应该提前做好计划与安排，合理分配一日活动中的时间与每日重点关注的幼儿名单，以保证每个幼儿都能被及时关注到，从而将他们身上的闪光点慢慢挖掘。

一个9.4元的苹果

写给白启言的一封信：

亲爱的白启言，今天你在活动中的表现让我和小伙伴重现认识了一个充满爱心强大的你。在购物分享会上，大家都在分享购物体会，当你走到前面分享你的购物体会时，有个孩子急忙说："我不想听你说，你老是打人，还经常干扰我们。"接着陆陆续续有孩子开始表达对你的不满，当你试图辩解时，大家七嘴八舌地开始附和，没有给你机会解释，我注意到你慢慢低下头，脸上的表情越来越难看，懊恼气愤得回到了座位上把衣服拉得高高的，整个头都埋进了衣服里，恨不得钻进地缝里去。我想你一定是想逃离这个让你感到郁闷的环境，我也感受到了你心里的委屈和难过，我知道你不是这样的孩子，因为摆在一堆糖果中间唯一的苹果就是最好的证明。

刚开始购物时，你跟其他孩子一样直奔糖果区，面对充满诱惑的糖果和玩具，你精挑细选了你最爱的恐龙蛋巧克力，当你在收银台看到其他小伙伴手里拿的东西时，你停了下来，我感觉你在犹豫不定，你把巧克力送回了最初的地方，我很奇怪你的举动，所以我跟在你的身后，随着你在水果区徘徊了好久。我想知道你改主意了吗？你想买什么呢？你告诉我你不想买巧克力了，我很惊讶地追问为什么，你想了想告诉我：我看到大家都是买了零食，我还是买点水果和大家一起分享吧。当你多次问我水果的价格时，你发现10元钱可以买到的水果太有限了，你在可以买到的水果中挑选了一个最大的苹果。当你举着那个9.4元的苹果心满意足地去买单时，你高兴地告诉我要和全班的孩子一起分享这个苹果，我感受到了这个苹果浓浓的爱意。

我把这个故事分享给其他孩子时，他们都不说话了，有的女孩子眼圈都有点红了，旁边的小伙伴主动地去拥抱你，你慢慢地把头抬了起来，班级里本来压抑的气氛顿时明朗起来，我看到了孩子们态度的转变。后来你把苹果洗干净，细细得切成了37份，大家都在分享这个唯一的充满爱意的苹果，我们都感受到了你的爱。随后大家还推选你做小队长，让你带领小伙伴去把我们买来的糖果送给园内其他的老师分享。当我告诉你妈妈这件事情时，你妈妈感动得流下了眼泪，同时也为你的举动而骄傲。

（资料提供者：沈敏）

1. 建立优先计划小组，保证每周每个儿童都能被重点关注到

将全班幼儿分成五组，由主班教师每天负责重点关注5~6个幼儿，并以照片、学习故事、简讯、表格等方式记录这些幼儿的发展情况。一周内全部幼儿必须有一天会被重点关注到。例如，周一红色组的幼儿有5个，则由当天主班的教师对这5个幼儿进行观察、跟踪；区域活动前请这5个幼儿分享自己的进区计划，结束时请这5个幼儿上台分享自己的区域收获等。表5-7为小二班优先计划小组分组名单。

表5-7　小二班优先计划小组分组名单

	周一	周二	周三	周四	周五
小二班优先计划小组分组名单	果果	嘟嘟	拉图	顶顶	延华
	贝贝	悠悠	小杰	大宝	小宝
	多多	晴晴	恬恬	洋洋	阳阳
	——	蛋挞	邓波儿	乐乐	延延
	嘉和	晨溪	妞妞	珍珍	琪琪

（资料提供者：吕玉琴）

案例

小当家

今天恬恬是优先小组的成员，我邀请她上台做计划，她说："我今天要去私密区给娃娃穿衣服。"进区时，她快速地找到了私密区开始玩了起来。当我走到她身边的时候，正看到她在琢磨怎么给芭比娃娃穿衣服，这时她抬头叫住了我："斐斐老师，能不能帮我穿一下衣服？"我答道："你自己试试看，好吗？看看这件衣服该怎么给娃娃穿上。"于是她继续摆弄着，不一会儿，她找到穿衣服的方法了，只见她先把娃娃的手套进两只袖子口，然后把衣服往上拉，因为衣服比较小，所以她特别小心，左边扯一扯，右边扯一扯，很快衣服就穿好了。接着她给

娃娃穿裤子，也是有模有样，把两只脚钻进裤子，一边给娃娃提裤子，就像小妈妈一样，很快就把裤子穿好了，接着继续给娃娃穿鞋子，她一边穿鞋一边跟我说："这是我的孩子，她叫白雪公主，她的爸爸在给她做饭，她现在刚洗完澡，我在帮她穿衣服，我还给我的娃娃报了舞蹈班，吃完饭要带她去学芭蕾舞，学完回来我就要陪她睡觉了，给她讲故事。"我听了她的描述后觉得想法很好，于是安静地坐在一旁听她讲，一边把她说的记录了下来。

在这个故事中，恬恬有可能在学什么

当她不知道怎么给娃娃穿衣服时，首先找到了老师来帮忙，她懂得遇到困难时要找老师帮忙。后来老师让她自己想办法解决，她并没有气馁，很快就找到了方法。她跟我介绍她的娃娃时，一字一句慢条斯理，头脑很清晰，知道该怎么表

图5-1　幼儿"小当家"活动图

达，让我觉得原来她这么能说会道，跟平时文静的样子很不一样，语言能力有了很大的进步。

机会和可能

对于小班的她来说，现在正是语言发展能力的萌芽阶段，开始对身边的人表达。我想在接下来班级的讲故事活动中，请她来给小朋友们讲故事，来带动班级不爱讲话的小朋友。

家长的反馈

我在微信上和恬恬妈妈说起了这件事情，她特别高兴，说恬恬在家也自己动手缝娃娃的衣服和裤子，特别认真。

教师的反思

原来小班的孩子也是有让人意想不到的一面。通过我的认真观察，我竟然发现了像恬恬这样一个平时话不多的孩子，原来她还是有很多的闪光点，只是我们平时缺少了一双发现的眼睛。我想在接下来的日子里，我会仔细、耐心地去观察每一个孩子，把他们的闪光点都挖掘出来，并且做好记录。

（案例提供者：林小斐）

2. 合理安排教师分工、站位，保证教师能在视线范围内及时捕捉儿童的精彩瞬间

区域活动时，每个教师负责相应的区域。而在一日活动中，教师的站位应该遍布整个教室，教师要确保在任何一个地方每个幼儿需要帮助时能及时出现。教师站位样例如表5-8所示。

表5-8　小二班教师站位分工简表

环节		主班	配班	保育老师
就餐环节		半圆形桌旁的幼儿、先吃完饭的幼儿	生活区幼儿、中间上厕所的幼儿	喝水区幼儿、中间添饭添汤幼儿
户外活动结束后的过渡环节	前半部分	看护不需要更换衣服的上厕所的幼儿	需要更换衣物的幼儿	喝水区指导幼儿接水、喝水、放杯
	后半部分	组织喝完水的幼儿进行活动	看管上厕所的幼儿	
起床环节	前半部分	协助幼儿起床，负责男孩	协助幼儿起床，指导女孩穿衣	协助幼儿起床、叠被子
	后半部分	协助男孩穿衣服	叠被子、推床	督促幼儿喝水、如厕
放学环节		组织幼儿开展活动	在门口迎接家长并反馈幼儿当天情况	站在钢琴的位置，起传达作用

（资料提供者：吕玉琴）

（二）记录儿童的成长轨迹

记录对儿童学习与发展的评价特别关键。记录是儿童发展过程的证据与足迹；记录可以为分析提供宝贵的资源素材等。在"三人行"儿童发展评价中，教师会灵活运用多种策略记录儿童的学习与发展。

1. 故事记录法

儿童就像一颗蒙尘的宝藏，被年幼的假象化成灰尘遮挡了光芒。在他们不断探究、成长、发展的过程中，灰尘会不断剥落，露出微弱的光芒，这些光芒是细微的，也是转瞬即逝的，需要成人及时地捕捉，收集起来形成只属于该儿童的成长经历，继而鼓励他们更快地剥落灰尘，最终发出耀眼的光芒。

案　例

奇思妙想的小画家

今天进区的时候，夏夏像前几天一样跟在我的后面，拉着我的衣角要我陪她一起玩。我带她走到美工区，各种各样的材料引起了她的兴趣。她拿起陈列架上陈列的DIY小房子。这时她看到旁边的姐姐正在进行DIY，她也拿起旁边一个空白的小房子开始装扮起来。珍珠彩泥和轻黏土挨在一起放，她拿起两种材料进行了比较，又看了看做好的小房子模版，选择了珍珠彩泥。它是用塑料袋子包装好的，怎么打开呢？她用两只手使劲地揉、撕塑料袋，没有打开，扭头看姐姐，说："姐姐，可以帮我撕开吗？"姐姐帮她撕开了一个，她没有立刻取里面的珍珠黏土玩，而是拿起了另外一包，尝试着像姐姐一样去撕，但还是没有起到作用。她抬头寻求我的帮助，我假装也不知道，让她在工具区里找找有没有可以帮到自己的工具。只见她转了一圈，拿起剪刀将塑料袋子剪开，取出里面的珍珠彩泥粘贴在小房子上面。红的墙、橙色的门和窗。房顶的烟囱上还立着一串绿色的小圆球。我好奇地问："这是什么？"她说："这是烟，妈妈在房子里做饭呢，烟囱上就有烟。"说完又继续低下头认真地装扮起小房子来。

在故事中，夏夏有可能学到什么

夏夏是上个星期刚到的插班生，对新环境有一些抗拒，所以区域活动时总会粘着我，不肯独立去玩。今天是我第一次带她到美工区，她的表现出乎我的意料。通过与材料的互动，她融入了小二班这个新集体。当她在进行DIY房子遇到困难的时候，能主动向旁边的姐姐询问并寻求帮助，不但能说出新朋友的名字，还能主动尝试用姐姐的方法去实践，还学会借用剪刀的力量来剪开塑料袋。在这个过程中她学会了独立工作，独立思考。

机会和可能

当我发现夏夏装扮的小房子跟老师的模板完全不一样的时候，我感到很惊喜。尤其是奇妙地在烟囱顶上粘上小圆球的举动，不正是像一位有着创新思维的小画家吗？我想这一定是她平常在听故事或者看图画书里获得的经验。她不拘常规，装扮的房子跟示范画不同；她大胆表现，能将自己脑海里的"烟"用圆球体现出来，真是一位想象力丰富、有着奇思妙想思维的小画家。相信在未来的美术创作中，她一定会有更多富有创造性的作品。

家长的反馈

下午放学的时候，我和夏夏妈妈说了这件事情，夏夏妈妈非常高兴。一是夏夏终于融入了这个新集体，能够独立进行活动。二是夏夏对美术的敏感让她特别自豪。夏夏一直对美术都很感兴趣，今天这个兴趣帮她顺利地渡过了新环境的适应期，将来这个兴趣也可以给她带来更多的自信。

图5-2　幼儿捏泥创作图

教师的反思

夏夏是上周刚到班上的插班生，为了照顾她的情绪，我特别迁就她，她说要我陪着她玩。今天我狠下心不再把她当成一个新生，而是像其他幼儿一样把她丢在环境中，让她去学习，结果收获了一份不小的惊喜！都说环境是最好的老师，今天夏夏的表现让我看到了成人不可代替的东西，她在美工区中寻找到的归属感、自然而然投入工作的兴趣和与同伴自然相处的方式是我之前反复强调也希望她可以习得的，如今却轻而易举地达到了。这不得不让我反思自己之前的谨慎小心。在小班幼儿的教育过程中，就应该多让环境说话，创设有互动性的环境和材料让幼儿自然习得和成长。

夏夏对捏、粘的美工类操作非常感兴趣，美工区下一步可多添加一些类似的材料，让她自由地创作。

（案例提供者：吕玉琴）

案例分析： 在这个案例中，我们看到夏夏在到了一个新环境时会感到陌生胆怯，但后来被区域材料吸引，最终积极参与、大胆寻求帮助。在这个过程中，教师给予了适当的引导，却又不过多干预，从而保证了幼儿能够根据自身的能力进行探究。教师后续的材料补充、语言支持都提高了夏夏获得成功的机会。假如没有这样一个案例的观察，我们看到夏夏最后美工作品的呈现只能是片面的评价。

2. 摄影记录法

拍照、录像是时光隧道里的定格器，当孩子身上发出光芒的时候，教师及时将它捕捉下来，封印存起来，最终汇成永恒的记忆。照片记录包括区域活动中、活动后、一日活动各环节中幼儿出现点滴光芒的时候。

幼儿在区域活动的时候，是在进行自由探索、操作。所以，此时他们身上迸发出的闪光点是最多的，但是教师往往因为要照顾到全体的幼儿而没办法长时间地观察一个幼儿或者做记录，这时拍照和录像就是最简单直观的方法。

案例

积木区的建筑大师

孩子们最爱的区域活动时间到了，在积木区我又看到了熟悉的身影——嘉和、拉图。我在想：作为积木区的常客，今天他们又会搭建出什么样的作品呢？他们刚开始工作时就主动告诉了我，搭建"京基100"是他们今天的目标。有了计划以后，他们开始付诸行动。首先选择了用纸砖一块块垒高的方式来搭建。在这个过程中，我想他们已经识别了自己熟悉的事物——京基100，并对它产生了浓厚的兴趣。他们知道京基100是很高的大楼，所以不断地一直往上加纸砖。当

　　他们踮起脚尖够不着最高点的时候，就用眼神向我表达了遇到困难想要继续坚持下去的想法。于是我建议说："有没有办法可以让自己变得更高呢？"接收到这一信号后，他们马上利用身边的大型积木垫在脚下来解决当下遇到的问题。

　　很快他们的京基100越来越高。当他们还沉浸在继续往上加纸砖的乐趣中时，京基100突然倒了。此时他们表现出来的勇于承担责任和合作的精神打动了我。在他们的合作下，京基100很快就"修"好了。这个时候我相信他们已经有足够的能力来完成最初的目标了。于是我去了别的区域。几分钟之后，当我回到建构区时，眼前发生的一切简直不可思议，他们的京基100已经转移到了靠墙的位置。也许是他们曾经将身体靠到墙上，感受过墙体带来的支撑力量。他们不但设计出了宏伟的京基100，还细心地为它设计了配套设施，有停车场、电梯和工作人员。在他们身上，我看到了建筑大师的身影。

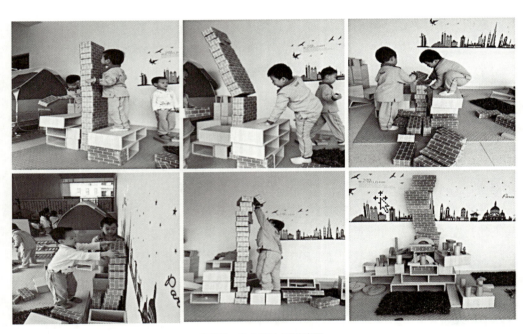

图5-3　幼儿积木区搭建图

　　嘉和、拉图在搭建过程中表现出来的专注、合作、勇于承担责任、解决问题的能力、沟通能力都超乎我的想象。他们之间的合作非常默契，在大楼倒塌的一瞬间表现出来的勇于承担责任和分工合作的精神正是建筑大师身上所具备的优点。他们能将与自己生活相关的体验融入自己的学习，并创造出了富有自己建筑特色的"京基100"。

（案例提供者：王小敏）

案例分析： 区域活动结束后，主班教师应邀请每天的必学组幼儿进行分享，在分享中可以用照片呈现，有利于帮助幼儿回忆操作时的情景。当幼儿在投影上看到自己的影像时，幸福的小种子已悄悄地在他们的心底萌芽。

3. 微信记录法

微信群、朋友圈作为新兴的一种记录方式，因其便利性和及时性而受到热捧。在网络发达的现代社会，适合时间匆忙又善于发现幼儿闪光点的教师、家长。

（三）不可忽视非正式评价

1. 非正式评价概述

为什么要评价儿童的学习与发展？评价的目的是什么？这是指导评价工作开展及其成效的主要问题。虞永平等人指出，评价的目的是让广大的幼教工作者认识到评价工作对于改进教育工作、提高幼儿教育成效的现实作用；评价工作的科学性和合理性可有效消除教师对评价工作的抵触情绪；要在法规导向、理论要求及实际工作状况等方面让教师感觉到评价工作的必要性和重要性。

儿童的学习与发展包括多个方面，从五大领域角度划分，有健康、语言、社会、科学、艺术；从人的发展角度划分，有身体发展、认知发展、社会性发展……不同角度可以用不同的工具去评价。一线教师发现这种评价很难实践，因为需要具备完善的测评工具和良好的施测环境。就算花费大量人力、物力进行了测评，下一步的难题也无法解决，那就是儿童的最近发展区在哪里？我们教师实施的教育干预是否能更好地促进儿童的发展？

评价不仅包括正式的评价，还包括很多非正式评价，如语言、表情等评价。在我们与儿童的互动中，所有能够影响儿童学习与发展的行为或语言，都可以称为非正式评价。霍力岩在《学前教育评价》一书中指出，价值决定评价，评价必须以价值为基础。当我们将正式评价作为幼儿园课程实践的唯一重要因素时，就会要求教师务必实施正式的评价，如观察评价法。

案　例

来自户外活动中的困惑

某幼儿园发动教师实施观察评价。为了了解每一个幼儿，为了全面了解幼儿的发展，教研处要求教师时时做好观察记录，随时带上相机、笔和本子。李老师一直很矛盾，她说：这样很不方便，我要和孩子们互动，手里拿着本子和笔影响了我和孩子们的交往。尤其是在户外活动时，我需要保护孩子们的安全，相机、本子和笔极大地束缚了我的双手，这样是很危险的。

这样的评价行为不仅不能改善教师的教育行为，反而妨碍了教师与幼儿的正常互动，成了高质量师幼互动中的干扰因素。

（案例提供者：郑春娟）

案例分析： 上述案例表明，正式评价会带来教师和幼儿交往过程中的阻碍，教师很难一边组织幼儿活动一边对幼儿进行正式测评。在教师与儿童交往的过程中，非正式评价占据了很大比例，而正式评价出现的比率却很低。这样看来非正式评价应该成为观察和评价幼儿的重要方式，也是教育实践环节中的重要组成部分。 但是，非正式评价的随机性很大程度上受到教师潜在能力水平的影响。教师的专业水平、个性特征、语言风格等都会影响非正式评价的质量与教育导向。因此，非正式评价对儿童的影响是直接的，也是深远的，值得引起我们重视。

案 例

好甜的雨水

自由活动时间，孩子们聚在走廊上看雨水从天上落下来。不知道哪个孩子伸手去接雨水。其他孩子也都跟着开始伸手去接，并试着舔一舔。袁老师看到了，本想制止，因为她感觉雨水不干净，但是又不忍心去浇灭孩子探索的热情。她试着用童心去理解孩子的行为，笑着说："味道怎么样？"孩子们都争着将自己手里的雨水给老师品尝。袁老师看到平时胆小内敛的妞妞也伸着手，于是袁老师品尝了妞妞手里的雨水，并笑着大声说："好甜。"就这样一个简单的回答，一个试图保护孩子们好奇心的行为，给了这个内向不自信的妞妞勇气。自此，她像小尾巴一样跟随着袁老师，语言也越来越丰富，性格也越来越开朗。

（案例提供者：郑春娟）

案例分析： 上述案例表明，非正式评价具有直接、深远的力量，教师通过非正式评价可以直接影响幼儿的发展，有针对性地支持幼儿可以促进学前教育质量的提升，促进幼儿的发展。

要想提升非正式评价的质量，就需要提升教师的专业水平、改变教师的教育观念，也就是帮助教师获得专业成长。从这个层面上来说，非正式评价的价值之一就是帮助教师获得专业成长。经常进行观察评价的教师，能够更加敏锐地获悉孩子的发展状态。此外，观察评价儿童的能力也是教师专业能力之一。

在评价儿童的学习与发展中，正式的评价可以提升教师的专业水平，改变教师的教育观念，提升教师进行非正式评价的质量。高质量的非正式评价对儿童的学习与发展影响直接而深远。因而，我们在重视正式评价的基础上，要将非正式评价更好地运用于教学中，提升教师的观察与评价能力，促进儿童的发展。

2. 发挥非正式评价的价值

非正式评价既有语言的评价，也有非语言的评价。每一类都对儿童的学习与发展有重要价值。在课程实施中，我们提倡充分发挥每一类评价的价值。

（1）发挥语言评价的价值

语言的应用最直接也最便利，既可以针对过程的描述和幼儿态度进行鼓励，也可以针对结果和成效进行表扬式评价。

①支持同伴互动行为

`案 例`

崛起的"新中国"

上周五，正当我欣赏新新在建构区和其他孩子一起搭建的作品时，新新却用三角积木把它们全部打倒在地。我不解地问她原因，她说日本在打中国，把中国打得乱七八糟，原来是重现日本入侵中国的场面。我不禁对她独特的视野和知识面产生了兴趣。事隔周末的今天，她又组织小伙伴一起建"新中国"，而且认真地告诉我"要把中国建设得非常伟大"……实在难以想象，三岁多的新新能理解并说出这些抽象的词，还能把它们具象地表征出来。

新新有着丰富的想象力，能够大胆地用积木表现抗日战争；她大方又自信，愿意主动向每一位参观者清晰流利地表达出自己的想法；她善于组织领导，能让小伙伴按要求达成目标；从她建设伟大中国的想法中，我看到了强烈的爱国情怀，这是我们每个人都需要坚守的。

新新带动着身边的小伙伴，为"中国美好的未来"不懈地努力。看着教室里从无到有的"新中国"，感受着他们内心的激动，我真得无比自豪。

（案例提供者：李云艳）

`案 例`

点点的"金点子"

在分区活动中，点点选择玩配对蛋的游戏，一不小心，半颗蛋"调皮"地滚到了床下。他先趴在地上仔细查看了一番，然后唤来小伙伴商量办法。老师从他灿烂的笑容里看到了满满的自信。他请我帮忙，我笑着反问"怎么拿"，他便问我要一个长长的东西，我启发他仔细看看教室，找找是否有合适的工具。于是，他略有所思地环顾了四周，径直来到卫生间，很快找到了长柄扫把。他再次趴在地上，将扫把放倒，左右挥舞，结果蛋蛋"跑"得更远了。我问他"如果想叫别人过来会做什么动作"，他立刻用小手指来回地前后摆动，我继续追问"如果想让蛋蛋过来呢?"他马上用同样的办法前后移动扫把,直至成功。

点点在遇到困难时不回避、不退缩,会积极思考解决的办法,想出一个又一个"金点子",这种乐观的态度值得我们每个人学习。而且他懂得求助的技巧,不局限于找老师,还会寻求同伴的支持。

点点在与同伴亲密地讨论中确定了实施方案,在仔细的观察中找到了解决问题的关键——长长的辅助物,在不懈地探索实践中掌握了取物方法,不仅积累了生活经验,还获得了成功的体验……

点点妈妈知道这件事情后的第一感觉是满满的感动,在老师循序渐进地点拨下,点点学会了自己动手解决问题。在欣喜的同时,点点妈妈表示要改变以往的教育观,不再包揽一切,努力学习老师的这种"启发式"的教学方法,多放手,多让孩子动手参与,体会通过自己的努力获得成功的喜悦。

面对孩子的求助,当时我有种直接代劳的冲动,但就在不到一秒的时间里,理智告诉我,为什么不激发孩子内在的思考动力,成为追随他们的人呢?所幸的是,我及时调整,便有了孩子后来种种的精彩。在孩子漫长的人生道路上,我们谁都无法替代,我坚信过程的体验才是孩子真正需要的,它让快乐更持久,让自信更有内涵。

（案例提供者：李云艳）

案例

评选"文明礼仪星"

班级每周五中午餐前活动都是对本周"文明礼仪星"的评选,有幼儿自荐和推荐两种方式。参选人和推荐人都需要分别登台阐述理由。例如,"我可以当这周的文明星,因为我每天开开心心来幼儿园,会和小伙伴分享玩具……";"我觉得某某可以评这周的文明星,因为他每天来园都主动和老师、小公关问好……"对于语言发展稍弱的幼儿,教师可适当追问,帮助其扩充表达内容,让条理更清晰。然后请全体幼儿通过举手表决的方式统计支持率,确定最后人选。在此环节可以鼓励幼儿对参选者提问,面临多次举手的幼儿,教师可根据情况现场或单独沟通,询问原因。我们给每个幼儿提供展示自我的平台,充分体现民主和尊重。

（案例提供者：李云艳）

②支持亲子互动行为

家有暖男

故事1

早晨下楼时，鸣鹤突然问我："你是不是想要一双雨靴？"我惊讶地回答："是啊！"他面露难色地说："会不会很贵？我担心自己的钱不够……"在那一瞬间，我的心简直快融化了，只因我和鸣鹤爸爸随口讨论了买雨靴的事，竟被他牢牢记在心里。此时此刻，窗外冬雨绵绵，内心温暖如春……

故事2

这两天微信上都在转发一个小视频，讲的是几位外国小朋友对圣诞礼物的取舍，一边是自己的心愿，一边是妈妈的心愿，当面对两者同时出现的艰难抉择时，最后每个人都用各种理由选择了把机会留给妈妈，让人非常感动。受其启发，我在放学路上把这个难题抛给了他，一边是他最爱的大乐高，一边是给妈妈的钻戒，他毫不犹豫地选了后者，理由是钻戒更贵。为排除价值悬殊的干扰，我把钻戒调整为雨靴，在等待的过程中我有点紧张。意外的是他仍不改初衷，理由非常简单——"因为我爱你！"

故事3

鸣鹤爸爸不小心扭到了我的手，他看到我有些痛苦的表情，马上拉着爸爸的手说："你快安慰下妈妈吧！"说完，轻轻托起我受伤的手，用嘴巴试探性地小心地吹着……

现在的鸣鹤越来越像暖心男子汉，能成为他的妈妈让我感到美好和自豪。……越靠近他的心灵越能让我发现其中的美丽，真希望这种感觉能持久到永远……其实，幸福就是，寻常的日子依旧……

（案例提供者：陈鸣鹤妈妈）

微信沟通实录

在一次亲子活动中，我和孩子的一番启发式对话激起了子晴妈妈的兴趣，她非常欣赏这种教育方式，几天前专门为此事发了微信给我，激动地分享了她和孩子的实践过程。

（由于昨天晚上下雨，早上地面湿漉漉的，走在幼儿园的路上……）

晴："妈妈，为什么这地上全都是水？"

妈："因为昨天晚上……你觉得是什么原因？"

晴："是因为昨天晚上有人洒水了，所以地面湿了。"

妈："嗯，这是一种可能性，还有别的可能吗？"

晴："也可能是因为昨天晚上下雨了，所以地面湿了。"

妈："嗯，这又是一种可能性，还有吗？"

晴："有可能昨天有洒水车来这里，给地面洒水了。"

妈："为什么会有洒水车来洒水呢？"

晴："因为地面口渴了，想喝水，所以洒水车来给地面喝水。"

妈："地面会口渴？"

晴："是的，就像皮球肚子会饿一样。"

妈："皮球肚子会饿？"

晴："是啊。"

妈："皮球肚子饿了怎么办？"

晴："我就给它打气，用打气筒。上次在外婆家我不是给皮球打气了吗？"

妈："是这样。"

晴："对，给皮球打了气，它就不会饿肚子；给地面喝水了，地面就不会口渴。"

妈："嗯，有道理……"

（案例提供者：李云艳）

　　家长在欣慰的分享中收获着满满的成就感，孩子在提高想象力的同时体会着世界的多种可能性。我们可以合理利用每天来离园的短暂时间，用最简短的话语向家长表达孩子当天最具有代表性的积极事件和态度，体现教师对幼儿的接纳和关爱。家长有了这种良好的情绪体验后，就会用肯定和欣赏的眼光与孩子对话。这种关系对幼儿的成长是如此重要，也是实现自我价值，追求成功的动力，也是促进幼儿积极行为良性循环的关键。

　　③支持师幼互动行为

案　例

不倒椅

　　今天，梓墨选择在建构区用积木搭座椅。起初，他将两块空心积木一横一竖靠在一起尝试组合成椅子，试坐后似乎有些不满意，只见他又用同样的方法在上面加高一层，再次试坐，估计仍没达到要求，所以他第三次加高、试坐，让自己的两只小脚悠闲地悬在半空。本以为他已大功告成，没想到又搬来了许多小型实心积木，不断地塞进"椅背"。我不禁问他这样做的原因，他自信地回答："放进去就更重、更稳了，就不会倒了。"原来他在发明制造"不倒椅"。这种勤于思考、不断尝试的精神真让我佩服。

梓墨在搭椅子的过程中不仅投入，还能将学到的基本建构技巧运用到实际操作中，如拼合、填满、规则叠高等；他做事目标明确，思路清晰，乐于大胆表达自己的想法；他身上有一种特别的精神打动着我，那就是追求卓越、勇于探索……

梓墨在建构游戏中发现了事物之间的关系，开始关注建构物的平衡、对称和稳固性，看来他把我上次小结别人搭建失败的经验牢记于心，这次就付诸行动，坚持不懈地探索更稳固的方法。

仔细回忆上次建构小结，结束前我抛出了"怎么搭高才不容易倒"的问题，没想到成为梓墨此次的研究动力和主题，这让我深刻体会到了"言传身教"的力量。我将努力修缮其身，继续在爱的道路上和孩子共成长。

（案例提供者：李云艳）

案 例

魔法大电视

我们班的孩子都知道我家有一台"魔法大电视"，遥控器上的所有按键都会连接到每个孩子的家，所以大家的表现老师会一览无余。在与家长秘密约定后，他们会将孩子在家的闪光点用微信的方式发给我，第二天我再集体或单独肯定这些行为。班级的馨馨有些挑食，进餐速度也偏慢，有天妈妈给我发照片说孩子在家大口吃面，同时还神秘地告诉妈妈"老师一定能看到"。后经我在集体中的分享，馨馨更加深信不疑，我简直成了她的精神力量。

（案例提供者：李云艳）

（2）发挥非语言评价的价值

除了语言评价，体态语的应用也有其评价的价值。体态语是语言评价手段的补充，它通过体态、手势、表情、眼神等非语言因素传递信息。这种评价不仅可以把更多的信息传递给幼儿，还能激发幼儿的学习兴趣，营造宽松的学习氛围。

案 例

积极关注的力量

在故事表演中，孩子们积极踊跃，抢着举手上台展示，墨墨却坐在一边紧张而又茫然地看着大家。老师走到墨墨身边，微笑着用眼神示意他参加游戏，刚开始墨墨摇了摇头说："我不会。"但老师依然微笑着，拉起他的手、抚摸着他的头说："墨墨，我们都很喜欢你，你会表演得很出色，让我们一起来游戏吧！"墨墨沉默了一下，接着慢慢地站起来，羞涩的脸上抑制不住的快乐。开始表演时墨墨声音有些小，教师手放耳朵边，做倾听状，他会不由自主地提高了音量。整个游戏时间，墨墨很有自信，也得到了其他孩子的鼓励和教师的认可。

在活动中，教师要善于利用积极的体态语言，一个抚摸、一个微笑、一个鼓励的眼神、一个温暖的拥抱、一个甜蜜的亲吻……都会让幼儿体验到关心和体贴，获得情感上的满足。

（案例提供者：李云艳）

案 例

我来想办法

城宝在建构区用积木搭建停车场。第一层用了一个长方体拱桥，第二层用了一个小长方体，第三层用了一个圆柱体，当搭到第四层时先放了一个长方体拱桥，积木掉了下来，他便尝试用圆柱体，觉得不是想要的，就拿来一个小一点儿的长方体拱桥搭在上面，没有成功。他思考了一会儿，把积木反过来试了试，觉得很满意，又拿来相同的一块积木翻转过来合在一起成为一个正方体，觉得平稳了，继续往高搭建。

城宝是一个愿意动脑探索的孩子，在游戏中发现长方体拱桥搭在圆柱体上不稳定，两个长方体拱桥可以搭成一个正方体，放在圆柱体上较平稳。在整个活动中他很专注地投入，有自己的想法，能够反复尝试，不断地用自己喜欢的形状研究如何搭得更牢固。

（案例提供者：李云艳）

案 例

黏黏的小米粒

今天，乐乐在吃午饭时不小心洒了一地的饭粒，我提醒他吃完后再来清理。后来，他把垃圾盘放在地上，用他的小手试图将米粒一颗一颗捡起。可没过多久就发现米粒总是粘在手上，很难顺利地放入盘中，于是他开始思考解决的办法。只见他跑到卫生间，用水洗干净小手，然后又蹲回原位用湿漉漉的手捡"恼人"的小米粒，结果可喜了许多。但他并不满足，开始了新一轮的尝试。他再次洗净小手，回原位双手用力地拍打有饭粒的地面，几下之后直接去冲洗，反复多次直到清理干净。年仅3岁的他竟有如此的责任感和乐于思考的精神，着实让我惊讶和感动。

　　乐乐在捡米粒的过程中，应该是突然意识到米是有黏性的，所以才会去洗手争取捡起更多的米粒。他发现了水可以把两种可浸润物质暂时黏附在一起，随着水少（蒸发）会使粘合力下降的现象。所以，他会反复地用水冲洗小手，达到最佳效果。同时，又改进了方法，把"捡"变为"拍"，大大提高了清理的效率。

　　他善于观察发现事物间的关系，通过实践整合经验，以后遇到问题时，只要等待和观察，他一定会有更多的惊喜展现给大家。受到他的启发，接下来我可能会在班级开展"捡米粒"的小组实验，让他的行为辐射全班，进一步探究尝试更好的办法。

　　我把乐乐捡米粒的事情分享给乐乐妈妈听，她既惊喜又感动，简直不敢相信主人公竟是自家孩子，这肯定是她当天最大的快乐。她说要向老师学习，用更多的爱等待乐乐慢慢长大。

　　在教育中我会强调让孩子承担自然后果。起初，我并不认为他会完成任务，甚至我已经做好随时用扫把帮他清理的准备，因为这样可以避免被人踩到而造成更多的麻烦，可事实证明他竟然独立完成了。这不得不让我重新审视自己的教育观，协助孩子是可以节省更多的时间，但极有可能剥夺了孩子处理问题的机会，减缓了成长的速度。其实孩子独立解决一件事情的价值远远超出外界给予的任何评价，这种内在的成就感便是自信的源泉。以后我会把更多的问题抛给孩子，因为孩子确实潜力无限。

（案例提供者：李云艳）

（四）邀请家长参与评价

　　我园儿童评价的另一大亮点是分享角的应用，教师可以在一日活动中，寻找幼儿的闪光点，通过随机抓拍的方式记录幼儿成长的点滴进步。分享角一般设在班级门口，像家一样温馨舒适，家长可以利用接送幼儿的闲暇时间翻阅每个幼儿的幸福日记。我们会用文字记录幼儿的故事，并加以配图说明，也会发动家长参与撰写家中的故事，共同完善这些幸福日记。同时采用电子相册、平板电脑等设备定期更新幼儿照片的代表事件，将静态的图片进行动态呈现，从而成为家长了解幼儿园教育的窗口，这不仅是幼儿美好回忆的再现，也是亲子沟通的桥梁。

　　教室环境中应该有属于幼儿自己的作品。教师撰写的学习故事、成长记录、探究活动的记录应呈现在班级环境中，让幼儿可以随时触摸它们，回味他们成长过程中的点滴。例如，班级教室内开设"分享角""分享墙"，用于存放幼儿成长中点滴精彩的成长集。这能让家长在接送幼儿时自由取阅，也能让幼儿在进行自选活动时随时翻看、交流。

图5-4　学习故事分享墙　　　　　　　图5-5　成长档案分享角

图5-6　幼儿成长纪念册

　　我园某大班家长在家中也开辟了沟通角，家长每天会将幼儿的闪光点以小字条或小书信的形式记录并贴在沟通角上，幼儿积极主动地阅读并逐渐形成习惯，觉得这是一天中最享受和最快乐的时刻，因为总有人在默默地赏识着自己。

　　家园携手记录、收集着幼儿成长中的一点一滴，不仅让我们更加了解幼儿，可以为幼儿提供更加适宜个体发展的教育策略，而且记录本身也是一种教育动力。我们都要努力做个有心的观察者，让尊重、平等、接纳、关爱渗透到幼儿成长的每个角落，为他们种下一生幸福的种子。

附　录
深圳实验幼儿园课程实施方案

（2017年2月　修订稿）

一、指导思想

结合《深圳市学前教育发展行动计划（2015—2017年）》，深入落实《幼儿园工作规程》《幼儿园教育指导纲要（试行）》《3—6岁儿童学习与发展指南》；坚持"为孩子种下一生幸福的种子"的理念，以"三十周年园庆"为契机，整合多方资源，凝练园所理念，挖掘文化积淀，总结办学经验，展示科研成果，谋划发展蓝图，加快园所发展，争做中国学前教育的领跑者。

二、相关理念

（一）办学理念：为孩子种下一生幸福的种子

教育的作用在于引领孩子走向幸福人生。不管是老师还是家长，不可能一辈子都走在孩子的前面。培养孩子受益终生的品质和素养，使其向着幸福的方向前进，就是办学的根本出发点和目标。

为孩子种下幸福的种子，首先要保证孩子现在的幸福，其次要为孩子将来的幸福着想。

第一，关于孩子现在的"幸福"。"儿童幸福"既是儿童身之所处的客观的幸福生活，又是儿童主观上对幸福生活状态的一种积极心理体验。我们从三个方面来行动并保证儿童的幸福：一是给孩子创造幸福的物质和精神环境、学习成长的条件；二是根据儿童的特点，满足孩子的心理需求，如自主的权利、游戏的需求、爱的需求，以此激发孩子的积极心理体验；三是要激发孩子的感恩之情，引导孩子认识和发现自己的幸福。

第二，关于孩子将来的"幸福"。积极心理学告诉我们，幸福由主观幸福感、心理幸福感、社会幸福感三个层面构成。心理幸福感有六个评量维度：自主性、环境掌控、个人成长、积极的人际关系、生活目标和自我接纳，与这六个维度相关的经验、能力和孩子将来的幸福息息相关。

（二）课程理念：三人携手、幸福同行

"三人行，必有我师。"这句话代表了我园倡导的谦虚谨慎的好学精神。

"三人行"的核心——人。"三人"：幼儿、教师、家长，都是共同学习、并肩发展的人，都是平等、尊重、互相信任的人，都是合作学习、探索创新的人。孩子是主动的、个性化的、有能力的学习者；成人是为了孩子和自己的发展、有共同目标的人。

"三人行"的重点——合作。合作进行学习、合作进行教育、合作开展体验活动。

"三人行"的特点——行。我们的课程是过程导向的课程，把过程放在首位，过程重于结果。我们的课程一直都在路上，跟随时代的步伐不断发展完善。

"三人行"的灵魂——关系。"三人"的关系是多角度的（六种关系）、动态的（互为主体、互换角色）、和谐的。

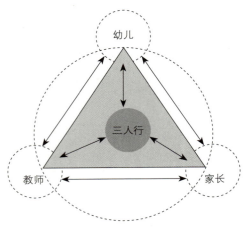

附图1　"三人行"的"三人"关系

三、课程框架

课程框架包括目标、内容、方法、途径、支持和评价六个方面。

附图2　"三人行"课程框架

四、课程目标

　　课程的目标是培养身心健康、习惯良好、情感积极、睿智创新的儿童，奠基儿童的幸福人生。

　　健康的身心，是幸福的前提；积极的情感，是幸福的动力；良好的习惯，是幸福的保障；睿智与创新，是幸福的基础。我们认为，健康、情感、习惯、睿智是影响人生幸福的几个重要的方面。首先，要具备健康的体魄和心理，只有身心健康，在自我认知和人际交往上呈现正面和积极倾向并形成积极人格的状态下，才可能具备较强的幸福感，因此身心健康是幸福的前提；其次，积极的情感心理状态是人们感受快乐，体会幸福的催化剂，因此情感是幸福的动力；再次，幸福感来自生活的点滴积累，是一个人言行举止的折射和映照，行为决定着习惯，习惯影响着性格，性格决定了命运，因此良好的习惯是幸福的保障；最后，对大千世界的认知程度也会影响幼儿对事物的理解与把握，同时也是幼儿立足社会的能力体现，因此睿智与创新是幸福的基础。这些种子，可以让幼儿受益终生。

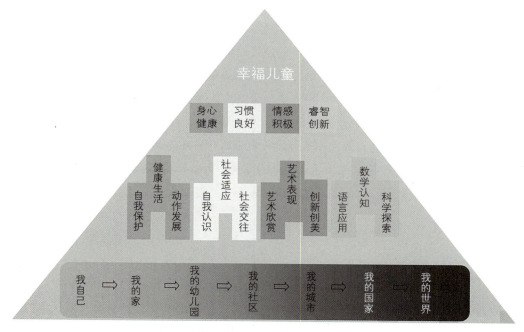

附图3　"三人行"课程目标

五、课程内容

（一）内容架构

课程内容领域：安全与健康（自我保护、健康生活、动作发展），社会与情感（自我认识、社会适应、社会交往），语言与思维（语言应用、数学认知、科学探索），审美与创造（艺术欣赏、艺术表现、创新创美）。

内容选择范围：我自己、我的家、我的幼儿园、我的社区、我的城市、我的国家、我的世界。孩子的经验世界都是课程内容的选择范围。正如陈鹤琴所说，大自然、大社会都是活教材。此外，很重要的一部分内容还有关于孩子自身的经验。

（二）内容来源

儿童是从认识身边的事物开始，逐步扩大他的视野，拓展他的活动空间，学习了解他周围的人，学习与他们交往。尊重儿童的课程，其内容应与他的生活相联系，这也是发展适宜性课程的要素之一。

希望这是一套序列化、系统化的课程内容体系，帮助幼儿在三年里逐步扩展时、空、人的维度，立足当下，放眼世界。

希望课程内容视野是宽广的。这就需要知识面广和具有国际视野的成人引领。网络可能成为我们备课的重要资源库，家长是我们真正的课程合伙人。

希望课程内容是实现"身心健康、习惯良好、情感积极、睿智创新"课程目标的载体，幼儿在探索、互动的过程中，得到更多能力、素质上的提升。

希望课程内容不再游离于主题和分科之间。确定以主题教学为主的内容形式，帮助幼儿获得系统化的经验，因为这些经验更便于幼儿将来的提取和使用。"学习的内在动机是长期参与感兴趣的探究和活动带来的结果。当教师将知识和技能按照只对成人有意义的学科领域划分时，他们通常需要依靠外在的激励来激发儿童。"[1]分科教学使幼儿迷茫。

（三）组织方式

1. 综合探究活动

综合探究活动源于方案教学这种教学组织方式。美国幼儿教育专家卡茨认为，方案就是一个或一群幼儿针对某个主题所进行的深入研究。"三人行"课程通过对这种教学方式的深入研究，依据园本课程实践特点和课程组织需要提出了新的活动流程与组

1　[美]卡罗尔·格斯特维奇：《发展适宜性实践》，霍力岩等译，59页，北京，教育科学出版社，2011。

织策略，即教师与幼儿通过团讨、探索、分享、展示共同深入研究某一主题的过程，并认为这一主题可以是幼儿发起的，也可以是教师发起的。

　　2．自主游戏活动

　　自主游戏活动是幼儿主导的一类低结构学习活动形式。在"三人行"课程实践中，这类活动主要表现为室内自主游戏活动、户外自主游戏活动等形式。

　　3．体验活动

　　体验活动是教师通过预设活动方案，以集体或小组形式组织幼儿参与的活动组织形式。这类活动虽然是教师提前预设的活动，但是活动内容的选择以及活动过程的设计也是基于对幼儿兴趣与能力的观察与理解，活动组织过程也要尊重幼儿的自主、合作与探究性学习需求，并根据幼儿在活动中的行为表现随机生成新的活动内容，以及在活动后基于幼儿的学习效果进行反思。

六、实施场所

　　我们试图用图示来解释关系与互动在课程实践中所起到的重要作用。三角形的三个角分别代表幼儿、教师、家长三种身份，他们的关系是稳固的，同时又是动态的、和谐的，在时空的维度中，三者的积极互动形成了正能量互换，从而形成了一个积极的场域，这是一个充满了人与人之间的交往互动、合作实践、情感交流、文化传递的场域。在场域中，除了使幼儿获得健康的身心、丰富的认知之外，更使幼儿锻炼了沟通技巧，获得交往技能，懂得与人合作，形成亲社会情感和能力，获得自信，形成独立自主的人格品质。这个场域，我们称之为社会实验场。从剖面还可以看出，从下到上，从小班到大班，我们都在实行以"三人行"为核心、以自主建构和社会建构为学习方式、以一日活动为途径的课程，不同的是随着

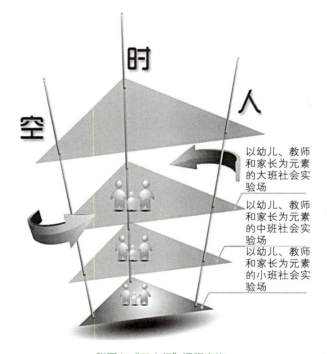

以幼儿、教师和家长为元素的大班社会实验场

以幼儿、教师和家长为元素的中班社会实验场

以幼儿、教师和家长为元素的小班社会实验场

附图4 "三人行"课程实施

三人的成长，这个场域也变得越来越大了。

　　社会实验场包含了时间（活动持续的时间跨度）、空间（活动开展的空间范围）、人（参与人员的数量多少）三个维度。三个维度纵向贯穿于各年龄段之中，呈现不同的量能。以个体活动为例，小班的操作时间为30分钟，限于在本班开展，受年龄特点影响，幼儿的游戏以个别操作和平行游戏为主，因此交往互动的人数也以本班的幼儿、教师为主；中班的操作时间为40分钟，进行年级的混班分区，幼儿的活动空间扩大到年级范围，交往互动的人数也大大增加；大班的操作时间更长，特别是每周开展一次的"社会交往日"活动，其空间从教室扩大到全园，互动人员可以是园里的任何一名成员。

附表1　社会实验场三维度

维度\班级	时	空	人
小班	30分钟	班级	本班师生、家长助教
中班	40分钟	年级	年级师生、家长助教
大班	90分钟	全园	全园师生、家长助教

七、学习方式

（一）自主建构式学习

　　自主建构式学习是指通过主体操作实物或与人、观点和事件间的相互作用，帮助主体获得直接经验，建构起有关现实世界及各类要素的认识和理解的过程。

　　我们理解的自主建构式学习由五项基本要素构成，具体如下。

　　材料：提供充足、多样、适宜的操作材料，能吸引幼儿多感官的参与。而且是开放性的，幼儿可以用多种方式操作，有助于扩展幼儿的经验，激发思考。

　　操作：幼儿摆弄、探究、组合和转化材料并形成自己的想法，并根据他们的兴趣和需要计划活动。

　　选择：幼儿选择材料、玩伴，改变或形成自己的想法，并根据他们的兴趣和需要计划活动。

　　儿童语言和思维：幼儿描述他们所做的和所理解的。当他们思考其活动并修正想法、打算进行新的学习时，他们用语言或非语言的形式进行交流。

　　成人的支持：成人支持幼儿当前的思维水平，并挑战他们，使其进入新的发展阶段。成人帮助幼儿获取知识，发展他们创造性地解决问题的技能。

（二）社会建构式学习

社会建构式学习强调的是在一定文化背景下，个体通过与他人互动、交流、磋商，为达成一致目标而不断调整已有经验，从而建构新的认知经验的过程。这一概念不仅是在理论理解的基础上提出的，更是在实践探索中提炼的结果。

社会建构式学习由五项基本要素构成，具体如下。

团队目标：有团队成员共同的目标。

环境与材料：提供充足、多样、适宜的材料，能吸引幼儿多感官的参与。环境中有明显的主题性特征。

合作参与：活动离不开成人与幼儿的共同参与。成人可能是组织者、引导者，也可能是支持者、合作者，幼儿以小组合作学习为主。

选择权：幼儿可选择材料、伙伴，改变或形成自己的想法。

社会属性：活动内容受社会文化、传统习俗的影响。活动过程重在锻炼和发展幼儿的交往技能和社会适应能力。

（三）学习活动的基本组织形式

附表2　学习活动的基本组织形式

内容 形态	人数	社会建构	实施流程	适用内容
个体	个别	随机互动	计划—操作—整理—提升	材料操作
小组	5~8人	合作探究	假设—探索—验证—提升	各类探究活动
团体	1或2班、整班、多班、全园	相互成就	导入—实施—展示—提升	表现、展示

1. 个体活动

幼儿在这种学习活动中主要是通过自主操作材料进行学习的，包括计划、操作、整理、提升四个环节。我园小班的自由个体学习活动在各班进行；中班进行年级混班，实现年级的资源共享；大班的分成两种，一种是各班的个体活动，同时在年级范围内进行部分区角的资源共享，另一种是每周一次的社会交往日活动，通过全年级师生在一个公共空间共同构建一个包含多个主题的游戏材料场所，使幼儿发生更大范围的交往互动，从而达到学习目的。

个体活动是以自主建构式学习为主导的一种组织形式，是指幼儿自主选择场所、自主选择材料、自主选择同伴，通过感知和操作获得经验，并尝试用自己的语言表达，在其活动过程中教师适时介入并帮助其提升的一种学习活动形态。

（1）个体活动的组织与实施

计划环节：包括场所选择和自主表达，幼儿自主选择出他们在操作环节想要的活动场所及活动材料，并自主表达出他们可能会做的事情。

操作环节：幼儿自主操作、持续探究。它体现了幼儿自由、自主的探究及感知经验的过程。幼儿在操作过程中可以更换场所或材料；教师观察记录，根据需要提供支持。

整理环节：提前预示；物归原处；摆放展示作品。

提升环节：优先选择小组进行回顾；教师提炼有价值的话题或事件，鼓励讨论和交流；激发幼儿的持续性思维，帮助幼儿重整、提升活动经验。

（2）自主建构与社会建构在个体活动中的体现

①自主建构

计划环节：主动思考，计划自己的工作，并用挂牌的行为和语言表现出来。

操作环节：自主选择区域和材料，自主操作材

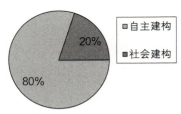

附图5　个体活动中的建构比例

料，在与材料的互动中积累各种有益的操作经验，创造性地开展游戏，提升动手动脑的技能。

整理环节：自行收拾整理玩具，培养做事有始有终的习惯。

提升环节：在用语言对自己的操作过程进行回顾和聆听同伴的回顾过程中，归纳、整理信息资料，同化或顺应新的经验，从而促进认知的发展。

②社会建构

计划环节：遵守挂牌的时间、人数等规则，了解并牢记自己的关注日。

操作环节：遵守区域规则，按要求取放材料，在角色游戏中理解社会规则，发展人际交往技能。

整理环节：遵守规则，将玩具收纳到指定的地方。在收纳过程中互相帮助。

提升环节：遵守回顾的规则，养成安静倾听的习惯。

（3）个体活动的儿童发展价值

通过做计划的环节，促使幼儿对未发生的事情进行想象，形成心理图像，发展幼儿的认知；通过与材料和环境的互动，获得直接经验，构建幼儿对现实世界的新理解；体现幼儿自我学习、自我探索、自我发现、自我完善的活动；促进幼儿学习的主动性、创造性、交往能力的发展和幼儿的持续探索；通过回顾反思自身行动，吸取与环境材料和人互动的经验。

（4）个体活动的教师支架策略

根据幼儿的兴趣和需求，科学全面设置区域；提供丰富、可变的材料，材料的投入要有层次性、系统性，要有目的、有计划，引发幼儿的探索和操作兴趣；教师要选择适宜的时机和方法介入幼儿操作中进行指导，促进幼儿在原有水平上的发展。

（5）个体活动的家长支持要点

诚邀家长到班级当助理，了解幼儿的发展，适当帮助；关心班级区域需要补充的材料，为班级做力所能及的事情。

2. 小组活动

在进行探究性活动时，将幼儿分成多个5~8人的小组进行有组织的学习，可以使幼儿更有机会表达自己的假设，并根据自己的假设进行探究操作，教师也能观察每个幼儿的表现和能力，及时给予指导和支持。小组活动按照假设、探索、验证、提升四个环节进行。一般情况下以一周为一个循环周期。

小组活动是教师根据幼儿发展水平、教育内容、材料的不同，将幼儿分成8~10人的小组进行的一种学习活动形态。循环小组活动以一周为一个循环。在活动过程中，教师与幼儿或幼儿之间以小组为单位一起操作、探索、讨论、合作、钻研问题以及总结，获得必要的知识经验和能力。

（1）小组活动的组织与实施

假设环节：鼓励幼儿根据教师创设的情境和生活中的某种事物或现象进行猜想和假设。

探索环节：幼儿主动建构知识的前提。这是活动中的核心部分，也是活动中时间最长的一个部分。教师提供材料鼓励和引导幼儿按照自己的推测进行客观而逐步深入的探究。

验证环节：教师给予幼儿充分的时间和空间，让其进行反复的观察、实践之后，验证或推翻之前的假设，从而发现真相，巩固或调整自己的认识，主动自我建构知识与经验。

提升环节：教师为幼儿提供机会进行交流，引导幼儿得出结论、形成解释。

（2）自主建构与社会建构在小组活动中的体现

①自主建构

假设环节：幼儿主动思考，根据自身的经验对问题进行猜想和假设。

探索环节：根据自己的推测，运用感官和以独特的方式进行自主探究。在与学习环境的互动中积累各种有益的经验，提升动手动脑的技能，创造性地

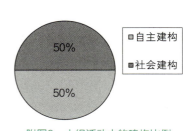

附图6　小组活动中的建构比例

解决问题。

验证环节：通过自主的观察、反复实践之后，发现真相，调整自己的认识，主动自我建构知识与经验。

提升环节：用语言概述自己探索过程中的所思所想，对获得的信息进行整理和归纳，从而促进认知的发展，不断自我完善。

②社会建构

假设环节：在大胆猜想中与学习环境以及教师和同伴积极互动。

探索环节：在探索活动中遵守规则，遇到困难时积极想办法解决问题，必要时寻求同伴和教师的帮助，与同伴资源共享，发展人际交往技能。

验证环节：除了亲身实践以外，还有同伴间的互相学习和启发，共同进步。

提升环节：专心倾听他人的见解，养成尊重事实、尊重他人的良好品质。

（3）小组活动的儿童发展价值

通过假设环节，促使幼儿对未发生的事情进行猜想和假设，形成心理图像，发展幼儿的认知；通过与学习环境互动，获得直接经验，构建幼儿对现实世界的新的理解；体现幼儿自我学习、自我探索、自我发现、自我完善的活动；促进幼儿学习的主动性、创造性、交往能力的发展和幼儿的持续探索；通过反思和调整自身行动，汲取与环境材料和人互动的经验。

（4）小组活动的教师支架策略

教师根据幼儿的年龄特点，确定适合于幼儿探究的问题，为幼儿营造安全的心理氛围，给幼儿提供充分的时间和空间，满足幼儿的探索欲望；根据幼儿的不同水平，在探索环境中预设不同的问题，材料体现层次性，适时介入，满足不同层次幼儿的发展需要，促进幼儿在原有水平上获得发展；引导幼儿梳理和归纳学习经验，形成有益于终身发展的关键经验。

（5）小组活动的家长支持要点

保护幼儿的好奇心，满足幼儿的探索欲望；多带幼儿外出活动、参观科学馆，激发幼儿的兴趣；在家与幼儿谈论感兴趣的科学现象，可与幼儿一起参与其中；为班级提供相关的探索材料，为班级做力所能及的事情。

3. 团体活动

团体活动是指由教师主导组织，参与幼儿人数较多（最少1或2班）的团体性学习活动。团体活动一开始就有清晰的团体目标，教师通过导入、实施、展示、提升四个环节，给幼儿提供学习、分享、表现与创造的平台。团体活动的规模根据内容而变化，小至在教室进行30分钟的集体教学活动，大至跨时一个学期的全园童话剧"宝宝回家"演出活动，这都属于团体活动。

（1）团体活动的组织与实施

导入环节：教师提出活动内容，幼儿一起讨论细节并由幼儿自由选择探究小组；教师参与幼儿的探究小组讨论，引导幼儿进行详细的分工，让每个幼儿明确自己的工作内容与角色。

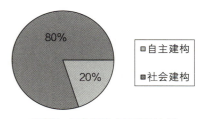

附图7　团体活动中的建构比例

实施环节：对自己选择的探究内容进行合作操作、练习、创造；教师在此过程中观察幼儿的行为，用照片、文字等方式进行记录；教师与幼儿共同工作，提供技能指导、材料支持，为展示做准备；通过讨论制定展示的规则。

展示环节：参加展示的幼儿按照商量好的顺序轮流展示；参与观看的幼儿按照自己制定的规则观看，做文明观众；教师协助幼儿完成展示活动并做好个别幼儿的记录。

提升环节：教师小结本次活动的情况，分享在活动中的发现与经验；幼儿代表轮流介绍自己在活动中如何解决问题，分享自己的方法和经验；教师预告下次活动的时间与主题。

（2）自主建构与社会建构在团体活动中的体现

①自主建构

导入环节：明确团队目标。选择参与的探究。

实施环节：认同探究小组商讨的活动方案，自主选择探究和合作伙伴。通过练习提升技能和使用材料的能力，提升艺术表现、艺术创造的能力。

展示环节：投入和享受自己展示的过程。

提升环节：在用语言对自己的操作过程进行回顾和聆听同伴的回顾过程中，归纳、整理信息资料，同化或顺应新的经验，从而促进认知的发展。

②社会建构

导入环节：在教师的引导下，明确团队目标，遵守活动的时间、人数等规则。

实施环节：商讨探究小组的活动方案，在活动中解决人际冲突、合作方式、材料分配、合作练习等各种问题，提升人际沟通、交往互动、分工合作等能力。理解并遵循相应的规则。

展示环节：遵守展示的规则，在展示中体现合作。

提升环节：遵守回顾的规则，养成安静倾听的习惯。在教师的引导下，理解活动中的社会文化、价值取向。

（3）团体活动的儿童发展价值

通过导入环节的多次选择，促使幼儿对未发生的事情进行想象，形成心理图像，发展幼儿的认知；通过与材料和环境的互动，获得直接经验，构建幼儿对现实世界的新理解。

通过共同团体活动，组织不同年龄层次的幼儿共同开展活动，促进幼儿亲社会行为和技能的发展；通过共同团体活动，培养幼儿的集体观念、合作观念，提升幼儿对情感体验、交流与调控的能力，有利于其健康人格的形成。

通过多种形式的合作，培养幼儿合作的技能，培养幼儿对彼此差异性的尊重，为幼儿之间相互学习提供条件。

（4）团体活动的教师支架策略

教师对即将开展的活动进行策划、选题，与幼儿一起商讨活动的内容并进行详细的分工，为活动准备好环境、场地和各种操作材料等；教师分别为自己负责的工作进行探究，做好详细的计划，并准备相关的材料。

教师选择适宜的时机和方法对幼儿进行指导，启发幼儿的想象和创造力，促进幼儿在原有水平上的发展。

在活动中，教师对幼儿进行观察，用照片、文字、录像等多种方式，进行记录；教师根据本次活动中幼儿的具体情况，选择需要关注的核心价值，在提升环节中，帮助幼儿整理经验。

（5）团体活动的家长支持要点

诚邀家长到班级当助理，了解幼儿的发展，适当帮助；积极为活动提供相关的资源；根据活动的主题，与幼儿一起收集相关的资料，为幼儿做好相关的知识准备。

个体、小组、团体三种组织形态适用于不同的教育内容，与时间、空间、人数三维度一样，共同影响着社会实验场的效能。三种形态有时单独出现，有时轮流出现，有时交织出现。例如，在小班上午的学习活动中，自由个体活动和循环小组活动常常同时进行。在一个时间跨度较长的共同团体活动中，常常交织有自由个体和循环小组活动的组织形式。

八、实施途径

稳定有序的一日生活活动是"三人行"课程的主要实施途径，其特点在于形成幼儿在园活动的一日常规，不仅为幼儿创设了安全有序的成长环境，也为幼儿形成系统的学习经验提供了保障。

我园一日活动流程主要包括：来园、晨练、早餐、晨谈、区域活动、上午户外活动、餐前活动、午餐、散步、午休、生活活动、下午户外活动、下午点心、学习活动、离园活动等。

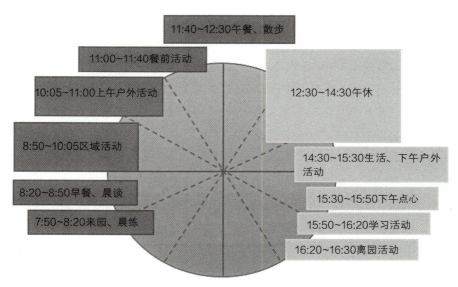

附图8　幼儿园一日活动流程图

1. 来园

幼儿在轻松的音乐中，背上书包独立入园，主动向教师、园医、迎宾小朋友问好，并配合做好晨检。

（1）自主建构与社会建构在来园活动中的体现

问好时，自主建构的体现如下。

幼儿与家长道别后，独立从入口进园，主动与教师、小朋友问早；幼儿能独自背书包入园，培养自理、自立、自主的意识和能力。

社会建构的体现如下。幼儿园大门值班教师、班级教师等人员面带微笑，主动与幼儿鞠躬问好；每个岗位的教职工都会以饱满的情绪、甜美的微笑来迎接幼儿，做好榜样；与门口迎宾的小朋友相互问好。

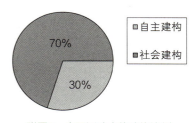

附图9　来园活动中的建构比例

晨检时，自主建构的体现如下。幼儿主动向医生问早，会张嘴、伸手，配合医生做好晨检。主动向医生道谢。有需要服药的幼儿会将药品交给医生。

社会建构的体现如下。园医微笑迎接幼儿，并观察每一个幼儿的气色、情绪，了解幼儿的身体状况，做好病情记录。

（2）来园活动的儿童发展价值

来园是幼儿园一日活动的开始，也是幼儿园与家庭良好衔接的第一步；进行礼貌教育，发展人际交往能力。

（3）来园活动的教师支架策略

全面充分的环境及人员准备；成人以身作则，进行礼貌教育；园医晨检，观察每一位幼儿的气色、情绪，了解幼儿的身体状况，做好病情记录。

（4）来园活动的家长支持要点

帮助幼儿养成早睡早起的习惯；按时来园，引导幼儿主动向教师鞠躬问好；要求幼儿自己整理书包的物品、背书包、放书包。

2．离园

离园活动是幼儿自主整理着装和书包。师生共同回顾一日活动，幼儿之间分享自己的心情和体验，教师鼓励幼儿将愉快的心情带回家。最后以拥抱等方式与教师、小朋友告别，独立背上书包，同家长离园。

（1）自主建构与社会建构在离园活动中的体现

①自主建构

回顾自己在一天内的表现或难忘的事情，培养自我检查、自我评价的意识；整理书包，锻炼有序整理物品等自理能力。

②社会建构

主动与教师和同伴道别，并对需要感谢的人说感谢的话语，培养幼儿的礼貌意识，加深与周围人的友爱关系；检查自己的书包、衣物等物件，培养做事有始有终的习惯。

（2）离园活动的儿童发展价值

做一位懂礼貌、会感恩的幼儿；整理自己的书包，培养良好的习惯；回想一日中印象深刻的事情，发展幼儿思维。

（3）离园活动的教师支架策略

鼓励幼儿用拥抱、挥手、握手等方式与教师、同伴道别；引导幼儿向曾经帮助或支持自己的同伴和教师说一句感谢的话语；教师有针对性地与个别家长交流幼儿的一日活动情况。

（4）离园活动的家长支持要点

与幼儿一同向教师、同伴道别，做幼儿的榜样；主动与教师交流幼儿一天情况，对幼儿表现给予肯定和鼓励；检查幼儿的物品整理情况，以免有遗漏。

3．户外活动

我园幼儿的户外活动包括晨练、早操、上午户外体能锻炼、午餐后散步、下午户外游戏。每天保证总时长不少于两小时。

（1）自主建构与社会建构在户外活动中的体现

①自主建构

幼儿根据全园晨练指示图，按指定的路线，找到班级开展晨练；在早操环节中，幼儿能在音乐的伴奏下做一些模仿动作或者进行一些走、跑、队列队形的变化训练；可自选运动器械和游戏伙伴；锻炼体质，发展动作。

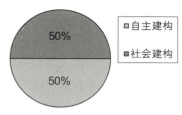

附图10　户外活动中的建构比例

②社会建构

在早操环节中，带操的教师精神饱满、动作到位，给幼儿树立榜样；在体能训练中，幼儿需进行多种队形队列的变化，合作开展各种体能活动；遵守体能活动的集体规则，在集体性操节练习中培养集体主义观念。

（2）户外活动的儿童发展价值

早锻炼能激发和恢复机体机能，起到唤醒作用，为其展开一日活动做好铺垫；提高身体的适应能力，促进各项动作的发展；发展动作，增强体质；锻炼幼儿意志，促进智力发展；发展幼儿个性，养成幼儿对体育活动的兴趣和习惯，培养活泼开朗的性格等。

（3）户外活动的教师支架策略

制订有效的户外活动计划，根据季节变化调整活动量；每天早上7:40之前，将体育器械摆放好；按幼儿的体能发展情况，编制适合本年龄阶段的早操；根据幼儿的特点组织生动有趣、形式多样、丰富多彩的来园游戏活动和户外体育游戏活动；尊重幼儿游戏的意愿，吸引幼儿参与，并让每一个幼儿都能自主选择游戏活动；为幼儿提供有助于锻炼的小器械，有目的地发展钻、爬、跳、平衡等能力；根据地域、气候不同的季节特征选定合适的内容，提高幼儿对自然的适应能力。

（4）户外活动的家长支持要点

鼓励幼儿少穿衣，加强耐寒训练；引导幼儿积极参加晨间活动；在家保证幼儿的户外活动时间，多带幼儿参与户外活动，接触大自然。

4. 餐前活动

餐前活动是指教师在午餐活动开始之前组织开展的以语言领域为主要内容的团体活动。

（1）自主建构与社会建构在餐前活动中的体现

①自主建构

幼儿按教师餐前的安排，收集相关资料，如小问号、新闻等内容；认真倾听同伴的发言；在自行准备和相互倾听中丰富语言、词汇、新闻等内容。

②社会建构

良好的师生关系和亲密的同伴关系促进幼儿沟通

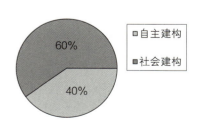

附图11　餐前活动中的建构比例

交流，幼儿在民主、友爱的氛围中无压力、无拘束，自然地"有话敢说"。

教师真诚平等地同幼儿交流，耐心倾听幼儿的每一句话，不断鼓励、支持幼儿，做幼儿的朋友，努力营造宽松的氛围。

幼儿通过同伴间的相互学习、教师的规范语言等，掌握表述和对话互动的技巧，不断提高其语言运用能力。

（2）餐前活动的儿童发展价值

通过餐前活动，幼儿从较剧烈、兴奋的活动中，逐渐将情绪稳定下来，为保证幼儿的消化器官正常工作做好准备；激发幼儿对周围事物和现象了解的兴趣和探索欲望，大大丰富幼儿的知识面，促进幼儿良好个性的形成；培养良好的倾听习惯，并鼓励幼儿大胆地在集体面前表现自己；发展幼儿的语言能力，培养幼儿的责任意识。

（3）餐前活动的教师支架策略

教师组织幼儿开展以团体或循环小组为形式的语言类活动，如小主持、故事欣赏、半日回顾、主题谈话、重大节日介绍等。

创造宽松氛围，让幼儿"有话敢说"；帮助幼儿丰富知识经验，让幼儿"有话可说"；在谈话的过程中，教师适时评价，让幼儿"有话会说"。

教师要特别给予幼儿重点的关注和帮助。对他们每一次的参与，教师都要及时给予积极的肯定。

（4）餐前活动的家长支持要点

多关注班级的周计划，了解餐前活动的内容，在家引导幼儿收集相关资料；平时多和幼儿讲述身边的事件。

5．餐点活动

餐点活动包括早餐、午餐、下午点心。这类活动主要是幼儿学习生活自理、养成良好生活习惯的环节。

（1）自主建构与社会建构在餐点活动中的体现

①自主建构

自主选择餐点的分量，独立进餐，形成自主的意识；练习、熟悉勺子和筷子等餐具的使用，提升生活技能；餐后整理桌面，分类收拾餐具，擦嘴，漱口，养成良好的生活习惯。

②社会建构

通过承担值日生工作，建立为他人服务的意识和

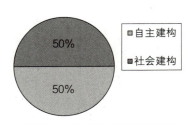

附图12　餐点活动中的建构比例

集体意识；强化用餐的时间观念；遵守用餐规则，养成用餐礼仪；教师帮助幼儿了解餐点名称，让幼儿感受餐饮文化。

（2）餐点活动的儿童发展价值

养成文明用餐的习惯，主动进行餐后整理；养成定点、定时、定量进餐的习惯；了解食物的营养价值，不挑食；学会细嚼慢咽。

（3）餐点活动的教师支架策略

园医合理制定食谱，安排餐点，保证幼儿营养全面；教师帮助幼儿了解食物的营养价值，引导他们不偏食不挑食、少吃或不吃不利于健康的食品；帮助幼儿养成定点、定时、定量进餐的习惯；吃饭时不过分催促，提醒幼儿细嚼慢咽，不要边吃边玩；帮助幼儿养成良好的进餐习惯；向幼儿介绍不同地域的餐饮文化。

（4）餐点活动的家长支持要点

与幼儿园保持一致的教育要求；尊重个体差异性，帮助幼儿保持良好的进餐习惯。

6. 午休

结束一上午丰富的活动，幼儿需要休息和补充睡眠，为下午的活动做好精力和体能上的储备。在午休活动中，教师要营造安全、安静、卫生的午睡环境，幼儿自己穿脱、整理衣物。在舒缓的音乐下，幼儿自然入睡。教师巡回观察并照顾有需要的幼儿。

（1）自主建构与社会建构在午休活动中的体现

①自主建构

自行整理衣物、被褥，发展自我管理、自我照料能力；养成良好生活习惯。

②社会建构

按时午睡，建立稳定的作息习惯；遵守午睡规则，关注他人的需求，在午睡中不打搅他人，不给他人造成不便。

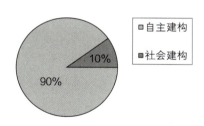

附图13　午休活动中的建构比例

（2）午睡活动的儿童发展价值

满足幼儿的基本生理需要；培养良好的睡眠习惯和自理能力；学会自我照顾和自我管理。

（3）午睡活动的教师支架策略

关注幼儿午睡的情绪和状态，用稳定的要求帮助幼儿形成良好的习惯；关注每一个幼儿的睡眠情况，适当与家长沟通以帮助幼儿调整睡眠。

（4）午睡活动的家长支持要点

让幼儿养成相对固定的午休习惯；放手让幼儿自我照顾和自我管理。

7. 生活整理

生活整理活动是指起床后，幼儿在轻松的音乐声中穿戴衣物，独立盥洗，自我服务。教师观察、帮助有需要的幼儿，并为接下来的活动做准备。在上午的户外活动结束时，也有一段时间进行生活整理，主要是出汗的幼儿进行擦汗、换衣、自我整理等生活活动。

（1）自主建构与社会建构在生活整理活动中的体现

①自主建构

通过自我服务的工作，培养幼儿独立自主的意识；培养有序的做事方法以及做事的耐心。

②社会建构

按照要求将物品收纳在指定的地方；在活动中培养互助互爱的行为和意识。

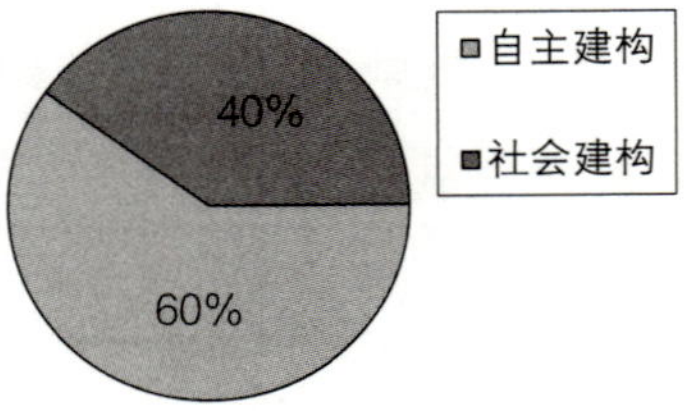

附图14　生活整理活动中的建构比例

（2）生活整理活动的儿童发展价值

在整理中，提高幼儿自我服务和整理归纳的能力；培养有序的做事方法和独立工作的能力；体验整理活动的乐趣，有一种成功感，做事更加有耐心；在活动中促进幼儿共同合作，发展幼儿互助的意识。

（3）生活整理活动的教师支架策略

尽量避免以集体方式进行，以免产生等待和产生不必要的安全问题；通过图示操作流程，帮助幼儿有序完成工作；在活动中观察幼儿的整理情况，对有需要的幼儿进行帮助和指导。

（4）生活整理活动的家长支持要点

给幼儿的所有物品标上名字；准备收纳袋，便于幼儿将物品按类放好；不带有安全隐患的物品来园。

8. 过渡活动

过渡活动是指在一日活动中从一个环节向另一个环节转换时进行的活动。在过渡时间内，教师和幼儿可根据需要进行各种活动，如生活活动：洗手、喝水、小便；游戏：较安静的手指游戏、语言游戏等。

（1）过渡活动的儿童发展价值

培养幼儿自我照顾的能力和意识；锻炼对信号的敏感和反应能力；形成内在的秩序感；培养主动倾听

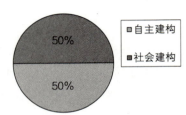

附图15　过渡活动中的建构比例

的习惯和能力。

（2）过渡活动的教师支架策略

用清晰、简洁的语言提出过渡活动要求；提前预告下一环节的内容；对生活上需要照顾的幼儿进行特别的提示；与幼儿随机交流，或玩轻松的手指游戏。

（3）过渡活动的家长支持要点

来园时对幼儿进行生活方面的提醒，如多喝水、及时小便；家长助教帮助幼儿完成生活活动及下一个环节的材料准备。

九、课程支持

我园一直秉承"家园一体，一车两轮"的家园共育理念，落实"用专业引领家长、用敬业感动家长、用活动凝聚家长、用成果回报家长"的四项工作方针。在历届家委会和教师的共同努力下，家园共育具备了"深参与、深交融、共专业、共成长"的特点。

（一）常规化家长培训

我园定期举办家长培训，其形式包括家长学校、家长会、家长沙龙、家长辩论会。每日记录教师和家长对话的"家园联系本"为家园架起一条无障碍的通道，"家园共育'六个一'工程"为促进家长的专业化提供了更加清晰的方向指引。

（二）家长义工团队与家长社团

除了各年级的家委会之外，还成立了多个家长社团，如故事妈妈团、爸爸合唱团、课程委员会、安全委员会、伙食委员会，另外还有家长轮流担当的家长护校队、家长助教等团队。为了使家长在幼儿园有固定的活动场所，我们建设了"家长之家"，作为家长的流动办公场所和教育思想的加油站。

（三）一体化的家园活动

我园幼儿家长深度参与幼儿园组织的各项活动。家长通过亲身参与、提供资源、协助组织等多种方式参与其中，真正实现了"家园"一体的教育模式，使幼儿在家庭和幼儿园一体化的和谐环境中感受到幸福与满足。

十、课程评价

（一）课程评价形式及内容

附表3　课程评价形式及内容

评价形式	评价内容
形成性评价	1. 幼儿观察记录 2. 家园联系平台 3. 宝宝档案
表现性评价	1. 展示活动的记录 2. 作品档案 3. DV影像

（二）课程的适宜性评估指标

1. 参考指标

（1）《3—6岁儿童学习与发展指南》

（2）《幼儿环境评量表》

2. 建立评价体系

《实验幼儿园发展水平观察评估指标体系》

3. 建立幼儿评价手册

《幸福成长手册》

十一、课程管理

（一）课程安排的原则

1. 安全至上，健康为重

2. 着眼发展，注重过程

3. 完整教育，保持特色

（二）课程管理网络

课程实施的管理和调控，必须建立一个互动的教育反馈系统。幼儿园成立课程管理领导小组，由两位园长、教研员、教研协理、年级长、骨干教师等人员组成，刘凌园长任组长。领导小组主要负责幼儿园课程方案的制订、调整、评价等。领导小组下设课程研究组，由杨梅园长、教研室成员、年级长等人员组成，杨梅园长任组长。课程研究组主要负责课程实施的策略、检查、评价等研究，以及内容的拓展和教师培训等。各年级教研组在课程研究组的指导下，由年级长任组长，备课组长、学科组长与骨干教师为组员，开展每周一次以上的参与式研讨、教材培训与集体备课活动，进行班级情况交流、课程活动案例分析、观察方法与记录的研究等，以保证课程教材的全面、深入的实施。

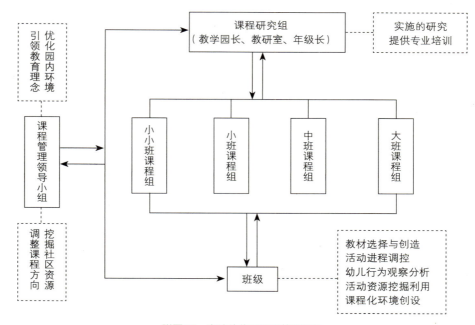

附图16　实验幼儿园课程管理网络

（三）课程实施保障

它主要包括经费保障、管理制度和机制保障三个方面。以下主要介绍管理制度。

1. 教育常规管理制度

教育教学工作是幼儿园的中心工作之一。加强教育教学常规管理，是建立正常教育教学秩序，开展教育教学研究，深化教育教学改革，提高教育教学质量，完成幼儿园教育任务的基本保证。我们以《幼儿园管理条例》《幼儿园工作规程》等国家教育方针、教育法规以及幼儿教育工作文件为依据，以现代教育理论和管理科学理论为指导，切合幼儿园教育工作实际制定幼儿园教育常规管理制度，以通过教育常规管理制度的制定与实施，进一步促使幼儿园的教育管理以及园长对教师的业务管理纳入正常化、规范化、科学化的轨道。

（1）重视教育的各个环节，抓好对教育过程的管理

幼儿和幼儿园工作的特点决定了教育要渗透在幼儿一日活动的各个环节中。幼儿

园抓好一日活动各个环节的管理，是提高幼儿教育质量，促进幼儿发展的保证。

①计划的制订

教师班级教育工作计划的制订包括学期计划、周计划、日计划和活动计划（教案）。制订的计划应与课程的培养方向相符合，周计划、日计划应切实可行。教师的集体和小组教学活动应有认真准备的教案。要健全集体备课制度和检查的制度，每周要有一次备课组的集体备课时间。教研室负责检查教师计划的准备情况并跟踪落实情况。

②环境及材料的创设

教师应充分认识环境对幼儿的教育作用，努力为幼儿创设良好的物质环境、情感环境（包括师生关系、生生关系、社会交往）、认知环境，让幼儿在与环境的交互作用中得到发展。环境的创设应体现教育的目的性、师生的互动性、学习的动态性、材料的多元性、安排的合理性，为幼儿提供活动和表现能力的机会与条件，使幼儿成为自己的主人和环境的主人，在对环境的把控中以及和谐的关系中感受到快乐和幸福。教师还应充分挖掘与利用社区、自然、家庭中的教育资源来对幼儿进行教育。要提供丰富的游戏材料，高结构和低结构的游戏材料兼备。要及时更新和丰富区域材料，注重区域材料的收纳和整理，避免幼儿长期使用破损或有缺失的材料。

③活动的组织

教师应精心组织幼儿的一日活动，做到动静交替，内容丰富，形式生动、活泼、多样，并以游戏为主要活动形式。借鉴高瞻课程"计划—工作—回顾"的模式，加强幼儿的计划性和对活动的有序感、可控感。在日常活动中应建立有序合理的常规，坚持一贯性和灵活性、稳定性和弹性相结合的原则，培养幼儿良好的习惯和生活自理能力。灵活采用个别、小组、集体的组织方式。

精心组织园本特色活动和节庆活动，以"一个不能少"的组织原则，保证每个幼儿参与和表现的机会，充分发挥体验式活动的教育价值，要让幼儿在活动中的自主性、积极性、主动性、创造性得以发挥，能力得以施展，个性得以张扬，兴趣得到满足。

④个别教育

建立个别教育的机制，并不断完善。保证分区活动的时间，保证个别学习的权利；建立"每日关注"的观察机制，保证每个幼儿被关注的权利；建立每日谈话的记录，保证每个幼儿能与教师有单独交谈的机会。接纳幼儿的情绪情感和个体差异。对特殊幼儿应观察分析其身心发展的特点，不断调整其阶段教育目标。

⑤游戏指导

教师应确立游戏是幼儿的基本活动以及幼儿园以游戏为基本活动的观点，积极和因地制宜地为幼儿创造游戏的条件，要保证幼儿游戏的时间，充分利用室内外空间开展各类游戏，合理安排场地，避免相互间的干扰，鼓励幼儿在自然环境中探索；教师要充分尊重幼儿游戏的意愿，以幼儿接受的方式参与游戏，教师既对幼儿实行安全监护，又要启发幼儿自己解决问题，不要过分干预，使幼儿愉快自主地游戏，促进其能力和个性的全面发展。

⑥观察分析

教师应在一日活动中灵活采用拍照、录像、随机记录等手段，采用叙述观察、轶事观察、检核表等方法进行观察记录和分析，尽量深入和准确地了解幼儿，并制定合适的教学策略促进幼儿的发展。

教师应尽量掌握多样的观察分析技能，学会基本拍摄和剪辑案例录像的技能，增强捕捉学习案例的敏感性。

⑦家长工作

教师应主动与家长保持联系，通过多种途径和方法指导幼儿家庭教育。根据幼儿发展的特点采取相应的教育措施，促进家园同步化的教育，使幼儿家长成为幼儿园教育的合作伙伴。

每周六前上传下周的周计划，及时上传照片，保持内容更新。

做好家访工作，每学期保证每个幼儿的一次家访。保证新生在开学前的一次家访。

加强对班级家长助教的管理。

⑧教师常规工作

附表4　教师部分常规工作一览表

	年级主任	班主任	副班主任	专任教师	教研员	教研协理
教养笔记	1篇/月	1篇/月	1篇/月	/	/	/
观察记录	1篇/月	1篇/月	1篇/月	/	/	/
公开课	2次以上/学期	2次以上/学期	1次以上/学期	2次以上/学期	/	/
听课	30节/学期	20节/学期	20节/学期	20节/学期	50节/学期	30节/学期
计划	3篇/学期	2篇/学期	1篇/学期	1篇/学期	3篇/学期	2篇/学期
总结	3篇/学期	2篇/学期	1篇/学期	1篇/学期	3篇/学期	2篇/学期
论文	1篇/学年	1篇/学年	1篇/学年		1篇/学年	2篇/学年
培训					2次以上	2次以上/学期
其他					教案检查、教学效果跟踪、实施情况跟踪	

（2）加强教育研究的管理，促进教师成长

认真进行幼儿园教育研究，注重对保教质量的评估分析，切实提高教育效益。明确教育评价的重要性，完善幼儿发展状况评价和教师教育工作评价指标，促进每一个幼儿的发展，有效地调整和改进教师的保教工作，提高保教质量。

①建立教研网络，成立不同层级的教研组

以教研室牵头的园级教研组，进行园本课程理论和系统建设工作；以年级组为单位的年级教研组，年级长为组长，进行课程实施方法、特色课程组织、家长工作策略的研究；各年级的备课组，进行课程内容制定、教学方法的研究；跨年级的学科教研组，进行跨年级的学科领域教学的研究。

②建立本园骨干教师发展序列

教师发展序列包括新手型教师、经验型教师、骨干型（科研型）教师、专家型教师、教育家型教师，要进行分层培养，分类指导。

③开展教育教学竞争性活动提升教师的综合实践能力

鼓励教师参加各级各类教育教学竞赛，鼓励教师在国际、国内、市区的高级别和高层次专业讲坛上发布成果、交流经验、学习互动、提升水平，获得更多的专业参与权和话语权。加强同市级实验性、示范性幼儿园以及区域中各级各类幼儿园的实践互动和研究，进一步提升教师的综合实践能力。

④制定教师专业发展导引

附表5　教师专业发展导引

	内容摘要
教师专业发展导引	能够理解幼儿的存在与心智
	能够促进幼儿的发展与学习
	能够运用多种方式评估幼儿的发展水平
	具有培育幼儿的综合性课程的知识
	掌握促进幼儿有意义学习的多种教学策略
	能够融入专业学习共同体
	能够进行反思性实践
	能够建立家庭和社区的伙伴关系

⑤建立新教师培训机制，促进新教师成长

师徒结对；使用《新教师成长手册》。

（3）加强幼儿园行政管理制度，保证幼儿园各项工作的正常运行

根据教师的个性、能力等合理安排配班教师，使各班教师的专业能力达到优势互补。

科学、合理地确定幼儿一日活动的作息时间。根据幼儿的年龄特点、发展需要、季节特点等调整幼儿作息时间，使教师和幼儿有更多自主的时间与空间，真正体现"以幼儿发展为本"的理念。

坚持来园、午睡、离园的"一日三巡"并做好记录。检查各项教学内容、户外活动的落实情况，检查教师的操作规范性，保证各班活动正常有序地开展。

你

蓓蕾般的小脸，散发着新绿的芬芳

两颗明亮的乌珠，映射出新奇的渴望

稚嫩的小手，是想绘出七彩的画卷

童真的歌喉，是想唱出年华的乐章

还是那双小脚丫，想踩出斑斓的辉煌

孩子啊

你是甜美的诗歌

我倾一生柔情

深情地在心中吟唱

你是蜜饯般的念想

我用一世情怀

将它慢慢品尝

宝贝儿

你这颗爱之种

我想用温暖滋润你成长的土壤

用欢乐洒满你人生的阳光

我想给你爱的诺言

用幸福将诺言收藏

在你成长的路上

参考文献

[1] 莱布尼茨. 人类理智新论 [M]. 陈修斋，译. 北京：商务印书馆，1982.

[2] 周国平. 幸福的哲学 [M]. 武汉：长江文艺出版社，2014.

[3] 艾伦·卡尔. 积极心理学 [M]. 丁丹，等，译. 北京：中国轻工业出版社，2013.

[4] 虞永平. 学前课程与幸福童年 [M]. 北京：教育科学出版社，2012.

[5] 刘次林. 幸福教育论 [M]. 南京：南京师范大学出版社，1999.

[6] 王登峰，张伯源. 大学生心理卫生与咨询 [M]. 北京：北京大学出版社，1992.

[7] 莉莲·G.卡茨，西尔维娅·C.查德. 探索孩子心灵世界 [M]. 陶英琪，陈颖涵，
    译. 台北：心理出版社，1998.

[8] 朱迪·哈里斯·赫尔姆，莉莲·G.卡茨. 小小探索家——幼儿教育中的项目课程
    教学 [M]. 林育玮，等，译. 南京：南京师范大学出版社，2004.

[9] 霍力岩. 学前教育评价 [M]. 北京：北京师范大学出版社，2014.

[10] 虞永平，等. 幼儿园课程评价 [M]. 南京：江苏教育出版社，2009.

[11] 陈国媚，等. 学前儿童发展心理学 [M]. 北京：北京师范大学出版社，2008.

　　还记得2011年10月，当霍力岩教授在深入了解深圳实验幼儿园的课程实践基础上，以她非凡的智慧和独到的见解，初次提出"三人行"课程的时候，我们由衷地感到欣喜，同时也带着些迷茫。尤其是她提到要建设"立足中国、放眼世界"的中国特色学前教育课程的时候，我们甚至带有一些疑惑：在美、英、新西兰等学前课程理念和方法席卷全球的背景下，"中国特色的学前教育体系"在哪里？"让中国学前教育走向世界"的梦想能实现吗？6年后的今天，当再来回望这一历史时刻时，我们发现当时的我们多么幸运，因为霍教授富有前瞻性的引领，我们在今天可以更加从容和自信。今天的中华民族，正走在一条文化复兴的康庄大道上，"三人行"课程无论从名称还是内涵价值上，都带有明显的中国文化的符号印记。原来我们顺应着历史的潮流，不觉间向梦想靠近了一步。

　　"三人行，必有我师焉"，孔子的这句话早已为每个中国人所熟知。吟诵着它，中华儿女走过了两千余年，其含义悄然浸入了骨髓。谦逊、好学，孜孜求知，不耻下问，这是中国人对学习的态度，也是生活的哲学。我们谦逊平和地和他人相处，取长补短，互帮互助，在团队的努力中实现个人的理想。而在传统的深意上，我们又用实际行动延伸着它的内涵。"三人"已不仅是三个人，而是一些人、很多人、很多种角色、很多单位、很多组织的集合，"行"也不是简单地行走，而是学习、工作、旅游等一切行动，"三人行"的内涵已经大大地拓宽，更符合当今互联网时代的思维方式。这正是一种立足中国、放眼全球的文化意识，也是"三人行"内涵的精妙所在。

　　可以说，"三人行"的理念带来了实验幼儿园课程的革新，也带来了实验人做事方式的革新。这本书的写作过程，就是一场轰轰烈烈的"三人行"。我和幼儿园的两位教研员郑春娟、白小溪不断碰撞，结成了"三人才行"写书小组。我们一边进班跟进教师的教育教学活动，一边组织教师讨论，一边三人共写。在编著书稿的过程中，刘凌园长为我们提供了各种支持与保障，杨梅园长以及杨黎园长、董玉玲园长排除万难、承担了幼儿园大部分工作事务，并不断协调教师的工作，保障了此书撰写的时间与人员安排的合理性。还有我们幼儿园的家长，尤其是百花与侨香的家委会主任，不仅提供书稿案例，还不断与我沟通自己对"三人行"课程的理解以及家长们对"三人行"课程的理解与认同。幼儿园的多位教师都参与过"共写工程"，把自己对"三人行"课程的理解以及自己在"三人行"课程实践中的策略与感受表达了出来。

写作过程并不是一帆风顺的。我们曾反复纠结于如何搭建架构。因为在近30年的办学历程中,幼儿园在各方面都积累了丰富的经验,如家长工作、大型活动的组织与开展、学科教学、区域活动、幼儿体能锻炼等,这些都是我们颇感骄傲的地方,真想把它们全部写入书中,否则就会感到遗憾。但是,霍教授和实验幼教的领导给我们的要求是,提炼实验的本质和精华,写出实验课程的内核。这让我们感到困惑和为难。我们似乎总是不知道内核在哪里?我们一次次地被自己的情感所干扰,书名和目录都是几易其稿,从以三人关系为出发点展开的《凌度空间》,到以幸福与爱的体验为出发点展开的《大爱之家》,每次写完后,都会发现:怎么又回到大而全的老路上了?在一次次的质疑声中,我们反思自己:到底什么才是我们课程的本质与内核呢?

这个问题居然困扰我们长达两年。终于,在霍教授耐心的指导下,我们找准了我们自己的切入点,那就是儿童的学习。

幼儿的气质和表现最能说明课程的一切。实验幼儿园的幼儿是自主自信、开朗大方、富有创造力的。从表面上来看,幼儿的这些特质与家长、教师等人的因素有关,与家园活动、学习活动有关,与幼儿园的衣食住行、方方面面的生活习惯都有关。因此,我们抓不住核心,写不出焦点。在霍教授耐心的指导下,我们终于认识到真正的关键因素在于幼儿是如何学习的,学习的方式决定了幼儿的发展方向。

幼儿的一切活动都包含着学习的价值。但是学习的方法是有本质区别的。幼儿的学习方法不同,造就了实验幼儿的人格特质。实验幼儿的学习方式就是自主深度探究和合作多元探究的方式。这样的方式让幼儿的思维更加活跃而富有创造力,让幼儿的学习更加主动和自律,让幼儿懂得与他人合作,同时让幼儿获得更多的自信和内心力量——这才是"三人行"课程最重要的部分。

今天我们终于整理完成了这本关于学习方式的课程书籍,内心仍然是不安和遗憾的。不安的是,我们的研究还不够深入,领悟还嫌粗浅;遗憾的是,实验幼儿园还有很多可以着墨之处并没有在这本书中体现出来。但是,我们长长地松了一口气,因为我们的方向更加清晰,目标更加坚定。我们要以这本书为基石和起点,在自主深度探究和合作多元探究的研究上继续探索,大胆前行。同时,我们也充满信心,因为我们有霍教授持续的指导、有实验幼教领导的大力支持、有开发中国特色学前课程的信念和决心。最重要的是,我们有"三人行"的哲学方法,相信我们的课程一定会保持活力,展现更多的精彩!

这本书的成功问世,离不开实验幼教领导的大力支持,离不开霍力岩教授以及她带领下团队的专业指导,离不开刘凌园长以及幼儿园多位园长的协调与支持,离不开各位教师用实践去诠释课程实践探索的精神,离不开家长对课程的深度参与,更离不开实验幼儿园童真、富于创造力的孩子们……书中有你们的痕迹，你们都是这本书的主人。

最后，再次感谢深圳实验幼儿园的教师们，他们在这个过程中表现出了超强的领悟力和创造力，在实施综合探究活动的过程中，获得了和幼儿共同学习的乐趣、自我成长的乐趣、创造的乐趣。这应该才是写作园本课程的更重要的意义。

邓腊梅

2017年4月